北京大学经济学院博雅新锐文丛

RURAL LAND ECONOMIC
THOUGHT IN CHINA
(1924—1949)

中国农村发展中的土地经济思想（1924—1949）

张秋雷 著

北京大学出版社
PEKING UNIVERSITY PRESS

图书在版编目（CIP）数据

中国农村发展中的土地经济思想.1924～1949/张秋雷著.—北京：北京大学出版社，2016.5

（北京大学经济学院博雅新锐文丛）

ISBN 978-7-301-26896-4

Ⅰ.①中… Ⅱ.①张… Ⅲ.①土地管理—经济思想史—研究—中国—1924～1949 Ⅳ.①F329

中国版本图书馆 CIP 数据核字（2016）第 027813 号

书　　　名	中国农村发展中的土地经济思想（1924—1949） ZHONGGUO NONGCUN FAZHAN ZHONG DE TUDI JINGJI SIXIANG（1924—1949）
著作责任者	张秋雷　著
责 任 编 辑	黄炜婷　郝小楠
标 准 书 号	ISBN 978-7-301-26896-4
出 版 发 行	北京大学出版社
地　　　址	北京市海淀区成府路 205 号　100871
网　　　址	http://www.pup.cn
电 子 信 箱	em@pup.cn　QQ：552063295
新 浪 微 博	@北京大学出版社　@北京大学出版社经管图书
电　　　话	邮购部 62752015　发行部 62750672　编辑部 62752926
印 刷 者	北京大学印刷厂
经 销 者	新华书店 730 毫米×1020 毫米　16 开本　13.75 印张　210 千字 2016 年 5 月第 1 版　2016 年 5 月第 1 次印刷
定　　　价	42.00 元

未经许可，不得以任何方式复制或抄袭本书之部分或全部内容。

版权所有，侵权必究

举报电话：010-62752024　电子信箱：fd@pup.pku.edu.cn

图书如有印装质量问题，请与出版部联系，电话：010-62756370

序

  土地是农业最重要的生产资料,是农民谋生的主要手段,也是农民家庭积累财富以及在代际转移财富的主要途径。土地制度是农村的基础性制度,它不但直接影响农业资源配置效率,而且对农村社会稳定和社会公平正义有重大影响。

  在数千年的中国传统社会当中,农业是最重要的产业,所谓"国以农为本""以工商为末""崇本抑末"占据了经济思想的主流。农村土地作为农业最重要的生产资料,是中国传统社会最大的财富,因此帝王强调"溥天之下,莫非王土",老百姓则"有恒产者有恒心"。农村土地制度从井田制、限田制到均田制,围绕土地产生的对"地产、地租、赋役"问题的探讨,成为中国古代经济思想史的一条主线。其实,不只是中国如此,在西方,古典经济学先驱和重商主义代表人物威廉·配第也曾称"土地为财富之母",重农学派更是在18世纪作为西方经济学的主流学派登上历史舞台。

  到了民国时期,农村土地经济思想既传承了我国几千年的历史传统,更具有了转折性的时代特色。传承方面,围绕地产、地租、赋役问题,土地革命和土地改革运动蓬勃兴起,第二次国内革命战争被称为"土地革命战争",解放战争的胜利也与中国共产党推行的土地改革密不可分。发展方面,民国时期随着工业化、市场化的发展,农村与城市、农业与工业和金融业、农民与工人和商人都有了更多的联系、交流与互动,人们对于农村土地问题的探讨更加丰富而复杂。中华人民共和国成立以后,我国经济思想史学界对民国时期农村土地问题的研究,较多地集中在土地革命和土地改革问题上,但对于初始工业化阶段的土地问题认识不全面、分析不深刻。

北京大学经济学院张秋雷博士的这部著作虽然完成于十年前,但今天来看,仍然能感觉到文章史料翔实、结构严谨、逻辑清晰、角度新颖、启发性强。本书系统地梳理了1924—1949年关于我国农村土地问题的经济思想,依次分析评价了有关土地所有制、土地租佃制、土地与人口、规模经营与合作化、土地金融、土地税赋,以至土地与现代化、工业化和城市化转型等一系列经济思想,并提出观察问题和解决问题的新框架与新思路。笔者从农村发展的视角,综合考虑了土地的分配和利用问题,深入分析了背后的产权安排与市场机制,采取兼顾公平与效率的价值判断,较为客观公正地评价了这个历史时期的农村土地经济思想,并着眼现实问题提供历史借鉴。因此,本书既有较高的史料和学术价值,又有一定的现实参考和借鉴意义。

随着农业现代化、工业化、城镇化的深入发展,我国农村土地制度存在的矛盾和问题更加凸显出来,绕不开、躲不过。深化农村土地制度改革,要遵循问题导向,首先要厘清农村土地制度为什么要改、针对什么而改。当前,农地制度存在的突出问题首先是产权关系不清晰,土地承包权权能不完整,农民对土地权利的稳定性仍信心不足。在任何制度下,土地权利都不是一个单独的权利,而是多个不同权利的集合,它包括对土地的占有权、使用权、收益权、处分权。土地产权的界定包括三个方面的内容:土地权利的期限,土地权利的权能,土地权利的确定性。土地权利的期限是指土地权利有效的时间长度。土地权利的权能是指土地的持有者拥有土地权利的数量和质量。土地权利的确定性是指权利人行使自己土地权利的能力。世界各国经验表明,土地产权明晰而有保障,将使农民增加对土地的中长期投资,有助于提高土地资源的配置效率,有助于提高农民获得贷款的机会,有助于减少土地纠纷。农村土地承包已逾三十年,但迄今为止,农民仅获得有限的处分权利(如各种方式的流转)。在法律上,抵押、担保等重要的处分权利一直没有赋予农民;在现实中,农民还缺乏充分行使自己土地权利的能力。

我国20世纪70年代末的农村改革,通过实行农村土地集体所有权和农户承包经营权的"两权分离",极大地调动了农民的积极性,解放和发展了农村生产力。随着农村人口大量转移,一些地区在土地流转过程中,土地承包经营权又发生分离,演变成承包权与经营权两部分,从而形成了所谓的所有权、承包权和经营权"三权分置"的状态。下一步深化农村土地制度改革,必须把落实集体所有权、稳定农户土地承包权、放活土地经营权作为基本遵循方针。落实集体所有权,就是要积极探索农村土地集体所有的实现方式,把土地集体所有制下农民应该享有的成员权利一道道地理清楚,消除对农民的产权歧视;稳定农户土地承包权,就是确保在承包期内,任何组织或个人都不得强迫农民放弃承包的土地,任何主体都不能取代农民家庭的土地承包地位;放活土地经营权,就是培育承包土地经营权流转市场,加紧培育多种形式的适度规模经营主体,在坚持家庭经营在农业中的基础地位的前提下,推进家庭经营、集体经营、合作经营、企业经营等共同发展。以"三权分置"作为基本遵循方针,以现有土地承包关系的长久不变和农民家庭土地承包权的稳定,应对土地经营权的流转和集中,以不变应万变。这样,有利于使土地承包者和实际经营者都能建立起稳定的预期,将使农村基本经营制度充满更加持久的制度活力,将为推进中国农业现代化奠定坚实的产权基础。

我们研究经济思想史,是为了发掘前人的闪光智慧,借鉴前人的经验教训,把当下的工作做得更好。我国的农村土地制度改革,可以从诸位先贤的农村土地经济思想中获得很好的借鉴与启发。值张秋雷博士论文出版之际,撰此序文,权致贺忱。

韩 俊

中央财经领导小组办公室副主任

中央农村工作领导小组办公室副主任

目 录

绪 论 1

第一章 从发展的视角看问题 10
第一节 民国农村土地经济思想：历史性与时代性 11
第二节 农村发展主题下的土地思想：前提与途径 26
第三节 土地问题重心之争与社会变革方式的选择 40

第二章 农村土地所有制思想 50
第一节 农村土地公有制思想 51
第二节 土地自耕农所有制思想 61
第三节 "土地村公有"及其所遭到的批评 71
第四节 农地所有制思想的演变与评析 78

第三章 农村土地租佃制度思想 84
第一节 对土地租佃概况及问题的认识 84
第二节 土地租佃制度改良思想 96
第三节 土地租佃制度与农村发展 109

第四章 土地利用经济思想：初步的考察 117
第一节 对土地利用症结的分析 118
第二节 土地和人口的协调：效率与保障 125
第三节 生产合作思想：解决人地矛盾的一种思路 138

第五章 土地利用经济思想：扩展的考察 ……………………… 149
    第一节 对土地金融问题的探讨 ………………………………… 150
    第二节 对土地税赋问题的探讨 ………………………………… 160
    第三节 对农村现代化转型中土地问题的认识 ………………… 174

总　结 ……………………………………………………………… 185

主要参考文献 ……………………………………………………… 201

后　记 ……………………………………………………………… 211

绪　　论

农村土地问题,是中华人民共和国成立以前二三十年里的社会焦点。这一时期,对农村土地问题的不同认识,直接决定了人们对中国社会性质的不同认识,以及对社会变革道路的不同选择。在孙中山"平均地权"和"耕者有其田"思想的影响下,自1924年至1949年,无论是在经济学界、社会学界、法学界还是政治学界,也无论是在学术研究领域还是政策实践领域,有关中国农村土地问题的讨论都异常活跃。

农村土地问题,从根本上来说还是一个经济问题,是一个以经济发展为目标的产权安排与资源配置的问题。笔者正是要从农村经济发展的视角出发,在经济思想史的学术研究范围内,尝试着对1924—1949年这个时期的农村土地经济思想进行整理,挖掘其逻辑和历史的规律性,进而探讨其对于我国当代农村经济发展与改革的启示。

一、研究的背景与意义

首先,此研究有助于补充和加强中国经济思想史学科相对薄弱的研究环节。我们回顾中国经济思想史学科不足百年的历史,发现其研究相对薄弱的环节就在于对民国时期(尤其是孙中山之后)经济思想的研究。大致基于赵靖等学者的学科史分期①——在中国经济思想史研究的发轫时期(20世纪20年代中期至40年代末期),该学科的研究对象主要限于先秦时代②,人们对于"当代"经济思想史的研究主要集中于孙中山的民生主义理论③。在中国经济思想史研究的奠基时期(1956—1965年),几部代表作和论文④研究的下限截至五四时期或孙中山的经济思想。在这段时间,由于政治形势和经济任务翻天覆地的变化,人们对孙中山之后民国时期的经济思想疏于整理,其研究几乎为零。在中国经济思想史研究的逐步繁荣时期(十年内乱结束,尤其是改革开放以来),中国经济思想史研究获得极大发展。从数量上来看,大多数研究仍集中于对五四运动、孙中山之前经济思想的研究,部分是对中华人民共和国成立以后经济建设思想的研究,研究最少的还是孙中山之后民国时期的经济思想;从内容上来看,偏重于对中国共产党和"左"派经济思想的研究;从研究视角来看,多是从马克思主义生产关系理论和阶级分析理论出发来进行的研究。值得关注的是,进入20世纪90年代,尤其是我国建立社会主义市场经济体制以来,学术界对民国中后期经济思想的研究出现了一些具有新思路、新视角和反思性的认识⑤,但在中国经济思想史专业的学术范围内,此类研究尚属少见。此外,笔者通过检索台湾地区的图书资料,发现台湾学者对孙中山之后民国经济思想的研究同样很不充分。

其次,此研究有助于加深对中国经济发展与改革的历史性认识。"自第一次鸦片战争失败到20世纪末,中国经济思想始终是环绕着一个中心线索发展前进的,这就是对中国发展之路的探索。"⑥1924—1949年,是中国社会现代化进程当中的一个重要阶段,是中国从半殖民地、半封建社会走上社会主义道路的重要转型期。在这以前,土地问题是中国古代经济思想探讨的中心问题,具体来说,"封建土地所有制和地租、赋役问题,是中国封建社会一切经济问题的中心;对这些问题的探讨、

---

① 赵靖、张鸿翼、郑学益:《中国经济思想史研究的历史回顾》,《经济科学》,1984年第3期(亦可见于《赵靖文集》,北京大学出版社,2002年版)。
② 这一时期的主要代表作有甘乃光的《先秦经济思想史》(1924)、熊梦的《墨子经济思想》(1925)等小书,以及唐庆增的《中国经济思想史》(上卷:先秦部分)(1936)。
③ 参见中国经济思想史学会编辑的《中国经济思想史论文索引(1900—1999)》。
④ 代表作主要有:巫宝三的《中国近代经济思想与经济政策资料选辑(1840—1864)》,胡寄窗的《中国经济思想史》(上、中册),赵靖、易梦虹的《中国近代经济思想史》。论文见上注。
⑤ 如杨小凯、温铁军、周其仁、秦晖等的研究。
⑥ 赵靖:《学界专家论百年》,北京:北京出版社,1999年版。

议论,自然也成为封建时代经济思想的中心"。① 而作为传统社会中心问题的土地问题,其在中国现代化转型中的地位和作用如何呢? 这需要我们进行深入细致的研究。事实上,今天的学者们对"农村发展中的土地问题"有着不同的见解:一些学者对1949年以前土地革命的作用给予很高的积极评价;也有人提出不同意见,如杨小凯等人曾提出:"经济发展的关键并不在于土地改革(其长期效果往往是负面的),而在于交易效率的改进,对财产权和自由契约、自由企业的保护,这方面的改进会促进分工网络的扩大和生产力的进步。"② 笔者认为,由于中国的特殊国情,探讨中国近现代乃至当前的经济发展不能脱离农村土地问题;而农村土地问题并不限于土地革命,也不能用阶级斗争的方法来彻底解决;我们要从农村长期发展的角度全面地、深入地、联系地认识农村土地问题。有学者在研究中国近现代经济思想史时提出,经济发展必须解决两个方面的问题,即发展的途径和发展的根本政治前提。本书研究农村发展中的土地思想,不仅注意到土地问题是农村经济发展的政治前提,还将土地问题作为农村发展的经济前提和必要途径来加以分析。

最后,此研究有助于为解决我国当前面临的"三农"问题提供历史借鉴,为农村土地制度改革的经济政策选择提供参考。21世纪初,"三农"问题再次成为社会各方面关注的热点。从2000年年初李昌平上书朱镕基总理开始,到2004年之后的中央"一号文件"多次重提"三农",农业、农村、农民问题成为党和政府工作的重要内容,自然也成为社会科学界关注的热点。综观当代有关"三农"问题的研究,一大批"三农"问题研究专家③以不同的学科背景,得出了很多理论的和实证的深刻认识,提出了很好的建议。然而,浏览汗牛充栋的有关"三农"问题研究的文章和著述,我们总会感觉到一些遗憾。一方面,大多数研究只针对具体问题谈具体问题,且较多受制于政策因素的影响,缺乏完整的理论体系支持;另一方面,较为缺乏思想史的研究,缺乏思想的连贯性和继承性,仅有的一些思想史回顾也主要集中于对中华人民共和国成立以后集体化和改革开放以来农村改革的研究,很少将目光投向中华人民共和国成立以前的二三十年,而事实上,这个时期与我国目前面临的

---

① 赵靖:《中国经济思想史述要》(上册),北京:北京大学出版社,1998年版。
② 杨小凯:《民国经济史》,《开放时代》,2001年9月。
③ 如张晓山、温铁军、林毅夫、陈吉元、陈锡文、杜鹰、周其仁、姚洋、陆学艺、党国英等。

问题有相通之处。本书认为,我国目前面临的"三农"问题,仍是一个农村发展和现代化转型的问题。因此,从发展的视角对 1924—1949 年农村土地经济思想的再研究,将为我们解决现实问题提供有益的借鉴和启示。

二、已有相关研究的调查

笔者通过对北京大学图书馆和国家图书馆馆藏的检索[①],发现 1924—1949 年有关农村土地问题的研究文献相当丰富。在著作方面,与本研究关系较为密切的有一百余部,商务印书馆、中华书局、正中书局、黎明书局、大东书局、神州国光社、中山文化教育馆、生活书店、解放社等都出版了较多的农村土地研究著作。在论文方面,数量也不下数百篇,主要集中于《地政月刊》《中国农村》《中国经济》《独立评论》《农村经济》《新生命》《经济学季刊》《东方杂志》等期刊。这些对土地问题进行研究的文献涵盖面很广,涉及范围从土地所有制、租佃制度到土地经营利用,从土地金融、土地行政到农地政策和土地法规,从土地调查统计、土地思想史到土地经济学,等等。[②] 大量的历史文献给本研究提供了基本的资料保障。然而,在经过资料整理以后发现了一些问题,在本书的写作时做了一定取舍:第一,有些研究超出了经济学的分析范围(比如哲学的、法学的、农学的和技术的),对于这些资料,本书主要将其作为借鉴和参考,或者只研究这些思想中所反映的经济思想,并不把它们作为直接的研究内容;第二,有些研究并无新意或深度,它们或者重复古代传承下来的经济思想,或者介绍西方土地经济学的基础知识,本书也不直接涉及这些思想[③];第三,该时期有较为丰富的土地政策思想,鉴于当代学者对此类文献研究比较充分,而本书的主旨并非在此,故而也不占用更大篇幅进行此类文献考察,而重在从新视角进行比较和分析;第四,从史料的数量上看,1924—1949 年的土地问题讨论主要集中在 1929—1938 年[④],因此本书运用的资料也偏重于 20 世纪 30 年代。

[①] 截至 2005 年 6 月论文完成时所做的检索工作。
[②] 张秋雷:《中国农村土地经济思想研究概要(1924—1949)》,《财经研究》,2004 年第 7 期。
[③] 对于土地经济学的起步与发展,本书也未专门关注。
[④] 胡寄窗著《中国近代经济思想史大纲》(1984)称,20 世纪 20 年代至 40 年代,有关农业经济的著述约有 146 部,而在 1929—1938 年就刊行了 93 部。

当代学者对"1924—1949年土地经济思想"的研究①主要体现在下列六方面：

第一，经济思想史和经济史著作。主要有胡寄窗的《中国近代经济思想史大纲》(1984)、马伯煌的《中国近代经济思想史》(下册)(1992)、刘方健和史继刚的《中国经济发展史简明教程》(2001)等。胡寄窗只对1919—1949年的农业经济学译著、农业经济学著作和土地经济学著作给出了数目、主要书单和主要代表人物，用不足两页的篇幅介绍了梗概。马伯煌从城市斗争的角度，重点论述了1919—1949年的工业和资本问题，较少关注农村土地问题，只在"农村经济问题论战"和解放区土地改革的依据——封建、半封建社会经济关系分析当中略有涉及。刘方健和史继刚从经济发展的角度进行观察，注意到发展的途径和条件问题，对土地制度改革在农村发展中的重要意义有着明确认识，但毕竟是"简明教程"，论述尚不够全面和深入。

第二，专题历史研究著作。主要有钟祥财的《中国土地思想史稿》(1995)、成汉昌的《中国土地制度与土地改革——二十世纪前半期》(1994)、金德群的《民国时期农村土地问题》(1994)、郭德宏的《中国近代农民土地问题研究》(1993)，以及金德群的《中国国民党土地政策研究》(1991)和孔永松的《中国共产党土地政策演变史》(1987)等。除钟祥财以外，其余著作基本上是从土地制度和政策的角度，对比评价国共两党在农村土地问题上的思想认识和政策措施。钟祥财在人物选取和内容涵盖上要丰富得多，但也侧重在中国共产党和"左"派思想政策的研究。

第三，期刊论文。主要有刘方健的《民国时期的经济研究》(1994)、杨小凯的《民国经济史》(2001)、徐勇和徐增阳的《中国农村和农民问题研究的百年回顾》(1999)、刘克祥的《30年代土地问题研究系列》(2001)、左志远的《民国时期农村土地所有权之变迁》(2000)、金德群的《民国时期农村土地的经营问题》(1994)、方行的《中国封建社会的土地市场》(2001)、李金铮对民国时期现代农村金融的探讨(2002,2003)、李三谋和方配贤的《民国农村高利贷与土地兼并》(1998)、雷颐的《"中国农村派"与新民主主义理论的形成》(2004)等。

第四，学位论文。主要有王忠欣的《论十年内战时期中国各党派关于土地问题

---

① 截至2005年6月论文完成时所做的检索工作。

的主张》(北大中共党史,1986年硕士论文)、朱春林的《对十年内战时期土地改良主义思潮的历史考察》(北大中国近代史,1992年硕士论文)等。

第五,资料选辑。如《土地改革参考资料选辑》(1951)、《第一二次国内革命战争时期土地斗争史料选辑》(1981)、《民国二十年代中国大陆土地问题资料》(1977),以及严中平(1955)、李文治(1957)、许道夫(1983)等编辑的经济史资料。

第六,当代著作的历史回顾。比如,温铁军的《中国农村基本经济制度研究——"三农"问题的世纪反思》(2000)等。

三、研究的方法与内容结构

本书的研究坚持科学的、发展的马克思主义,在总体上以马克思主义唯物辩证法和唯物史观为指导,同时解放思想、实事求是、与时俱进,借鉴当代西方经济学的产权理论和市场理论,采用新制度经济学和发展经济学的研究方法,联系现实问题,努力达到逻辑与历史的一致、理论与实践的结合。具体地,本书综合运用了归纳法、比较法、分析法和抽象法等方法整理和分析历史资料。

本书主体部分分为五章。第一章,"从发展的视角看问题",分析民国农村土地经济思想的历史和现实背景,并阐明其与农村发展问题的内在联系,进一步分析人们对于发展问题的"前提"和"途径",对土地问题重心的"分配论"和"生产利用论"的认识。第二章,"农村土地所有制思想",总结农村土地的公有制、农有制和村有制等不同所有制思想,并进一步分析和比较在产权分解情境下的所有制思想,以及进行所有制改革的不同手段,提出"效率"与"公平"的原则。第三章,"农村土地租佃制度思想",重点考察人们对所有权和使用权分解的土地租佃制度的认识,总结对租佃制度存在问题的认识,对改良租佃制度的建议,以及对租佃制度存废的讨论,提出应该从经济上"效率"和"公平"的标准,对土地产权分解所形成的租佃制度影响农村发展的问题进行重新认识。第四章,"土地利用经济思想:初步的考察",首先总结人们对土地利用症结的分析,主要包括自然条件论、生产关系论和生产要素论三种认识;其次侧重介绍涉及"人地关系"的经济思想,研究人们关于土地经营规模、农民离村和垦荒实边等问题的认识,并总结人们用生产合作促进人地协调和土地利用的思想。第五章,"土地利用经济思想:扩展的考察",在更广阔的视角下考察土地利用思想,在人地关系思想考察的基础上,进一步讨论土地金融思想、土地税赋思想,以及工业化、城市化下的土地利用思想。在这些思想里,人们将土地作为农业的重要生产要素和农村的主要财富,并放在一个更为广阔的市场环境与经济发展背景下进行考察,这些思想既注重市场的基础性配置作用,又注意到政府的调节作用。

总体来看,民国时期的农村土地经济思想直接从"土地分配"和"土地利用"两个方面去研究土地问题,这是该时期农村土地思想的一条"明线"。结合当时人们对土地分配与土地利用问题的分析,联系当代西方经济学理论,我们发现,在问题的背后,是人们关于"产权制度"和"市场环境"的深入思考。我们认为,这是保障与促进经济发展的根本机制和基本经济前提,是民国农村土地经济思想的一条"暗线"。同样,对于农村发展问题,民国时期的研究和以往的思想史研究都认为必须解决"政治前提"和"发展途径"两个方面的问题,本书继承了这种思路,且进一步区分"经济前提"和"政治前提",将此作为思想史研究的另一条"明线"。更进一步,本书认为农村发展真正面临的难题是"效率"与"公平"的权衡问题,这是今天我们进行思想史研究价值判断的另一条"暗线"。本书的分析,就是用这样"两明两暗"的四条线索,将农村土地问题同农村发展问题联系起来,为民国时期农村土地经济思想建立起评判的"参照系"。

在这样的"参照系"下,本书超越以往"革命史"研究的范式,认为土地问题不能仅作为农村发展的"政治前提"来解决,还有"经济前提"和"发展途径"的问题要一并考虑。因此,在以往"土地分配—土地利用"和"政治前提—发展途径"的传统认识框架之下,本书进一步运用"产权制度—市场环境"的分析工具,进行"效率—公平"的深层思考。本书认为,一方面,赋予农民切实的土地财产权,是实现农村发展的基本前提,这个前提不仅可以保证政治上和经济上的公平,还会促进经济效率的提高;另一方面,发挥市场机制的基础性配置作用,发展规模经营和工业化生产,是实现农村发展的必要途径,而发挥市场的基础性和决定性作用,就要承认一次分配中的效率优先原则并更好发挥政府的调节和保障作用,保证规则公平,实现协调发展。

四、研究的创新点与难点

本研究的创新主要表现在四个方面。第一,视角的创新。本书从农村发展的角度认识民国农地经济思想,这有别于以往的相关研究;此外,本书选取1924年(孙中山提出"耕者有其田"思想,并开始第一次"土地革命战争"的年度)为起点来研究民国中后期的农地经济思想,这也不同于以往将1912年、1919年或1927年作为起点的研究。第二,文献的创新。对1924—1949年的历史资料,本书不仅注重土地制度、土地政策思想的研究,还注重在农村发展过程中,土地与人口、金融、税赋、工业化等相互作用的思想研究,而对以往研究比较多的土地革命思想则适当从略;此外,对纵向思想史的关注以及对现代经济理论的借鉴,使本书在资料占有上更加拓广。第三,框架结构的创新。本书超越"革命史"的写法,以农村发展为主题,以土地问题为关注中心,将横向的专题与纵向的比较结合起来,在逻辑与历史相一致的基础上,采用"以学为纲,以史为目"①的结构将土地问题与农村发展联系起来进行考察。第四,结论的创新。本书着眼于农村全面协调可持续的发展,在深入挖掘、重新评价历史思想材料的基础上,不仅认识到发展的"政治前提"问题,还认识到农地产权制度在经济发展中如何最优配置以保障效率和公平的问题,以及农地作为生产要素如何在市场经济中发挥效率以促进发展等问题,从而在发展的"经济前提"和"必要途径"方面提出新的思考。

当然,研究过程中面临的困难是比较大的。第一,如何把1924—1949年的土地经济思想与农村发展这一主题很好地衔接起来是本书要解决的一个重大问题。由于时代背景的限制,战争与救亡在这一时期有着突出的地位,和平建设和经济发展并不具备良好的甚至基本的社会环境,发展思想在当时处于一种"隐性"状态。因此,如何超越以往"革命史"的分析范式,超越"政治前提"分析,全面地考察当时的发展思想,并且联系当代经济发展理论和面临的现实问题来探讨"农村发展中的土地经济思想",这是一项具有相当难度的工作。第二,如何体现"经济思想史"研

---

① 赵靖在《中华文化通志·经济学志》中提出这种说法,或者说是"以思想、理论为纲,而以历史的顺序为目"。

究的特色是本书面临的又一难题。由于本研究不是历史学研究,也不是经济学理论和实证研究,因此在研究的布局谋篇和论述方法上颇需斟酌和权衡。一方面,要重视史料的研究,注重思想的历史演进和发展脉络梳理;另一方面,要运用经济学的理论观点总结、评价历史资料。那么,如何在一个逻辑框架内,将历史发展的脉络介绍清楚,达到逻辑与历史的一致?这不失为一大挑战。本书在文章主体部分按照专题进行架构,并适当穿插对思想脉络的纵向梳理,即"以学为纲,以史为目",这不同于传统的经济思想史写法,写作的难度更大。第三,如何完整地搜集资料,如何精当地选择资料,如何审慎地评价历史,如何恰当地联系当前实际等,都是本书面临的一些难点问题。

第一章　从发展的视角看问题

民国时期(尤其是孙中山之后的民国时期),有关农村土地问题的探讨与争论空前地丰富和激烈。在这段时间里,人们尽管较为一致地认识到农村土地问题在根本上(或主要地)是一个经济问题,但还是不断地把土地问题与国家政治前途和民族解放等目标联系在一起。在中华人民共和国成立以后的很长一段时间内,学术界对民国农村土地经济思想的研究更是以"革命史"的"政治前提"研究一统天下。作者试图恢复经济学的视角,围绕"发展"这一主题和中心,从"前提"与"途径"两个方面来重新整理、分析和评价民国时期人们对农村土地问题的经济认识。

本章将从较宏观的层面,分析民国农村土地经济思想的历史和现实背景,阐明其与农村发展问题的内在联系。本章将经济思想史与经济史结合起来进行考察,既着眼于社会历史条件的发展变化对土地思想的决定性影响,又注重土地经济思想对社会经济发展问题的能动作用。

第一节　民国农村土地经济思想：历史性与时代性

一、民国时期农村经济危机与土地思想的凸显

1. 农村经济破产的危机

20世纪20年代,虽然在思想界"以农立国"与"以工立国"的争论方兴未艾,但是在现实经济中一个不争的事实是:农业尚占据主导地位。美国学者珀金斯说:"20世纪以前,实际上整个中国经济全部都是农业部门。其他部门不是为农业部门服务,就是从它那里取得原料。直到20世纪40年代和20世纪50年代,中国的工业主要是一些棉花、粮食和一些其他农产品加工工业。"①《剑桥中华民国史》称:"1933年农业净增值估计有187.6亿元,或占国内净总产值的65%。这个产量是2.05亿农业劳动者生产的,占劳动力的79%。"②在当时,"中国生产的大部分为农业,领土的大部分为农村,人口的大部分为农民"③,这"三农"问题是当时贯穿整个中国经济的命脉。然而,彼时的问题在于,作为中国经济命脉的农村经济正面临一场严重的危机。

很多历史资料显示,从20世纪20年代开始,中国的农村发生了深刻的、持续的混乱。来自海关的报告显示,20世纪20年代,山东省经历了一系列自然的和政治的灾难;多数乡绅逃往城市寻找临时的避难处,而较穷苦的阶级则迁徙到满洲。在租佃关系普遍的江苏省,该省为财务管理做的土地记录也表明,1920年以后才发生收租和交纳土地税的大幅度波动,而在1890—1920年一直是相对稳定的。到1931年,农业形势已经变得十分严峻,一项关于14个省(包括2.8亿人口)和全国主要农业区粮食问题的研究报告说,就需求而言,供应短缺5%。这种危机产生了两种新现象:一方面,城市和农村发生了周期性的经济分离,因而当城市得不到从

---

① 〔美〕德怀特·希尔德·珀金斯:《中国农业的发展(1368—1968年)》,上海:上海译文出版社,1984年版。
② 〔美〕费正清:《剑桥中华民国史(1912—1949年)》,北京:中国社会科学出版社,1993年版。
③ 〔日〕田中忠夫:《中国农业经济研究》,上海:大东书局,1934年版。

农村来的粮食和纤维时,更加依赖对外贸易;另一方面,农村的苦难急速加重,出现了大面积的饥荒和人口迁移,农民流离失所,进城乞讨,卖儿鬻女,大量农村人口失业,农民因普遍欠债而被迫出售土地,等等。① 面对严重的"三农"危机,包括经济学家在内的社会科学学者们积极探求危机成因及解决问题的途径。

2. 土地问题作为"根本问题"被提出

1937年,李景汉在《中国农村问题》中指出了当时农村面临的八种主要问题,其中土地问题被排在了第一位,可见其对农村土地问题的重视。

第一,有学者直接将农村经济的危机归于土地问题。1933年,万国鼎在《地政月刊》的发刊词中说:"今我国民生之凋敝……推本求源,土地问题实为主因之一。人多田少,一家生产有限,生计必艰。偶遇意外,则必货其田业。一方则富者乘急要贫,重利盘剥,促进土地之集中。兼以手工业之破坏,商人之操纵,即有余利,被夺无遗。收入少而生活日费。卒至无以为生,逃亡转徙,铤而走险。生产不足而耕地转多。号称以农立国之中华,而衣料与食粮之进口,近年竟至占进口货总值百分之四十左右。现金相继流入城市,集中商埠,或转往国外,内地金融日枯,益促农村经济之破产。故如何保护农民,平均地权,增加耕地与生产,复兴农村,而减轻人口之压迫,实为目前急迫之问题。"他还说:"近者灾祸频仍,内外交迫,土地问题之重要,日益明显。"万国鼎不仅分析了造成土地问题的多方面因素(包括人地矛盾影响生产、抵御风险能力差、高利贷者和商人的剥削、国际农产品冲击、资金流出农村等),还提出了从地权、生产、人口等方面来解决问题。此外,他也注意到了"灾祸"问题,指出不只有"天灾",更有来自国内外的"人祸"。1934年,陈晖在"中国的土地问题"②中提出,要明了中国农村破产的根本因素,必须研究中国农业生产的全过程,即由耕地的分配开始,经过农业生产之耕作与技术,以至生产结果之农产物的终极分配的全过程。在他的分析中,中国农村经济危机的解决,等同于农村土地问题的解决。

第二,有学者综合分析农村破产的原因,并将土地问题作为农村经济的"根本

---

① 〔美〕费正清:《剑桥中华民国史(1912—1949年)》,北京:中国社会科学出版社,1993年版。
② 《建国月刊》十卷一期。

问题"提了出来。1933年,邓飞黄在"从农村破产到农村改造"①中分析认为,中国农村经济破产的最重要原因是帝国主义的侵略、军阀官僚的榨取及土豪劣绅的剥削,还有一些由这些"主因"所造成的"副因",如割地赔款的损失、外债的掠夺、关税的束缚、商品与资本的侵入、战争的蹂躏、军事的征伐、贪污的横行、天灾匪患的普遍、苛捐杂税的繁重、耕地的缺少、水利的破坏、烟毒的广布、金融的枯竭、地租的增高、高利贷的剥削、交通的阻碍、买卖的不公等。他主张,"站在革命的立场",首先应该扫除破坏农村经济的力量——帝国主义、军阀官僚和土豪劣绅的势力,这是"治本的方法""消毒的工作",在此基础上方能进行积极的农村建设。在通过革命"消毒"之后,他还提出农村经济建设的原则:其一,土地问题的解决应以土地国有为最后的目的,以平均地权为达到土地国有的必要手段,因为"土地问题是农村经济中的根本问题",土地问题不解决,其他一切都无从谈起;其二,在土地国有的基础上,实行农业的集团经营;其三,注重平衡发展,包括农业与工业的平衡发展、都市与农村的平衡发展、内地与边区的平衡发展;其四,实行统制经济,农业上的统制经济,就是对于土地、金融、生产、运销的统制。即使从今天的认识来看,这也是一个比较全面的分析和中肯的主张。邓飞黄详细分析了农村经济危机的内部、外部因素,提出了解决问题的政治前提和具体途径。在这里,我们应注意的是,他着眼于经济发展,把土地问题作为一个"根本问题"提了出来。

第三,面对广泛复杂的土地问题,有学者将土地问题归结为土地制度问题。萧铮在提交中国地政学会第三届年会的论文"中国的土地与人口问题"中指出,中国的土地问题并不是天时不顺、地利不厚,而是不良的土地制度妨碍了地利的发挥。其一,中国的土地私有制度流弊很多,国家无力纠正,结果使地主放弃地利,佃农掠夺资源,荒地无人开发等;其二,因土地税制不良而妨碍地利,苛捐杂税的繁多、土地税赋负担过重使资金和劳力都不愿投向土地,土地的集约利用不可能,土地荒废日益增多;其三,土地佃耕制度的不良影响地利,中国佃耕制度不公平,地主疏离土地、不继续投施资本,佃农受压迫过重,这些都影响了土地的集约利用;其四,土地资金的缺乏影响地利,国家不能进行农田水利建设等,农民也缺乏土地改良的资

---

① 《中国经济》一卷四五期合刊。

金。从土地制度问题分析土地问题,这是包括经济学在内的社会科学对土地问题进行研究的重点,认识到了这一点,萧铮无疑抓住了问题的要害。然而,需要注意的是,我们也不能将土地问题完全归结为土地制度问题。

第四,农村土地问题之所以是一个"根本问题",在于它有着广泛的联系性和深刻的影响性。1933年,王斐荪在"自耕农与集团农场"①中就指出,地租问题是由土地私有关系而起,现代农业劳动问题是因为耕者无其田,农村高利贷资本最易使小农破产,使土地集中日趋尖锐化,农民合作运动是在土地私有制度下,调剂其弊害的一种平和活动,因此"土地问题,确为农民问题之中心问题"。1934年,张淼在"中国都市与农村地价涨落之动向"②中,用统计数字说明了农村地价的跌落和都市地价的上涨之间的关系,并指出其根本症结在于农村经济的破产。这就回到我们在文章开头所提到的事实,20世纪二三十年代的中国是一个农业国,农村土地问题作为经济命脉的根本,可谓"牵一发而动全身"。因此,研究农村土地问题的目的和意义,恐怕不仅仅局限在农村一地,也不囿于民国一时。

3. 一些不同的声音

当然,民国时期,并不是所有人都把农村破产完全或主要归因于土地问题,也不是所有人都把解决农村经济和整个国民经济发展问题的"法宝"押在土地上。1933年,马寅初在"中国农村救济之根本问题"中③,分析中国农村经济崩溃的原因为"盖家庭思想太重,一家之中,多数依赖少数,缺乏国家观念"。他认为,由此导致政治恶浊,苛征不已,内乱频仍,农民流离,荒地日多而生产日减,农业入超日增。而且,在这种情况下,内资、外资都集中于商埠,商埠资金过多,则用于地产、公债等投机,使利率趋高,现金从农村流出使农村愈加破产。当然,他还是认识到,"人多田少也是农村经济破产的主因"。马寅初主张,要为中国谋出路,不如注重小工业以解决当时的农村经济问题,并分析了实行小工业的优点。可见,马寅初着重从工业化的角度,通过发展小工业、改革家庭思想、解决人口问题来寻求农村经济危机的根本解决,实现农村经济的发展。

---

① 《中国经济》一卷一期。
② 《地政月刊》二卷二期。
③ 《时事新报增刊新浙江号》1933年1月1日。

在马寅初以外,甚至有人直接反对以土地问题作为解决农村危机的"根本问题"。中国经济研究会的王宜昌认为,"以土地问题为研究农村经济的核心的时代已经过去了,而现在应该以资本问题为研究农村经济的核心。"①他把土地问题看作"资本问题支配下的问题"来加以讨论。

可是无论怎样,面对20世纪二三十年代的农村经济危机,主流的经济思想还是将土地问题作为关注的焦点。

二、中国农村土地经济思想的历史轨迹

中国历史上各阶段的土地问题互不相同,而又有前后相承的关系。研究民国时期的中国农村土地经济思想,不能不探其源、溯其流、究其渊薮,只有这样,才能融会古今,明了其历史的延续性与传承性。

与西方早期的渔猎时代不同,中国社会很早就进入了原始农业时代。农业的发展使得土地作为最重要的生产资料而备受关注。任何一部中国传统社会的经济思想史,土地思想都贯穿其始终。"土地问题是中国古代经济思想探讨的中心问题",具体来说,"封建土地所有制和地租、赋役问题,是中国封建社会一切经济问题的中心;对这些问题的探讨、议论,自然也成为封建时代经济思想的中心。"②可以说,"地产—地租、赋役"模式是中国传统经济思想区别于西方的独特的研究模式。下面将分别从地产、地租和赋役三个方面分析我国传统土地经济思想的演变。

1. 在土地所有制思想方面,主要形成了"井田""限田""均田"三种国家主导的均平土地分配的模式

井田制在中国传统社会里一直被认为是比较理想的土地制度,历代都有人去尝试对其进行描述和设计。井田方案在所有制方面的基本思想,就是土地国有下的平均分配。"井田模式"是以孟子的恒产论及井地方案为蓝本发展起来的。③ 孟子讲:"若民,则无恒产,因无恒心。"④他将予民"恒产"作为施行"仁政"的基础和

---

① 王宜昌:《中国农村经济研究答客问》,《中国经济》,三卷十二期。
② 赵靖:《中国经济思想史述要》(上册),北京:北京大学出版社,1998年版。
③ 赵靖:《中国经济思想通史(修订本)》,北京:北京大学出版社,2002年版。
④ 《孟子·梁惠王上》。

首要前提。孟子的所谓"恒产","就是百姓私人所有或归私人恒久使用的足以维持本人及家庭成员生存、足以维持劳动力再生产的财产"。① 在中国的传统农业社会里,恒产的主要内容是耕地,因此孟子设计了一个井地方案。他主张把耕地划分为"井"字形的方块,每井九百亩、每块百亩,中间百亩为"公田",周围八百亩分给八家为"私田";八家提供无偿劳动"同养公田",在完成公田的耕作任务之后才允许耕作私田;各家终身定居在井田之中。在孟子所设计的井田方案里,土地是国有的,农民只有土地的永久使用权而没有所有权和转让权。在孟子之后,很多人都以"井田"为理想,如东汉的荀悦、仲长统,三国的司马朗,唐代的白居易,北宋的苏洵、张载,南宋的林勋、朱熹、陆九渊,明代的解缙、方孝孺、海瑞,清代的黄宗羲,等等。当然,也有不少反对的意见,比如南宋的叶适就反对恢复井田制。除此以外,还有很多人虽然认同井田制,但认为井田制难以恢复施行,这包括元代的马端临、清代的陆世仪等。井田方案虽然讨论得热烈,但事实却是它一直未见真正地实行。其背后的根本原因,恐怕在于土地私有制趋势的不可逆转,以土地国有为前提的井田方案自然缺乏实施的条件。实行井田制的愿望越迫切,正反映了中国人地矛盾的越尖锐,以及私有制下土地占有的越不均。

限田的思想最早由西汉的董仲舒提出,他针对中国早期土地私有制下不公平交易所导致的剧烈土地兼并,提出"限民名田,以澹不足,塞并兼之路"。② 首先,董仲舒指出土地兼并的严重后果,"富者田连阡陌,贫者无立锥之地"③,这种严重的贫富分化和剥削压迫会使贫苦人民"亡逃山林,转为盗贼"④,从而威胁封建统治。其次,董仲舒指出土地兼并产生的根源在于土地私有制,即"用商鞅之法,改帝王之制,除井田,民得买卖"。⑤ 最后,董仲舒提出解决土地兼并的措施——限田主张,即国家对私人占有土地的数量做出限制性的规定。在董仲舒的限田议论之后,西汉末年的师丹、孔光、何武明确提出了限田方案。该方案规定私人占田的最高限额为三十顷,限期三年过后国家对超额土地加以没收,限田的同时还结合限奴。限田

---

① 赵靖:《中国经济思想通史(修订本)》,北京:北京大学出版社,2002年版。
② 《汉书·食货志》。
③ 《汉书·食货志》。
④ 《汉书·食货志》。
⑤ 《汉书·食货志》。

方案是在土地私有的前提下,国家加以干预和限制的比较可行的方案,因此在此后的政策主张与实践当中经常可以见到。在井田可望而不可即,甚至均田也不具备条件的时候,国家往往会凭借手中的政治权力强制性地干预土地私人财产的占有。有时,"限田"还会和"减租"结合起来运用,比如唐代的陆贽便首先提出这种思想。可见,"减租"是对土地收益权的限制,弱于传统意义上"限田"的国家干预,其对于私有产权的侵犯程度要低一些。

均田思想的先声恰恰是有着井田理想和限田主张的仲长统,在他解决现实土地问题的方案中,包含了以下原则:不触动或基本不触动已被豪强兼并的土地;利用国有土地限制兼并的继续发展,并恢复和发展长期战乱所破坏的农业生产,增强国家的经济实力;按劳动力进行受田。[①] 这些与北魏就开始实行的均田制在原则上是相通的。北魏的均田制正是在战乱之后,国家利用国有土地按照"力业相称"的原则进行的"受田"。均田制下,受田者只享有土地使用权,并须承担对国家的徭役、租、调等义务,期满要"还田",买卖土地也受到严格限制。综合来看,均田制是一个更有现实操作性的田制方案。首先,均田制并不触动既有土地私有者的利益。其次,均田制将经济手段与政治、法律手段结合起来限制土地兼并。再次,均田制考虑到了土地国家所有与土地农民使用的协调,"力业相称"有利于生产的发展,均田与租、调的结合又给国家的收入提供了保障。然而,就是这样一种有条件的、部分的土地国有与"两权分离"政策,在唐代中叶以后也随着土地买卖的盛行而遭到破坏。均田制的破坏及后世的再难实行,其原因中尤为重要的一点是,均田制实行的前提条件已不复存在,或者很少出现了。

综上所述,在中国传统社会里,均土地思想的主体就是上述三种模式,以及这三种模式的组合或变通,如明代解缙的"参井田、均田之法"等。在这些思想当中都反映了国家对土地产权的干预。不过,纵观历史事实,一个明显的趋势是,随着土地私有制地位的巩固,这种国家干预的主张在减弱、方式在变通,甚至还出现了反对的呼声。比如,明代的丘浚主张听民"自为""自便",但在土地兼并"必不得已"的时候,他也主张国家进行限田。清代的王夫之则明确反对国家"欲夺人之田

[①] 赵靖:《中国经济思想通史(修订本)》,北京:北京大学出版社,2002年版。

以与人"①,他认为土地私有制是最合理、最自然的土地制度,国家对此不应加以任何方式的限制。"王夫之是从维护私有制的立场出发反对抑制土地兼并的"。② 另外一个潜在趋势是,土地所有权和经营权的分离越来越明显。一方面,在私田大量出现的情况下,农民相对于地主来说获得了越来越多的人身自由和经营自主权;另一方面,即使在土地国有的方案里,从井田方案到均田方案,农民也获得了更多的土地自主经营权。清代的王源便提出:一方面通过"献田"和"买田"实行土地国有,另一方面应该"有田者必自耕",维护自耕农的土地使用权。王源的思想,成为近代"耕者有其田"思想的先声。

2. 在土地租佃制度思想方面,大致经过了依附农租佃制、分成租契约租佃制和定额租契约租佃制三个时期③,减租思想一再被提出

在中国传统社会早期,国有土地的地租表现为赋税的形式,因而在中国古代"租"和"税"这两个概念是不分的,这就给考察地租问题造成了困难。随着土地私有制的发展,"租"和"税"才逐渐分开。由于"租"专指地主征收的私租,是私人之间的经济行为,国家的财政、税赋文献就不再记载这方面的情况了。④ 因此,土地租佃思想的演变就很少反映在文献著作里,而主要反映在租佃关系的自发演变上,总结起来就是我们前面提到的三个时期。

战国至隋代以前可称为依附农租佃制时期。战国时期,中国封建的租佃制开始出现,但并不普遍。西汉时土地租佃制有了较快发展,但很快又受到封建政权的压制。东汉时期,随着士族门阀地主和徒附、宾客、私属的出现,依附农租佃制逐渐兴起,并在东晋发展到鼎盛。此时地主和佃客的关系为:佃客附属在地主的户籍之中,交纳分成实物地租,不负担国家赋税,但需为地主服劳役乃至充当私兵。大量史料和史学家的研究表明,依附农租佃制体现了一种较强的超经济强制关系。

唐宋至明中叶以前可称为分成租契约租佃制时期。唐宋两朝,随着士族地主向庶族地主的转变,佃农由依附农向契约农转变,地主和佃农之间的关系也从超经

---

① 《读通鉴论》卷十九。
② 赵靖:《中国经济思想通史(修订本)》,北京:北京大学出版社,2002年版。
③ 刘方健、史继刚:《中国经济发展史简明教程》,成都:西南财经大学出版社,2001年版。
④ 赵靖:《中国经济思想通史(修订本)》,北京:北京大学出版社,2002年版。

济强制转向经济强制。唐中期以后,由于均田制的破坏,土地私有迅猛发展,土地兼并也愈演愈烈,地主制经济迅速发展。这一时期,佃农基本摆脱了与地主的人身依附关系。但是,由于佃农自有经济还不充实,需要地主提供部分生产资料和生活资料,因此分成租比较普遍。在分成租制下,地租量与土地收获量直接相关,这势必导致地主对佃农生产的较多干预。因此,这一时期佃农在经济上还较多地受制于地主。

明中叶至清代可称为定额租契约租佃制时期。定额租始于唐代,在宋代的江南地区有所发展,到了清代,定额租已经在全国范围内居于主导地位。定额租的发展是农业生产力发展的结果,它以土地的稳产和高产为前提。定额租的发展,又以农民进一步摆脱对地主的人身依附、具有比较完备的生产和生活资料为前提。在定额租下,农民获得更多的生产经营自主权。在定额租发展的基础上,出现了押租制和永佃制。押租制是一种佃农交纳押金才能租种地主土地的租佃制度。它的出现虽然体现了不平等的经济强制,但也"使佃农通过货币权,获得了有保障的土地经营权,巩固了土地所有权与经营权的分离"。[①] 永佃制产生于宋代,在清代已经流行于长江中下游地区。在永佃制下,土地被分为田底权和田面权。享有田面权的永佃佃农不仅享有土地的经营权,还享有土地的部分所有权,因为田面权可以独立让渡、出佃并收租。

中国传统社会土地租佃制度的变化,突出反映了地主对佃农的人身束缚逐渐减弱,佃农逐步获得独立的土地使用权和自主经营权。在此过程中,人们还一再提出减租思想。最先提出减租思想的是唐代的陆贽。他认识到租、调归私人地主后,国家和农民都会受到损害,因此提出对土地所有权和地租率进行限制。清代的顾炎武尤其指出减租对于均贫富的意义。

3. 在土地赋役制度思想方面,经历了赋役并重、赋重于役、役并入赋三个阶段[②],轻徭薄赋是基本的赋役主张

土地赋役是中国传统社会里国家获得实物收入和劳动力的重要来源。土地赋

---

① 刘方健、史继刚:《中国经济发展史简明教程》,成都:西南财经大学出版社,2001年版。
② 同上。

役制度体现着国家与土地所有者(或使用者)之间的收益分配关系。总体来看,"薄税敛""不违农时"的思想和"均赋役"的主张在传统社会里有着较高的呼声。尽管如此,事实上,大多数时候农民的土地赋役负担还是相当地沉重,负担也很不平均。从历史上来看,中国传统社会的土地赋役制度大致经历了三个阶段:

秦汉至唐中叶为赋役并重阶段。这一时期由于地主制经济不发达,自耕农大量存在,国家赋役征课的主要对象是自耕农。在汉代,赋包括田租、口赋和算赋,役包括兵役和徭役。从曹魏时期开始实行户调制,按户征调赋役,并加强实物税的征收。两晋及南北朝实行粮、帛、布、丝的租调制,徭役繁重。唐代前期实行租庸调,赋役由计户征调改为计丁征调。可见,这一时期国家不仅征收"多样化"的劳动产品,还直接征用"活化的"劳动力。应该说,这种赋役制度的存在与中央集权体制以及商品经济的不发达有着内在的必然联系。

唐中叶至明中叶为赋重于役阶段。唐中叶均田制被破坏以后,租庸调制失去了实现的基础,两税法开始实行。两税法包括地税和户税,地税按田亩等级征课不同税率的实物税,户税按不同资产标准确定的户等征收货币税。因其分夏秋两季征收,故得名"两税法"。到了宋代,国家只按田亩征收两税,两次分别征钱和征粮。两税法的重要特征在于:其一,它将"租"和"税"明确分开;其二,它开始按照资产征税。这些变化反映了在国有土地大量减少的情况下,国家开始凭借政治权力而不是直接占有生产资料来向农民索取生产剩余,同时国家进一步放松了对农民的人身束缚。从赋与役的比例上来看,代表力役之征的"庸"被并入两税,役也向着"职役"的方向发展;此外,"以民户资产列户等作为派役依据,表明'职役'亦向财产税转化"。①

明中叶至清代为役并入赋阶段。明万历九年,张居正为了解决"豪强兼并,赋役不均"②的问题,增加国家的财政收入,开始推行"一条鞭法",将赋与役合而为一,"皆计亩征银,折办于官"。③ 到了清康熙五十一年,清政府宣布"滋生人丁,永不加赋",这种摊丁入亩的办法最终彻底废除了人头税和徭役。两项改革,更明确

---

① 刘方健、史继刚:《中国经济发展史简明教程》,成都:西南财经大学出版社,2001年版。
② 《张太岳集》卷三十六,《陈六事疏》。
③ 《明史·食货二》。

地表明:废除人头税和徭役,反映了国家更加放松对农民的人身控制;征收货币税,反映了商品经济的发展,以及国家在此背景下放松对农民经营自由的限制。

三、民国农村土地经济思想的历史性与时代性

德国经济学者洛雪在讨论经济史的时候曾说,"我们对于一种经济制度,不要一味地赞美,也不要一味地诅咒,因为一种经济制度,对于各个民族及各文化的时代,很少是完全有害或完全有益,科学的主要任务,便在于说明怎样及为什么一种经济制度在某一时期是合理的、有益的,而在另一时期便成为不合理的、有害的"。① 经济制度尚且如此,经济思想更是如此。一方面,任何思想都不会凭空产生,新思想总是在一定的社会背景下,针对现实问题,在继承以往思想的基础上做出的创造和发展;另一方面,总有一些思想是超前的,一些与"现实"格格不入的思想却能成为指导后人的真理。因此,关注历史与关注现实也应该成为我们研究思想史的"两只眼睛",不但在研究思想史时应如此,而且在将历史上的思想运用于现实时更应如此。也唯有如此,我们的思想史才能真正成为有用的"当代的思想史"。这里,我们仅考察民国农村土地思想本身的历史与现实特征。上文关于现实与历史背景情况的描述,正是1924—1949年中国农村土地思想产生和发展的"土壤"。

1. 1924—1949年农地经济思想的历史性特征

第一,在重视程度上,传统社会"农为国本"的思想有着深刻的影响。自先秦时期开始,农业便被视为"本业",秦晋法家还提出"重本抑末""事本禁末""重农抑商"的主张。先秦重本抑末论的经济思想,发展到韩非开始定型。② 韩非不仅把"本"解释为农业,还把它等同于农业中的粮食生产,而把"末"专指工商业。这种重本抑末的思想在西汉后期已经形成为在经济思想领域中起支配作用的封建正统经济思想的一个主要教条;此后,历朝历代的人们都很难摆脱其影响和制约。1924—1949年,中国还是一个典型的农业主导的社会,农村土地是这个社会最主要的财富,人们对土地的认识在很大程度上还不能跳出传统的框框。20世纪20年

---

① 傅筑夫:《研究中国经济史的意义及方法》,《中国经济》,二卷九期。
② 赵靖:《中国经济思想通史(修订本)》,北京:北京大学出版社,2002年版。

代,章士钊发表的"业治与农",还明确提出"吾国当确定国是,以农立国,文化治制,一切使基于农"。① 既然农业尤其是狭义的种植农业成为立国之本,那么农村土地作为农业国家最重要的财富和生产要素自然就是社会学者关注的重点。

第二,在土地所有权思想方面,国家对土地私有制的不明确认可,国家凭借政治权力对土地所有权的干预,以及农民通过革命均分土地的愿望一直存在。从社会的现实背景来看,一方面,土地私有制的地位在中国传统社会里呈现一种逐渐巩固的趋势,与此相伴随的是土地兼并的一次次凸显;另一方面,中国的人口不断膨胀,无地和少地的劳动力增加。失去土地的流民要求获得土地的愿望常常成为导致波澜壮阔的农民起义的一个重要诱因。土地兼并与农民起义直接和间接地威胁到中央集权封建王朝的统治,为了维护社会的稳定及保证中央财政收入,国家面临"均田地"的巨大压力和动力,因此国家对私人的土地占有一直没有明确地认可及严格地保护。虽然从很早期开始,中国已经并非"薄天之下,莫非王土"②,但是"大一统"的中央集权国家仍然具备足够的政治权力去干预私人土地占有。一种观点认为,中国传统社会大量的土地兼并正是因政治强权和不平等交易所产生的,皇帝和大臣往往都是大的土地所有者,保护他们土地产权的是其手中的政治权力,而不是有保障的经济上的所有权。民国时期,人们有关农村土地所有权的思想深受这种传统的影响,带有明显的革命和政治干预色彩。

第三,在土地使用权思想方面,"两权分离"和租佃制思想逐渐发展成熟。均田制是土地国有下的一种"两权分离"模式。均田制下,国家享有土地的最终所有权,国家凭借其所有权可以获得其"所有者权益"——租、调和徭役;受田者拥有土地的使用权,这种使用权不能私自转让,在一定情况下还要"还田",并且土地的用途也被指定为"露田""桑田""麻田""宅田"四种。抛开效率不谈,这种"两权分离"保证了一般劳动者有田可耕,其在防止社会分化、维护社会公平、增进生活保障方面有积极意义。然而,在中国传统社会里,有条件实行均田的时间并不长,更多的时候是私人地主大量占有土地,并将其出租给佃户使用。私人地主和佃农的关

---

① 上海《新闻报》,1923 年 8 月 12 日。
② 《诗经·小雅·北山》。

系在发展变化中表现出一种趋势,那就是地主对佃农的使用权干预越来越少,佃农获得了越来越独立的、完整的土地使用权。传统社会后期出现的押租制使佃农获得了有保障的土地使用权,永佃制更使佃农享有了部分所有权。民国时期土地租佃制度大量存在,租佃思想逐渐发展成熟。

第四,在土地经营利用思想方面,以家庭为单位组织小农生产、精耕细作、男耕女织,自然经济思想支配着简单再生产。在中国传统社会,小农业与家庭手工业相结合,家庭基本上可以自给自足。这种经营制度下,虽然农民家庭对土地的利用程度很高,但是受规模的限制,也只能维持简单再生产的水平。关于中国土地经营上的这种"困境",近代以来很多学者都试图去解释,伊懋可(Mark Elvin)的"高水平均衡陷阱"理论和黄宗智的"过密化"理论都将其归因为中国土地上人口过多。除此以外,一些思想制度方面的因素也有助于解释这种土地的小规模经营。其一,"重本抑末"的思想将绝大部分劳动力束缚在了农村土地上,这使第一产业以外的其他产业发展受到限制,加大了人口对土地的压力;其二,"多子多福"和"诸子继承"的思想使每家耕作的土地越来越小,只能维持小规模的经营;其三,"限田"思想的实行也阻碍了每户占有土地的规模;等等。民国时期的现实情况是,不但土地的大规模经营很少见,而且大土地所有者也并不多见。在这一点上,温铁军等当代学者对传统"革命史"范式下人们的认识进行了反思和再考察。

第五,在土地制度变革思想方面,过多依赖国家和中央政府的行政干预,推行自上而下的改革,或者依靠农民起义进行暴力革命。"中国封建时代的全部经济关系都笼罩在政治的统治之下,封建地主阶级的利益追求主要由政治途径实现,这就是通过国家政权垄断土地并支配农民人身"。[①] 无论是"井田""限田",还是"均田"都体现着国家干预土地占有的企图。很多人将解决私有制下土地兼并问题的希望寄托在土地国有上,因此"井田"作为一种理想模式历代都有人提出实行的主张。当人们越来越深刻地认识到"井田"不可恢复的时候,他们就选择"限田"这种直接的政治干预手段。而且,在适当的时机(比如战乱之后地广人稀时),"均田"便成为一种现实的选择,国家牢牢地掌握着尽可能多的土地权利。国家不仅在占

---

① 刘泽华等:《专制权利与中国社会》,长春:吉林文史出版社,1988年版。

有土地财产上获得利益,还直接利用政治权力干预土地收益的分配。无论是租税还是赋役,国家都在尽可能多地从土地中获得剩余。当国家的直接压榨和其代理人的经济或政治的压榨使农民不堪忍受的时候,农民只能选择揭竿而起,进行造反。直到民国时期,在中国农村土地问题上,都缺乏一种经济上有效的产权保护规则和公平交易规则。

2. 1924—1949 年农地经济思想的时代性特征

鸦片战争以来,随着中国封闭的国门被列强打开,中国传统的经济思想也从封闭走向开放和融合。尤其在五四运动以后,大量"舶来"的新思潮更给中国经济思想带来前所未有的冲击。表现在农村土地经济思想上,一些现代性的特征开始出现或趋于明显。

第一,人们更加关注资本等土地以外生产要素的作用。商品经济发展的新阶段使土地要素的地位发生了变化,这在思想上导致人们对农村土地地位的再认识。商品经济是一种交换经济,在商品经济日益发达的时候,资本要素的作用日益上升,冲击着土地在社会财富中的"强势"地位。在这个过程当中,发生很多微妙的变化。例如,资本和土地逐渐发生着分离,在很多时候,资本远离了农业和土地,从农村流出;资本的冲击改变着地权的所有结构,商业资本和高利贷资本的逐利性掠夺了土地的剩余;以资本表示的土地和土地产出的价格低落;等等。这一系列的变化使人们在寄希望解决问题时,不仅把目光投向农村土地,还更加关注资本和劳动力等其他要素,以及各要素在共同促进经济发展中的关系。

第二,人们将希望更多地寄托在工业化下的社会发展。工业化和城市化的进展,导致城乡"二元结构"出现,此时社会发展的重点开始偏离农村,经济竞争力的重点开始偏离农业,农村土地在社会资产中的"弱质性"也开始体现。在这一时期,人们关注农村土地,已经不仅仅局限于发展农业生产、增加粮食产量等问题,人们开始发现土地对国家建设工业化的意义。比如,工业化阶段土地的迅速涨价可能会使经济增长的速度变慢。再如,征收土地税并使土地"增价归公"可以为国家发展工业化提供资金积累。对于城市化来说同样如此。人们越来越注意到都市和乡村的关系,以及都市地价和农村地价的相关性。都市的繁荣可以吸纳农村土地上多余的劳动力,而实现农村的发展往往还需要都市知识分子的"下乡"。当人们把农业与工业、农村与城市统筹起来考虑经济发展和社会进步的时候,很自然地,农村就变成了"大后方",处在了从属性但同时也是基础性的地位。于是,为了谋求经济的快速发展,人们很容易选择通过多种经济渠道对农村土地产出进行掠夺。

第三,人们通过反思加深了对国际化中的中国与世界的认识。民国时期,国际经济联系的加强和不公平的国际经济旧秩序,是促使中国农村经济破产的一个重要因素。自从1840年鸦片战争以来,西方列强用坚船利炮打开了"天朝上国"紧锁的国门,来自西方的商品便源源不断地接踵而来,西方列强的经济侵略逐步代替军事侵略,成为使中国农村土地问题雪上加霜的一个根本原因。实际上,20世纪20年代末30年代初,中国农村经济破产的危机与西方世界的经济危机就是不无联系的。中国经济逐渐成为世界经济中的一环,而且是处于相对劣势的薄弱一环。当时的很多学者从以往单纯的"向西方学习"中清醒过来,意识到这种国际性的经济侵略(尤其是农产品和替代农村家庭手工业的工业品的倾销)给中国农村生产、生活带来的灾难性后果。在这样的认识下,人们开始了对自身与世界的反思,发出反帝的呼声。

第四,人们更加关注农业技术进步与土地规模经营。随着国际交流的加深,国内开始学习和借鉴外国发展农业生产的经验,开始关注农业技术进步和土地规模经营的问题。20世纪20年代中期以后,有关农业经济学和土地经济学的著作,以及讨论农村土地问题的文章大量地从国外引入,很多著述译自日本、苏联、美国和德国(如日本的安部矶雄、长野郎、河田嗣郎、田中忠夫、高昌素之,美国的卜凯、伊利,德国的达马熙克、考茨基,匈牙利的马扎亚尔等),都对国内的理论和实践产生了很大的影响。他们当中有相当大一部分关注到土地利用中的问题,还有一些则直接针对中国的农村土地制度问题进行探讨。这些可以说是国际化这把"双刃剑"给中国带来的利益之一。在译著的带动下,国内的土地经济学著作在20世纪30年代初开始出现,邹枋、章植、张丕介等的著作陆续问世,他们当中的很多人也开始关注土地利用当中的问题;南京金陵大学、北京燕京大学等很多高校都设立了农业经济系,开始中国土地问题的调查和研究。此外,通过留学、考察等多种途径,国人越来越多地了解到美国的大农场经营和苏联的合作化等,并将其介绍和试行于国内。

第五,人们的经济思想和社会实践都受到新思想、新观念的深刻冲击,这些冲击主要来自国外。思想观念的转变,是前面一系列农村土地思想新特点的根本原因之所在。尤其是在五四运动以后,新思潮的引入、传播和指导实践给农村土地思想带来了深刻的影响。在中国传统社会里,人们对政治、经济主体的概念局限在"家"和"国",有理想、有抱负的人讲"修身、齐家、治国、平天下";实际上在大一统的中央集权国家形成以后,"国"与"天下"几乎是同一个概念。而且,在这种社会里,"家"与"国"是同构的,都是在服从一个"大家长"的绝对权威下组织起来的,反映了一种整体主义的价值观,"富国"之学是传统经济思想的核心。然而,五四运动和新文化运动以后,人们开始反思个人的价值;同时,马克思主义传入中国,人们开始运用阶级分析的方法研究社会问题。这些思想观念的根本变化,直接影响到作为社会科学的农村土地经济思想,从土地"收益归公"到实行"土地革命",都带有深刻的新意识形态影响的痕迹。

第二节 农村发展主题下的土地思想:前提与途径

自鸦片战争后的一百多年来,"从林则徐、魏源到孙中山,多角度、多层次地探求在经济上摆脱落后、跻身先进的道路,提出了各种各样的发展模式,进行了理论说明和论证。中国近代先进人物认识到,中国的经济发展包括两个方面——发展的途径和发展的政治前提;他们把发展与'师夷''变法'紧密联系在一起,将学习西方、实行改革作为推动近代中国发展的两个车轮"。[①] 孙中山及其以后的经济发展思想,不仅将经济发展的前提和途径问题提了出来,并且将其与农村土地问题紧密地联系在了一起。

一、孙中山为1924—1949年土地经济思想奠定了发展的基调

孙中山的经济思想主要体现于其"三民主义"中的"民生主义"。而"民生主

[①] 郑学益:《中国发展经济学的滥觞——从林则徐、魏源到孙中山》,《北京大学学报(哲学社会科学版)》,2003年第2期。

义"中的一项重要内容就是"平均地权"。孙中山自己曾说:"土地问题能够解决,民生问题便可以解决一半了。"孙中山在经济建设方面主张发展实业,并将农村土地问题的解决与其经济发展思想有机地结合在一起。

1. "平均地权"思想

"平均地权",是孙中山较早提出的土地思想和政策主张。1894年,孙中山在上书李鸿章时就提到要"使地尽其利"。1905年,"平均地权"作为一个重要的组成部分,被写进中国同盟会的纲领。再往后,"平均地权"又成为孙中山"民生主义"两大组成部分之一。"平均地权"思想的基本主张或主要办法是"照价纳税""涨价归公""照价收买"。

从"平均地权"提出的主观动机来看,孙中山是着眼于经济和社会发展的,这是"平均地权"与以往"均田地""有田同耕"思想的最大不同之处。孙中山生活的时代恰处在中国由封建社会向资本主义社会转化的过程中,在这一特定历史环境中,他看到城市地价的猛涨、土地的日益集中、农村的日趋破产、土地经营的破碎、地租的不合理等现象;自然,他认为这些都是中国革命中亟待解决的问题。但是,他认为中国与资本主义先进国家相比,整个国家都是落后与贫穷的。至于我们国内财富的悬殊,同欧美资本家与工人的差距相比,只能算是"大贫与小贫之分"。他认为中国革命后,将使产业获得蓬勃的发展,那时必须要避免走资本主义国家贫富悬殊的老路。所以,他提出"平均地权"的纲领,是希望"共将来的产"。由此可见,以往的"均田地"和"有田同耕"都是着眼于当前现有的土地,主要想解决一个分配的问题,要求获得现下的土地使用权;然而,孙中山的"平均地权"则是要在将来"蛋糕"变大了的时候,使人人得均享其利。

从"平均地权"所达到的客观效果来看,通过实行"地价税"和推行土地"涨价归公",将降低国家主导的工业化发展的成本。1924年,孙中山的"平均地权"思想,在中国国民党第一次全国代表大会的宣言中被较完整地表述出来。宣言指出:第一,国家规定土地法、土地使用法、土地征收法及地价税法,由政府进行土地管理及征税事宜;第二,私地由地主报价,国家就价征税,必要时依价收买;第三,国家当给佃农以土地,资其耕种;等等。之所以提出这些办法,是因为孙中山认识到,在西方国家工业化发展的过程中,土地税曾是国家获得财政收入和资金积累的重要来源,国家可以用这笔资金进行工业化建设;并且,他还认识到,随着工业化进程的加速,农村土地的价格会由于靠近城市等而飞速上涨,如果对此不加限制,大量的社会进步所带来的收益就将被这些土地所有者攫取。因此,孙中山的"平均地权"正是为保障国家主导的工业化发展服务的,是推动这种模式下社会经济发展的重要一环。

2. "耕者有其田"思想

1924年8月,孙中山在《民生主义第三讲》中,根据国民党农民部的农村调查材料,深刻揭露了农村土地剥削的状况。他说,"一般农民,有九成都是没有田的"农民"所生产的农品,大半是被地主夺去了""农民耕田所得的粮食,据最近我们在乡下的调查,十分之六是归地主,农民自己所得不过十分之四"。他还说,"农民问题真正完全解决是要'耕者有其田'"。① 于是,孙中山正式提出"耕者有其田"的新主张。之后,孙中山在农民运动讲习所的演说中,又说:"现在俄国改良农业政治之后,便推翻一般大地主,把全国的田地,都分到一般农民,让耕者有其田。……我们现在革命,要仿效俄国这种公平办法,也要耕者有其田,才算是彻底的革命。"②

"耕者有其田"思想的提出,是孙中山晚年农村土地思想的一大转变。这种转变,是孙中山受到苏联的影响,提出实行"新三民主义"和"联俄、联共、扶助农工"三大政策的具体表现。"耕者有其田"思想的提出,反映孙中山的经济发展思想有了新的进展。

在这种转变当中,孙中山重新认识了经济发展的前提,重视到经济发展中地权分配的影响以及生产关系的束缚。在地权分配方面,他的思想正在经历由国有向农有的转变。在"平均地权"政策下,土地的涨价等收益都在国家的手中。因此,"平均地权"实际上是一种土地的最终所有权归国有的政策。而在"耕者有其田"下思想,至少要让农民有土地的使用权和一定的收益权,至于农民是否拥有最终的土地所有权,孙中山并没有明确说明。此外,孙中山还看到由于封建剥削而导致土

---

① 孙中山:《孙中山选集》(下卷),北京:人民出版社,1956年版。
② 同上。

地荒芜的现象,因此他主张的土地农有也有改善生产关系、促进农业生产发展的意图。

在这种转变的背后,是孙中山对推动经济发展的力量有了重新的认识,因此他才开始重视作为革命和建设主体的广大农民的土地要求。孙中山总结历史教训,在《耕者要有其田》一文中指出,"农民就是中国的一个极大的阶级""是我们中国人民之中的最大多数,如果农民不来参加革命,就是我们革命没有基础",因此国民党的改组,"就是要用农民来做本党革命的基础"。只有联合广大农民,"这样我们的基础才可以巩固,我们的革命便可以成功。如果这种基础不能巩固,我们的革命便要失败"。[①] 孙中山这种认识的发展,着重强调了经济发展的前提(尤其是政治前提),这也给此后的土地革命提供了理论依据。

二、对孙中山土地思想的继承与发展

孙中山的土地思想比较原则化和理想化,还是"粗线条"的,有很多不明确之处,甚至还有一些矛盾之处,这就给后人留下了进行各种阐释的空间。事实上,孙中山本人的思想也一直是在发展变化着的。他早年受弥尔、亨利·乔治、达马熙克等的影响,提出"平均地权"的思想,晚年又受苏联的影响,提出"耕者有其田"思想,就在他的土地思想发生重大转折后不久便因病逝世了;否则,面对不断发展变化的国际、国内形势,孙中山的土地思想恐怕还会有转变和发展。自然,后人对孙中山的思想进行继承和发展也是合情合理的,分歧也在所难免。比如,后人关于"民生主义就是社会主义"和"耕者有其田"等思想便产生了较大的分歧和争论。笔者同样"粗线条"地对后来的思想加以大致的分类。

1. 中国地政学会派

中国地政学会派,是国民党土地改革研究的"正统派",地政学会中的大部分人身兼学者和政府官员两重身份,他们的主要观点是,中国土地问题的基本症结在于"地未尽其利"。

1932 年冬,中国地政学会成立,从事土地政策的理论研究与宣传。1933 年年

---

① 孙中山:《孙中山选集》(下卷),北京:人民出版社,1956 年版。

初,地政学会创办了《地政月刊》,在抗日战争全面爆发前的四年多时间里,《地政月刊》成为国内讨论土地问题的主要阵地之一,在国内土地研究的高潮中具有重要的地位。20世纪40年代后期,中国地政学会一批人根据变化的形势又成立了"中国土地改革协会",从事群众的活动与促进土地改革的实践。中国地政学会派的领袖人物为萧铮,他担任这两个团体的理事长,骨干成员包括万国鼎、祝平、黄通、高信、洪瑞坚等人。他们或从事土地理论,或从事土地金融,或从事土地测量登记等专门研究,发表和出版了大量的论文和著作。

对于孙中山的"平均地权"思想,1933年萧铮在《平均地权真诠》①一文中归纳出十点结论。第一,平均地权的核心,在"地尽其利",而不仅为分配。他说,土地国有论虽然在理想上是可赞美的分配制度,但如果与生产手段、社会组织的管理分配技能不相适应,就不能够采用。他还引用德国土地改革领袖达马熙克的话,"最优良的土地制度为能尽地利"。第二,平均地权的目的,在于使土地的未来价值归公,社会上人人都能够享受到。他认为孙中山着眼于中国在最短的时间内实现工业化,因此其所欲分配的是"未来的产",而不是现有贫乏的"资财"。第三,平均地权的办法,首先为"定地价",其次为"征地价税",再次为"增价归公",最后为"照价收买"。这样,既会承认当时的地主土地所有权,将未来土地增加收归公有,还会杜绝土地投机,促成地尽其利。第四,平均地权办法的特性在于,实行它的时机应该在经济革命过程中,即工商业尚未十分发达、大规模的地价变动来临之前。第五,平均地权论的作用,不单在土地问题方面,还是实行国家资本主义、发展工业化当中的重要环节。第六,在国家资本主义下,土地权利的新形态为,国家通过个人享有土地的支配管理权,使个人享有土地的使用收益权,这与单纯的土地私有和土地国有均有不同。因此,"平均地权论之结果,根本无单纯所有权之存在,无从指为私有制或国有制,更无从谈'自私有到国有'"。② 第七,平均地权通过"均权论"的办法,达到社会革命或经济革命的目的,从而消除纯粹私有的弊端。第八,平均地权论不同于中国古代实行的"限田"或"均田",批评了周佛海、刘兢渡和聂国青等人

---

① 《地政月刊》一卷一期。
② 萧铮:《平均地权真诠》,《地政月刊》一卷一期。

的限田主张。第九,他认为孙中山虽然对土地公有表示赞成,但不会采取土地没收和土地征收的办法取得土地名义上的所有权,只会主张保持土地的管理支配权,而给私人以使用收益权。第十,"耕者有其田"并不能与平均地权相提并论,批评马寅初、高一涵、王世杰等人的"耕者有其田为平均地权目的"之说,他认为"耕者有其田"只是"平均地权"农民政策的一部分。萧铮的这十点结论,可成为地政学会派对于孙中山"平均地权"思想的"经典"阐释,它包含了该派的基本土地思想。从中可以看到,他们主要是从社会经济发展的角度看待问题的,从"平均地权"中既分析出了发展的途径,又分析出了发展的政治和经济前提。

1934年,高信在中国地政学会第三届年会上提交的论文《中国土地改革与国民经济建设之途径》①从限制资本剥削、发展民族资本主义、促进国民经济建设的角度认识平均地权。他认为,造成当时社会一切不公平、使国民经济凋敝的主因在于地权的不平均,"如果使土地之利用与分配为国家所统制,使经济地租与地价增长归还众人,则资本家之气焰必无今日之盛"。他还认为,如果能将土地所有权加以价格上的限制,国家取其核心——经济地租,那么在资本和劳动力自由发展的过程中,资本主义就等于"有枪无弹",不能"作恶杀人"。他认为,当时的中国并没有大资本家存在,而发展民族资本是当时的急务,对于一切小企业应加意保护,让人民有充分的自由,这样国民经济建设才有成功的可能。而在这个过程当中,土地改革会促进其发展。

地政学会的其他人对"平均地权"也进行了各种阐释,其中较有特色的是祝平的观点。1944年,祝平在《土地政策要论》一书中,认为孙中山所说的"土地国有"只是"平均地权"中的一项办法,指的是征收土地,这项办法就是为了解决一般的"润得"问题,尤其是"润得"的第一形态——"地赢"问题;而"耕者有其田"是专为解决"润得"的第二形态——"地租"问题。② 由此可见,他侧重土地收益分配,试图调和争论,解释和发展孙中山的思想。

---

① 《地政月刊》四卷四五期合刊。
② 祝平所谓的"润得",即英文 rent 一词,他将其定义为"狭义的土地问题",也就是土地改革者要解决的问题。他认为"润得"又分广义和狭义:广义的"润得"指"地赢",即土地所有者自己利用土地在素地上所获的不劳所得;狭义的"润得"指"地租",即土地所有者出租其土地所获的素地部分的不劳所得。

在中国地政学会第二届年会上,地政学会诸学者系统地提出了他们的基本土地政策主张①:第一,迅速规定地价,实行累进制的地价税及增价税,以平均人民负担,限制豪强兼并,使国家可收应得之地租、人民可除苛杂之压迫、土地得尽量经营之利用,以期国民经济之繁荣,社会之和平发展。第二,立即依照规定地价,严定租额,并基于平等合作之精神,改正佃租制度,使业佃双方权利和义务的分配合乎公平、妥善之原则,使劳资密切合作、地尽其利、农村安定,则整个社会进步可期。第三,实行设立农业及土地金融机关,以调剂农村经济、奖励土地生产、扶植自耕农,在监督贷款用途之中包含统制土地使用之意,使之符合国民经济生产建设的趋向。第四,国家应即速注重土地利用,实行移垦政策,以求土地与人口之调剂、地利之开发、生产之增进、边疆之充实,至于办理边疆垦殖,最好以国营为原则。在这些政策主张中,透露出改善土地收益分配、促进土地经营利用、促进农村发展的强烈意图。

2. 中国农村派

中国农村派,是指中国农村经济研究会的学者群体,由于他们的主要阵地是《中国农村》杂志,故而笔者以其命名。中国农村派认为,中国土地问题的基本症结是封建的土地关系束缚了农村生产力的发展,而解决问题的唯一办法是以革命的手段废除封建土地所有制,他们是倾向于中国共产党的国统区里的"左"派。他们的理论分析,事实上成为中国共产党革命行动的理论基础。

陈翰笙是中国农村派的领袖。他认为,"一切生产关系的总和造成社会的基础结构,这是社会学的出发点;而在中国,大部分生产关系是属于农村的"。正如毛泽东进行社会调查的目的一样,"社会经济调查,是为了得到正确的阶级估量,接着定出正确的斗争策略。"②1929 年春,陈翰笙到中央研究院社会研究所任职后,就陆续聘用了王寅生、钱俊瑞、薛暮桥、张锡昌、张稼夫、孙冶方、姜君辰和秦柳方等一大批青年,组织中国农村经济调查组,分赴全国各地农村进行调查。1933 年,他们在农村调查的基础上成立了中国农村经济研究会。1929—1934 年,调查组先赴江苏无

---

① 《中国目前之土地政策》,《地政月刊》三卷四期。
② 《反对本本主义》,《毛泽东选集》第 1 卷,北京:人民出版社,1991 年版。

锡、河北保定、广东岭南、广西、河南、陕西等地进行选点调查,而后到辽宁营口、辽宁大连、吉林长春、黑龙江齐齐哈尔调查难民问题,赴安徽、河南、山东的烟草种植地区调查烟农生活。"调查组从土地问题入手,采用阶级分析方法,调查农村生产关系,最终以大量、系统的第一手资料,科学地证明中国农村社会和中国社会性质。"①调查指出:一方面,鸦片战争后,洋货侵入农村,继而又有帝国主义大量的资本输入,帝国主义控制了中国的经济命脉,使中国陷入半殖民地社会;另一方面,19世纪中叶以来工业资本的侵入,使工业化和农产品商业化已渐次深入农村,但是"前资本主义"的农业经营仍是"最流行的"。因此,中国是一个半殖民地、半封建社会。在对中国社会性质认识的基础上,中国农村派提出了有关中国农村发展和解决土地问题的看法。

1933 年,陈翰笙在其发表的《现代中国的土地问题》②一文中,指出中国土地的分配不均和耕地的分散这两大问题。他说,农村中有 65% 的穷苦农民(包括北方的自耕农和南方的佃农)迫切地需要土地。根据 1929 年和 1930 年的调查,无锡的农家平均只有农田 0.42 公顷,保定农家平均有农田 1.06 公顷;并且,以无锡的 34 户农家为例,每户耕有农田 16 亩有余,平均每家有地 12 段,每段平均 2.5 亩;同时,最小地段只有 0.35 亩。并且,每段耕地的平均面积还趋于减少,这在雇农中尤其显著。对于以上问题,陈翰笙认为,大地主是农村崩解的因素,并且中国的地主大都是"多方面"的人。他们不仅是收租者,还是商人、高利贷者和行政官员,因此大地主工作的结果,必然使农产衰落。他说:"土地所有与土地使用之间的矛盾,正是现代中国土地问题的核心。"孙晓村也在《现代中国的土地问题》一文中说:"土地分配有巨大的集中,农田使用却极度地分散,这便是中国土地问题最严重的所在。"③中国农村经济研究会正是紧紧抓住旧中国农村中的生产关系(农村土地关系)来认识农村社会的发展的。他们试图通过社会革命,解决农村发展的政治前提。

---

① 《陈翰笙集》,北京:中国社会科学出版社,2002 年版。
② 《中国经济》一卷四五期合刊。
③ 中国农村经济研究会:《中国土地问题和商业高利贷》,上海:黎明书局,1937 年版。

1934年,漆琪生在其发表的《殖民地半殖民地的农村经济之特质》①一文中说,帝国主义出于掠夺殖民地以发展自身资本主义的目的,会对殖民地、半殖民地发生同化作用,但这种同化作用以不妨碍宗主国自身经济利益为最大限度。因此,一般殖民地、半殖民地农业资本主义行程的停滞等都是这个原因造成。他还认为,帝国主义为便利自身发展,还会在殖民地、半殖民地维持前资本主义的封建关系,包括地主的土地所有关系、封建地租和苛捐杂税等。而且,往往半殖民地的资本主义化程度比殖民地要低。因此,他认为殖民地、半殖民地农村经济的特质,"就是封建经济还占着支配的地位,资本主义经济乃处于隶属的地位,而且还是只有在特殊部门不均衡的发展,健全的农业资本主义化完全不可能"。

3. 独立评论派

《独立评论》于1932年创刊,胡适在很长一段时间内一直是该刊主编,刊物的主要撰稿者为国立北京大学、清华大学等著名高校的学者。《独立评论》杂志的学者大多认为中国土地问题的主要症结是地少人多,解决的办法是节制人口等。他们较多地从土地、人口、资金等生产要素相互配合的角度探讨问题,对"平均地权"兴趣不大,认为"国土之大,可以利用的不到百分之二十","人口压迫已达世界少见的严重"。马寅初、吴景超、翁文灏等都赞同这一观点。他们虽然注重生产力的发展,但是回避社会经济的根本改革;他们的理论阐述较多,但具体实践却很少,可以称得上是当时的"学院派"代表。

1928年,马寅初在《平均地权》一文中,主张"平均地权",并且认为,"平均地权,为平均所有权"。他认为,平均地权除可以消除大地主不劳而获的危害以外,还有利于促进农业生产力的发展。他说:"依理而论,耕者必须有地,盖耕者有其地,则耕耘培植必格外讲究,今耕种租地,有时解约,……是以租地施肥,皆不尽力,两方相较,则耕自己之地者,改良培植多尽其能。改良多,则地利之生产力大,效用广,故欲求生产之多,必须耕者有其地。"②马寅初强调土地所有权与使用权的一致,其目的在于增加生产。

---

① 《国闻周报》第11卷第21期。
② 《马寅初讲演集》第四集,上海:商务印书馆,1928年版。

1935年,吴景超在《土地分配与人口安排》①一文中认为,中国农场规模过小,从而影响了农民生活水平的提高。那么,怎么扩大农场面积,提高农民生活水平呢?他在20世纪30年代初的一篇文章《中国农民的生活程度与农场》中就已经指出,第一便是开垦荒地,第二便是发展农业以外的实业以吸收农业过剩人口。而在《土地分配与人口安排》一文中,吴景超仍然坚持了这种观点,而且进一步认识到发展实业吸纳农业人口的困难。因此,他提出要控制中国的人口数量,认为"节制生育运动,是中国今日最有意义的一种运动"。基于这样的观点,吴景超从孙中山的民生主义主张出发,批评了国民政府的《土地法》,以及"限田""减租"等办法,认为它们都无法达到"耕者有其田"的目标,因为农民缺乏机会和资金获得土地。他说:"国民政府如不修改民生主义,便要修改《土地法》。"②可见,独立评论派更侧重从生产要素的角度探讨农村经济发展的具体问题和途径办法。

与《独立评论》作者群类似的,南京金陵大学的卜凯,以及天津南开经济研究所的方显廷、何廉等人也有着"学院派"的鲜明特征。这样看来,"独立评论派"只是"学院派"的一个集中代表。

4. 乡村建设派

乡村建设运动是在20世纪二三十年代兴起的一场旨在复兴农村的教育和改良运动。当时在各地从事乡村建设活动的团体有数百个之多,它们不仅在理论上对复兴农村进行探讨,更在实践上积极推行实验。乡村建设运动中最著名的代表人物为晏阳初和梁漱溟。晏阳初认为,中国农民的病害在于"愚、贫、弱、私";针对这些问题,他主张推行文艺、生计、卫生、公民四大教育来解决。梁漱溟从中国传统文化分析出发,主张用教育、合作化等手段来改造中国农村,他还积极推行"政教合一"的乡村建设实验。"乡村建设派"更多地从文化、教育、技术的角度进行理论探讨和实验工作,他们对农村土地问题的直接讨论和行动是不多的。

尽管如此,梁漱溟在《乡村建设理论》一文中,还是系统地提出了他对于当时农村土地问题的看法。梁漱溟说:"和农业最有关系的当然是土地问题。……我们

---

① 《独立评论》七卷一五五号。
② 《土地法与土地政策》,《独立评论》八卷一九一号。

认为调整社会关系形成政治力量,为解决土地问题之前提。"①梁漱溟分析了中国土地问题之所在:耕地不足,使用不经济,以及分配不均。对应这"三大问题",梁漱溟提出解决问题的对策:扩大耕地,提高土地经营效益,以及实行"耕者有其田"。可见,在对问题的基本认识和解决对策上,梁漱溟与当时各派的学者并没有什么不同。然而,在具体解决问题的途径和办法上,梁漱溟却有着自己的特色。梁漱溟尤其强调了两点:第一,在社会方面,必须有足够的政治支持力量;第二,在经营模式方面,要推行土地的合作利用。前一个方面,他认为包括国民党和共产党在内,能够负责来解决问题的政府还没有;至于他们自己,自然更非力所能及了。在后一个方面,他积极主张在承认私有的基础上稳步地推进土地合作利用,在这当中发挥农民的生产积极性,提高土地的经营效益。

在社会变革的方式上,乡村建设派反对阶级斗争式的革命。正因为如此,他们遭到了中国农村派的猛烈批评,成为"改良"和"保守"的典型代表。然而,乡村建设派的贡献是需要我们重新认识的,尽管他们直接讨论土地问题不多,但是从教育、技术、合作化等角度对农村发展问题的探讨与实践,都大大丰富了人们对农村发展前提和途径的认识。

5. 其他观点

除了前面已经归类的学派和代表人物的农村土地经济思想,还有一些学者从不同的角度演绎孙中山的土地思想。当时,《中国经济》的王宜昌等人就与《中国农村》的陈翰笙等人展开了中国农村社会性质的争论,由此产生对土地问题认识的根本分歧。此外,还有《新生命》《经济学季刊》《农村经济》《国闻周报》《东方杂志》等刊物,都载有较多关于土地问题的讨论。这里略举一二:

第一,"耕者有其田"仅为理想说。1929 年,杨宜林在《"耕者有其田"的索解》②一文中,提出"耕者有其田"不指土地制度解,而作农民政策的理想解。认为"耕者有其田"不是土地的自耕农所有制(因为孙中山是土地公有主张),而是要在土地公有和平均地权下农民平等享有土地的权利。这种观点否定了农民土地私有制。

---

① 《梁漱溟全集》(第 2 卷),济南:山东人民出版社,1989 年版。
② 《新生命》二卷第八号。

第二,土地永久使用权增进效率说。1927年,前溪在《中国新经济政策》①一文中,阐述了他关于"耕者有其田"的主张,着重从农民的土地使用权角度进行了阐释,他说,如果土地使用权不是永久的,农民对土地就不会有永久的计划,土地不会改良,生产率会降低,而且年年换佃也会使农民感到不安;如果土地使用权是永久的,"无论定年限或不定年限,在此限中,是否许其转移租借? 不许转移,则租用者仍不便作相当计划;许其转移,则不能不承认其转移权利。有转移权利即有相续权利矣,是使用权与所有权,实异名而同实,完全失其土地公有之性质矣"。就增进土地效用而言,他认为自耕农要好于佃农,因此他赞同"耕者有其田"的政策;不过,他认为"按价增税"和"涨价归公"等办法,并不能达到"耕者有其田"。他在"耕者有其田"的主张之上,还认识到大农制度的优越,主张政府多设农业试验场,并为之提倡。

事实上,还有很多学者和观点继承与阐释了孙中山的土地思想,如果完全整理出来,恐怕就是整个时期关于土地问题的所有认识了。由于孙中山独特的历史地位,他的后来人几乎都要这样或那样地提到他,从他的思想出发,一些人甚至演绎出完全对立的观点和主张。当然,这并不妨碍我们在这里进行简单的梳理,并将得出一些基本的认识。

三、农村发展主题下的土地思想:前提与途径

农村发展包含了方方面面的内容,也不只是经济学家所关心和能解决的问题,农村土地问题只能是这个宏大命题中的一环。问题的关键在于,不同时期的人们是否能将土地问题与农村发展联系在一起? 又是怎样将土地问题与农村发展联系在一起的? 这正是不同经济发展思想的区别所在。

中国自近代以来,发展经济、赶超西方一直是人们孜孜以求的目标,是近现代中国经济思想的核心内容。然而,"在孙中山以前,关心中国经济发展的人士,多是从工商业的发展和现代化考虑问题,而很少谈论农业发展的问题。对农业发展中

---

① 《国闻周报》四卷二期。

的关键问题——解决封建土地制度的问题,更无人置喙。孙中山是中国近代首先探讨此问题的人"。① 1924—1949 年,人们显然继承了孙中山的这种思路,并将其不断地推向前进。

首先,人们注意到了农村经济发展与土地问题解决的"一体性"。从孙中山开始,便意识到"土地问题能够解决,民生问题便可以解决一半""若将平均地权做到,那末,社会革命已成七八分了"。② 可见,解决土地问题是民生主义的重要组成部分,也是实现农村乃至整个社会经济发展的一个重要部分。反过来看,如果没有社会的大发展,就没有地价的急速腾贵,这样也就不会使土地问题变得如此严重。农村土地问题的突出和尖锐是社会发展带来的,又必将在社会发展中才能真正得到解决。

其次,很多学者认识到土地与其他要素在共同促进社会发展中的有机联系。孙中山本人不仅将"平均地权"和"节制资本"并列提出,而且将"平均地权"同其"实业计划"联系在一起。从产业的角度来看,农业与工业是相互促进、相互制约的,在实现工业化的过程中要处理好农业的地位和作用问题;从要素的角度来看,土地、资金、劳动力共同促进经济发展,如何实现其合理配置,以及各要素能否获得合理的收益,这些都会对经济的进一步发展产生重要影响。正如,不使土地"涨价归公",那么,必然会加大工业化发展的成本。在这一点上,独立评论派等学院派的学者们有着较多的讨论。

再次,有学者认识到农民是社会发展中的主体,农民的土地需求是社会变革的决定因素。当时的人们清楚地知道,中国人口的大部分为农民,不解放农民,实现农民自身的发展,就无法实现农村的发展,也就无法实现整个社会的发展。乡村建设派正是注意到了这一点,才积极研究农民的需要和弱点,主张通过教育等手段来首先实现农民的发展。然而,乡村建设派显然更"一厢情愿"地从他们自己的思路出发来试图帮助和解放农民了,在精神和物质的双重贫困面前,该派学者更多地关注了精神层面。事实上,千百年来,作为小私有者或小生产者的中国传统农民,他

---

① 赵靖:《对中国发展之路的百年探寻》,《赵靖文集》,北京:北京大学出版社,2002 年版。
② 《孙中山全集》(第 2 卷),北京:中华书局,1991 年版。

们对土地的渴望空前地强烈;然而,他们对于精神的贫困却不自知,也提不起兴趣。中国共产党人通过新民主主义革命,满足了农民的土地需求,从而实现了社会的变革,使之发展到一个新的阶段。

复次,有学者更深刻地认识到农村土地问题的根本解决是要变革生产关系,而这是实现社会发展的政治前提。受马克思主义的影响,20世纪20年代以后,大批学者投身于中国农村社会性质和生产关系的研究。通过研究,他们认为中国社会是一个半封建半殖民地社会,因此要想实现中国经济的发展,首先要推翻帝国主义和封建主义的剥削与压迫,这是中国经济发展的政治前提。推翻封建的土地所有制,把农民从封建剥削的生产关系中解放出来,这是政治前提中最重要的内容。因此,推行土地革命便成为中国农村派等"左"派学者理论逻辑的自然结论。

最后,还有学者认识到农村发展的目标是要地尽其利,使农地发挥生产效率。他们并不认为地权分配本身是问题的最终解决,因为不论哪种土地制度,其最终的作用都是要改进效率和促进生产。梁子范在《独立评论》上说,"土地问题虽然用政治的方法可以解决,然而这种解决以后的结果,不能不提前按着经济的理论计算计算"。[①] 中国地政学会派的学者在这方面有更多的论述。中国地政学会的祝平认为,土地问题是发展生产的先决问题。当然,这种看法是截然不同于中国农村经济研究会派诸君的,因为他并没有将土地问题提到政治前提的高度,而仅仅着眼于生产的发展,是一个经济范围内的前提。

综上所述,我们看到,民国时期的学者和政治家们将土地问题与农村发展问题紧密联系了起来,土地问题或者存在于农村发展的"政治前提"或"经济前提"之中,或者存在于农村发展的"具体途径"之中。通过他们从不同角度的认识,我们发现,土地问题贯穿在农村发展问题的方方面面,存在于农村发展过程的始终。

---

① 《"平均地权"和"节制资本"可以实行么?》,《独立评论》,四卷八十一号。

第三节　土地问题重心之争与社会变革方式的选择

一、对土地问题的总体认识

20世纪二三十年代,农村土地问题成为一个热门的问题。既然是热门,不同学科背景的人就都来谈土地问题,这其中有经济学家、法学家、社会学家、政治学家、农学家,等等。人们也从不同的角度来谈土地问题,有人从变革生产关系、推动革命的角度来谈,有人从农村复兴、推进工业化的角度来谈,有人从发展农业生产、增进土地利用的角度来谈,如此等等,不一一列举。

那么,从总体上来看,究竟什么是"土地问题"? 土地问题都包含哪些内容呢?

陈立夫曾担任全国土地委员会主任,主持了1934年8月至1935年12月的土地调查,最后提交报告40多种,共200多万字,其主要内容可见于土地委员会1937年出版的《全国土地调查报告纲要》。1936年,陈立夫在《举行全国土地调查之经过及其所得结果》[①]一文中,认为中国土地问题的症结在于:第一,土地分配缺乏调剂;第二,土地利用未达到集约;第三,租佃制度亟应改良;第四,田赋制度需要更张;第五,土地金融机构应求活泼;第六,土地投机的防止。

黄通在中国地政学会第三届年会的演讲《中国现阶段的土地问题》中说:"现代的农地问题,概况地说,可大别为四,即(一)地权分配问题,(二)租佃问题,(三)地价问题,(四)地租归属问题。"[②]

1933年,曾济宽在《中国土地问题及其解决方法》[③]一文中指出,欧美及日本土地问题的中心在于分配而非生产;中国则不仅要讲求分配,同时要注意生产,中国土地问题的解决方法,重增进生产而不在强行分配。同年,他在《地政月刊》上评论河田嗣郎的《土地经济论》时又提到,"要而言之,一部土地经济论,实不外乎是一部土地价值论,尤其为关于土地之价值分配论。但关于土地价值之产出方面,亦

---

① 《地政月刊》四卷七期。
② 《地政月刊》四卷四五期合刊。
③ 《现代农村》1933年第七期。

未可完全忽视,……然而土地价值之分配问题,即构成今日土地问题之核心"。

1937年,王效文、陈传钢在《中国土地问题》一书中,认为"须认清土地问题的时间性与空间性,以及当时、当地的社会经济的发展""把土地问题与整个的社会生产关系联系起来研究"。① 他们认为,土地问题包括土地分配和土地利用,前者包括土地本身的分配(地权问题)和土地所生产的农产物的分配(地租问题),后者是一个土地生产技术的问题。

综合来看,当时人们比较普遍地认识到:土地问题包括土地分配和土地利用这两个方面,在这其中,土地租佃是讨论比较集中的一个热点问题。除此以外,有关土地税赋和土地金融等问题也有不少的议论。

二、关于土地问题重心的争论

1. 中国地政学会内部的争论

"正式提出目前中国土地问题的重心来加以讨论的,是中国地政学会。"②王效文、陈传钢的《中国土地问题》(1937)和祝平的《土地政策要论》(1944)都记载了关于中国土地问题重心的讨论。中国地政学会曾有过一次关于中国土地问题的重心的讨论会,会议的记录1934年刊登在《地政月刊》二卷一期上。讨论会主要分为以祝平为代表的"分配论"派和以万国鼎为代表的"生产论"派,还有持"没有重心论"的冯紫岗等人,以及持"二者兼顾论"的王祺等人。

第一,"分配论"一方的主要观点。祝平是持此观点的代表人物,他说,"'地租问题'应该是目前中国土地问题的重心。在经济学上,地租是属于分配的范畴,所以地租问题也就是分配问题"。对于生产问题,他说,"'土地问题'的解决,是发展生产的前提;'土地问题'的本身,决不是一个生产问题。生产问题根本上既然不是'土地问题',那当然更谈不上是'土地问题'的重心了"。他还说,"我们承认发展生产,是解决我国目前民生问题的根本要着;不过,唯其要想发展生产,就应该更赶快地去解决发展生产的先决问题——土地问题"。祝平所谓的分配,就是指地租

---

① 王效文、陈传钢:《中国土地问题》,上海:商务印书馆,1937年版。
② 同上。

的分配;他所谓的土地问题的重心,就在狭义的地租的分配。

同样持"分配论"观点的黄通与祝平的看法不尽相同。他认为,地尽其利必须要依赖资本与劳动的投入,而资本又是过去的劳动,所以劳动投入为地尽其利最切要的条件。考虑到劳动效程决定于劳动兴趣,劳动兴趣又与劳动报酬有关,因此如何使农民得以享有其劳动成果,尤其成为地尽其利的先决条件。黄通这里所说的农民包括了地主、自耕农等资本投入者在内,劳动成果也包括资本的收入。黄通继而提出,土地问题的重心,应为乡村土地关系的改善;而土地关系的改善并非单纯的地租的分配,而在于作为产生地租的基础的地权的平均。可见,黄通的观点比之祝平,似乎要更为"激进"一些,他所谓的土地问题重心是指整个土地收益权的分配。他进而阐述,"平均地权,第一步是要耕者有其田,申言之,便是耕者毋须耕他人之田,以致辛勤所得为不劳者攫取而去;使土地与耕者,发生极密切的关系。然后,'利用','生产',以及'地尽其利'诸题,方谈得到"。可见,他在注重分配的同时,也顾及生产问题。

持"分配论"的郑震宇反驳"生产论"比较彻底。他认为,土地问题纯为分配问题,土地利用或生产问题是农业生产技术问题,根本就不是土地问题,因为土地问题是社会问题,是人与人的问题,而不是人与物的问题。

第二,"生产论"一方的主要观点。万国鼎是持此观点的代表人物。他说,"中国今日土地问题之重心,在一家耕地太少,资本短缺,而劳力过剩,因此一家收入极少,益以国际影响,生计日艰,救死不暇,而危害国家社会之安宁与繁荣。但求耕地所有权平均之分配,尤不足解决目前土地问题而复兴农村。故为今之计,应以增加一家耕地之面积与生产效率,促进土地之合理的利用为主;而辅以改革佃租制度及扶植自耕农"。他进一步阐述,"生产问题之解决,足以帮助分配问题之解决……非谓生产为唯一问题,而不必注意分配"。他批驳分配论者,认为中国的土地集中不如欧洲严重,中国土地问题的病根在于农家耕地太少,生产不足,即使地主把地无条件地赠给佃户,也不能有效地改善其生活;当时田租已经减少而田赋大大增加,地主或自耕农所遭遇的困难往往更严重;偏重分配,还有助长阶级斗争、增加纠纷的危险。他最后总结到,"吾人不仅希望耕者有其地,且希望耕者皆有相当大小,便于经营,而其生产足以维持小康生产之田"。万国鼎着眼于农村经济发展的最终途径来主张生产论;同时,他也没有完全排斥分配论,只不过将其放在了从属的地位。

地政学会的李庆麐等人支持"生产论"。事实上,"生产论"的观点不只存在于地政学会,在国联的《拉西曼报告书》中有"统计全国人口与土地分配尚属地浮于人,不苦人不得地唯苦地不整理……职是之故……经营及整理问题实更急于分配问题"这样的说法;蒋介石在《致中央党部及行政院电》中也有类似的说法。①

第三,"没有重心论"的观点。冯紫岗认为,目前土地问题为土地分配与土地利用的互相连带,可以说是没有一个重心,如果必须假定一个重心,当为"土地未能尽其利"。他在《地政月刊》一卷十二期发表的《繁荣农村与土地政策》指出,"土地问题实包括生产与分配之二方面,如何可使地尽其利,增加生产;如何可使分配平均,耕者能有其田;是在政府制定适当的土地政策,督促实施;农民本自助互助之旨,厉行合作组织与科学化的经营"。

第四,"二者兼顾论"的观点。王祺认为,当时中国土地问题的重心,在于土地生产与分配二者之兼顾。他说,"土地重心问题实因时代、区域而各有不同,有生产虽已发达臻之极度,而土地问题仍未得解决之方,有偏重于分配方面,而生产仍不足以应国民之需求,或已经分配而生产方式则仍趋于集合的方面。在中国今日而言,土地重心问题,若偏重于土地利用或分配一方面,均非时期与环境所可许可"。王祺的这段论述有许多可取之处,对生产和分配的关系分析得比较全面;然而就解决现实问题来说,却同"没有重心论"者一样,认识上模棱两可,实践中自然也就无从下手了。

2. 对以上观点的总结与评论

1935年,唐启宇在中国地政学会第二次年会的发言中提到,土地利用和土地分配都很重要,是一件事的两个方面,大量的生产可以影响分配,同时土地的分配也可以影响生产(比如东南耕地分割太细,使耕地生产受到影响),因此生产与分配是相互联系的。方显廷也说:"土地问题之重心,或为分配,或为利用,二者每起

---

① 上海《晨报》,1933年12月25日。

争执,然其相互关系之密切,则任何学者亦不能否定之。"①

上文所整理介绍的争论发生在地政学会内部,而实际上,持以上四种观点的人在当时的社会上广泛地存在着,可以说,地政学会内部的这四种观点是比较有代表性的。通过比较分析,我们可以发现:

第一,就总体来说,"分配论"者并不否定生产的重要,"生产论"者也不否定分配的必要;而且,第三、第四两种观点更为接近,认为分配与生产都重要,难分彼此;因此,这场争论除了加深人们对问题的理解,并没有太大的分歧。

第二,就当时争论的阵营来看,持"分配论"观点的人要更多一些,他们更占优势,在全社会也是如此,可见当时土地分配问题要更加突出一些。

第三,这场争论里谈论的"分配"较少涉及土地所有权的分配,并且实现的手段也偏于保守和改良。

3. 中国农村派的批评

与以上观点不同,中国农村派持一种特殊的"分配论"(或者确切地称为"土地生产关系重心论"),对以上土地重心问题的争论进行了严厉的批评。冯和法在《中国土地问题之检讨》②一文中认为,"土地问题的本质是由当时的社会政治经济的机构形成,土地问题的重心未必是在土地的本身上面;同时,土地政策的制定或进而解决土地问题方案之实施,也绝不能求之于土地的本身。否则,所谓解决土地问题反而增加土地问题的严重性,所谓确定土地问题之重心不过更蒙了土地问题本身的认识而已。"冯和法基于社会经济发展的原则,以及中国社会经济发展的实况认为,"中国土地问题的本身已够复杂,所牵涉的方面又多,其性质绝不是叱咤之间所能明瞭。固然,我们承认中国土地问题有一定的重心可找,找出了重心,即可循此以求解决各种相关问题,但这个重心显然不甚单纯"。他还批评,以分配及生产为中国土地问题重心的人,没有想到生产是决定于生产的社会关系,分配是整个社会制度的一部分,因此在社会关系与社会制度未曾改变以前,就没有改变生产与分配方法的可能。

---

① 方显廷:《中国之土地问题与土地政策》,《中国经济研究》,上海:商务印书馆,1938年版。
② 《新中华》二卷六期。

三、对农地问题性质的认识与社会变革方式的选择

如果说以上关于中国农村土地问题重心的争论还处在问题的表层,主要还表现为经济学学术观点的探讨的话,那么有关中国农村社会性质问题的争论无疑将这种分歧引向了深入,并最终导致人们对社会变革方式的不同选择,以及对农村发展途径的不同设计。

1. 中国农村社会性质的论战

在20世纪二三十年代有过两次关于中国社会性质的论战。前一次是在1925年至1927年大革命以后"新生命派"与"新思想派"关于中国社会史的论战。两派的主要争论集中在商业资本的问题,集中在经济中交换关系和分配关系的分析,重在一般理论的研究。而后一次开始于30年代早期,是"中国农村派"与"中国经济派"关于中国农村社会性质的论战。这次论战注意到了特殊问题的探讨,将讨论的焦点集中到农村、土地和生产关系的问题。有学者称,"与其说前者是由于中国社会构造急剧变革而引起的,那末,后者便是因为中国土地问题日趋严重而勃发的"。[①]

中国农村社会性质论战的一方是以王宜昌、张志澄、王毓铨、王景波等人为代表的"中国经济派"。他们或者认为"今日的中国农村经济已是商品经济,而且资本主义已占优势",或者认为"中国是一个殖民地,又是一个资本主义社会"。总之,他们的共同之处就在于都认为中国已经是一个资本主义社会了。

论战的另一方是以钱俊瑞、薛暮桥等人为代表的"中国农村派"。他们认为,"中国还是一个落后的农业国家……中国的农村社会还是具有半封建的性质,在那里封建和半封建的生产方式(因此是剥削方式)乃由帝国主义维持着,半封建的势力与国内资本乃在外资的支配之下结合地存在着"。

由于对中国农村社会性质的估计不同,他们对于中国土地问题的认识随之而差异。"中国经济派"或者认为在当时"资本分配问题才是最重要的,土地分配问题在1927年大革命以后便过去了",或者认为"所谓土地问题,只是一个列强资本

---

① 王效文、陈传钢:《中国土地问题》,上海:商务印书馆,1937年版。

直接、间接统治中国的过程中,统治到现存中国的土地关系,因而所发生的种种问题"。与此针锋相对的是,"中国农村派"认为,1927年的大革命并没有解决土地问题,土地依然是现在中国农村经济中最重要的基本问题。他们提出,虽然中国资本主义相当发达了,可是中国资本主义的发展是畸形的,没有发展到成熟的阶段便成为列强资本主义的附庸;虽然中国整个农村已在列强资本的支配之下,但是帝国主义国家只是尽力地要使殖民地、半殖民地国家成为它们资本主义体系当中取得利润的场所,这并不足以表示中国农村社会已经资本主义化了;在当时的农村经济中,土地所有还是占有剩余生产物的最主要基础,前资本主义的地租还是剩余生产物的支配形式,所以农村的生产关系依然是半封建的生产关系,土地问题依然是中国农村的中心问题,而解决土地问题乃是反帝、反封建及争取民族解放的基本内容之一。由此,"中国农村派"将土地问题的解决同中国农村经济争取发展的政治前提问题紧密地联系在了一起。

2. 社会变革方式的选择

思想制度化为政策,政策可以更有力地指导和推动实践行动。1924—1949年,不仅是中国农村土地思想的活跃时期,更是土地政策变动与对立、土地革命不断兴起的时期。

通过20世纪二三十年代关于中国土地问题重心的争论以及关于中国农村社会性质的论战,人们逐步加深了对土地问题的认识,深化了对土地问题中"土地分配"和"土地利用"两个方面的认识;人们逐步加深了对农村发展问题的认识,开始认识到要解决发展的"前提"和"途径"两方面的问题;人们也更紧密地将农村土地问题的解决同农村发展乃至整个社会的发展联系了起来,同时将解决发展的政治前提同革命实践结合了起来。

首先,有人将土地所有权的再分配同农村发展的政治前提联系在一起。孙中山是最早进行这种理论探索的先行者。他指出,"农民问题真正完全解决是要'耕者有其田'""耕者有其田,才算是彻底的革命"。然而,孙中山作为中国民族资产阶级的代表人物,在"节制资本"与"平均地权"之间,在"振兴实业"与"发展农村"之间,他更偏重于前者。在孙中山的思想里,所谓"发展的政治前提",首要的是打破帝国主义的束缚,以便让中国的民族资产阶级有迅速发展的空间。从这个意义上来看,他的"平均地权"和"耕者有其田"是要为"振兴实业"服务的。比孙中山更进一步的是,中国共产党和中国农村经济研究会的学者,把农村土地问题当作头等的政治前提来认识,认为不打破封建地主土地所有制,就无法突破封建生产关系的束缚,也就无法解放生产力,取得农村和整个社会的发展。1925年,李大钊在《土地与农民》①一文中就明确指出,要实现耕地农有,首先要依靠贫农、雇农团体的力量,唤起他们组织农民协会,同时由政府实行切实的耕地农有政策。此后,在实践中,中国共产党发动了"平分土地"的第一次土地革命运动和"耕者有其田"的新民主主义土地革命运动,以期用土地农有制代替封建地主土地所有制,为发展创造政治前提。在当时的社会条件下,由于受国内政治力量对比以及国际帝国主义势力影响等种种束缚,要想打破封建地主土地所有制,实现土地自耕农所有制,非用暴力革命反帝、反封建而不能达到目的;而革命,需要发动占人口大多数的农民。因此,中国共产党一直注意将土地改革与发动农民结合起来。1942年,刘少奇说:"我们应该发动群众起来斗争,党、政府、军队代替群众减租、减息的方式应该禁止。"②1945年,毛泽东也说:"减租必须是群众斗争的结果,不能是政府恩赐的。这是减租成败的关键。"③1947年,刘少奇说,"一定要有像今天这样的彻底平分土地政策,才能彻底解决农民土地问题。"④历史的现实条件和农民的强烈土地愿望,最终推动中国共产党领导的革命斗争取得了全国范围内的胜利。

其次,有人将土地收益权的分配同发展生产的经济前提联系在一起。在中国地政学会内部的"分配论"派主要持这种观点。持这种观点的人积极主张解决不良的土地产权关系(包括土地使用权的获得,以及土地收益权的保障等),以使"地尽其利",促进农业生产的发展。他们在社会变革的方式上,很大程度地继承了孙中山的衣钵,主张以和平的手段达到目的。这种思想在经济的层面上是注重效率的,但是其实现也不是无条件的。1926年,浙江"二五减租"的艰难推行和最终的不了了之,便清楚地体现出各种不同利益团体之间的博弈。从作为革命者的孙中

---

① 《李大钊文集》(下卷),北京:人民出版社,1984年版。
② 《关于减租减息的群众运动》,《刘少奇选集》(上卷),北京:人民出版社,1981年版。
③ 《减租和生产是保卫解放区的两件大事》,《毛泽东选集》(第4卷),北京:人民出版社,1991年版。
④ 《在全国土地会议上的结论》,《刘少奇选集》(上卷),北京:人民出版社,1981年版。

山到作为执政者的国民政府,变化的政治地位让中国国民党少了几分彻底革命的勇气,多了许多现实利益的顾虑与妥协。因而,即便是孙中山所倡导的征收地价税、土地"涨价归公"、"照价收买"等和平手段也未见能真正推行。由于客观和主观条件的限制,国民党在农村土地政策上的过于保守与无所作为,给中国共产党的土地革命创造了空间。

再次,有人将土地收益在全社会的分配同工业化发展联系起来。独立评论派的学者马寅初、吴景超等人都有这样的观点,地政学会的祝平在《土地政策要论》中也提出要"动员土地资金促进工业化"。从经济发展理论的角度来讲,这种思想是先进的,对长远的现代化经济发展甚至在今天的中国还有着指导的意义。事实上,中华人民共和国成立后所采取的重工业优先发展战略正是建立在对农业剩余产出的低成本占有上;然而,在当时的现实条件下,这种思想需要实现的基础。帝国主义统治下不公平的国际经济秩序导致中国粮食生产的危机,农民尚且不能自保,如何促进工业化?要动员地主将全部的或部分的土地产权交给自耕农,从而将资金投入工业,那么必然又要回到前两种思想下的手段选择问题上。对于这一点,独立评论派的回答毫无新意,缺乏现实的可操作性,甚至干脆不去回答。地政学会派所选取的改良方法,依据前面的分析,在当时中国的历史条件下没能得以实现,但他们在20世纪50年代以后的中国台湾地区成功地实现了其想法。中国农村派和中国共产党则在民国时期先解决了土地产权问题,然后在20世纪50年代推动了国家主导的工业化进程。可见,这第三种联系是一个比较"超前"的、"下游"的思想。单就这种思想本身来说,社会整体发展的色彩比较浓,对农村本身的发展关注不够。如果在发展中不处理好城与乡、工与农的关系,就很可能在所谓的"发展"中加重农村的各种问题,也包括加重农村土地问题的危机。

最后,还有人只将土地的生产利用同农村经济发展联系起来。持这种观点的人过多地注意技术和生产力的改进,缺乏或回避社会制度变革与经济制度变革的考虑,在行动上更趋于保守。如果说这种思想超出了自然技术的、农学的范围,还是一种经济发展思想的话,那么它更像是一个"发达国家的发展经济学",而不是"发展中国家的发展经济学"。当然,这种思想当中对中国一些现实国情(比如人口与土地的关系、经营规模、合作化等问题)的关注及思考,还是有一定指导意义的。只不过,在重重危机的民国时期也如同以上第三种观点,似乎有些不合时宜、缺乏实现的条件。从今天农村发展的角度出发,这种观点还是有挖掘的必要。

在以上几种不同程度和层面的土地思想认识当中,我们都能看到孙中山土地思想的影子。然而,这几种认识所导致的政策和实践道路却有着天壤之别。将土地所有权分配作为农村发展政治前提的思想,最终引导中国广大农民走上新民主主义土地革命的道路。通过改良手段改善土地收益分配的思想面临两面的阻力,没有在1949年之前取得效果,却在1949年之后的中国台湾地区取得了一定的成功,促进了农业资本主义的发展。而其他改良的思想,无心也无力引导社会变革,它们随着外界环境条件的变化起着或大或小、或正或反的作用。

综上所述,1924—1949年,人们不仅将农村土地问题同农村发展问题联系了起来,使土地问题存在于农村发展的各个环节、各个层面,而且将土地问题的解决同中国社会发展的道路选择、社会变革的方式选择紧密地联系了起来,这是该时期土地思想的特色所在。

第二章 农村土地所有制思想

近代以来,中国农村土地问题的一个重要方面就是围绕农民获得土地所有权及其基础上的使用权和收益权而展开的。1924—1949 年,恰是中国近现代史中农村土地所有制思想最为活跃,农地所有制变动同社会整体发展关系最密切的一个时期。在此时期内,孙中山的"平均地权"和"耕者有其田"思想引起了人们对于农村土地所有制与土地财产权利的极大关注,并产生了丰富的创造性构想和争论。该时期,人们提出了土地公有、私有、村有等多种所有制模式,并对土地的所有权和使用权的分解问题进行了讨论。随着中国共产党领导的"耕者有其田"的土地改革和新民主主义土地革命在全国的胜利,农地所有制思想的活跃局面暂时告一段落。

产权(property rights)是一个现代的概念,也是一个比较复杂和至今存在争议的概念。现代经济学认为,产权作为一个权利束,它是包含财产的所有权、使用权、支配权和收益权等多种权利在内的权利集合。在所有这些权利中,财产的所有权(ownership)或称占有权居于关键和核心的地位。产权制度安排正是探讨如何配置这些权利,以实现一定的社会目标(比如效率和公平)。

1924—1949 年的农村土地所有制思想,虽然没有现代产权理论的指导,但也以土地所有权安排为核心,在土地所有权与使用权的关系,以及所有权与收益权的关系等方面进行了初步的探索。本章也将运用产权理论,对该时期的农村土地所有制思想进行评析和反思。

第一节　农村土地公有制思想

1924—1949 年,人们在讨论土地公有时,首先的着眼点在土地国有,这与当时的学者受到欧洲空想社会主义思潮的影响是分不开的。当然,"公有"比"国有"涵盖更广的内容;事实上,"国有"也并非真正的"公有"。当时的学者对此有所认识,但是很多时候还比较模糊。从当时不同学者的主张可以看出,同样的土地"公有",在内涵和形式方面有所不同。无论怎样,在保持土地最终所有权公有的理想下,实现土地收益的共享是他们的共同目标,这是土地公有论者的共同特征。

对于一种特殊的土地"公有"思想——"土地村公有",我们将在第三节单独加以讨论。

一、主张土地公有的主要理由

1. 土地公有说的背景

一方面,土地公有的思想,在中国古代社会一直存在、延续和发展着。"井田"思想和"均田"思想都是土地国有思想的不同表现形式,而"限田"的主张也充满了国家对土地所有权进行干预的色彩。在土地还是社会主要财富和生产资料的社会,在土地和人口的矛盾日益加重的情况下,"不患寡而患不均"的思想很容易时时占据人们的大脑。然而,如何才能达到均平呢? 在完全私有产权和市场交易的情况下,必然不能满足人们这样的愿望。于是,大家把希望寄托在拥有最高权力的国家身上,土地国有便作为解决土地兼并、实现均平的手段一次次地被人们提了出来。1924—1949 年的土地公有思想,在很大程度上是这种愿望的继承和理想的延续。

另一方面,近现代以来,中国的思想文化受到了外来的强烈冲击。不仅外国的著作、学说被大量引进国内,一批批的留学生和华侨还到国外开阔了眼界,给国内带回了新思想。20 世纪二三十年代,苏联的土地国有制度及其带来的问题,德国等欧洲国家土地社会化改革的经验,这些都被介绍到国内并引起广泛的争论。实际上,孙中山早期的"平均地权"思想以及实行土地"涨价归公"的具体办法,是受到了英国人亨利·乔治(H. George)学说的影响;后来"耕者有其田"思想的提出,又是受到了苏联土地革命实践的直接影响。在这样的国际时代背景下,有关土地国有、土地社会化等公有的思想在国内便应运而生了。

2. 土地公有说的理由

孙中山的土地思想是1924—1949年中国农村土地思想的直接源头;自然,土地公有论者能从孙中山那里找到根据。有人从孙中山的学说里总结出土地公有的理由:第一,土地乃自然存在,当为社会所有;第二,地价增加因社会进化,故应归之社会;第三,若不归之社会,分配不均必惹起社会革命。① 孙中山的这种思想是在亨利·乔治等西方经济学家思想的影响下产生的。那么,在孙中山之后的人们是如何继承这些思想来继续阐述土地公有理由的呢?

首先,有人从土地制度的演变,分析土地私有制不合理的原因。1928年,周谷城在《中国土地制度及总理土地公有学说》②一文中认为,中国历史上形成的完全的土地私有制带来了贫富分化不合理的情况,其主要原因为:第一,中国的人口与日俱增而土地的数量是有限的,占据侵夺便使合理的土地私有制动摇;第二,土地兼并之风日开,这使合理的土地私有制度无法维持;第三,地主与佃户之关系发生,富者剥削贫者。他认为,在土地私有制中,地租居于最重要的地位,它的存在使得土地私有制度"循着资本主义的趋势发展",这样便造成了贫富的分化。可见,周谷城还主要局限在对土地兼并和贫富分化的批判之上,而这种直接针对兼并的土地国有思想在古代也不鲜见。周谷城思想中的进步之处在于,他认识到了"合理的土地私有制"及"资本主义的趋势"。那么,究竟什么是合理的土地私有制度? 只有土地公有能保障这种合理的土地制度不受破坏吗? 究竟资本主义的趋势是怎样造成贫富分化的? 土地私有下就没有可以补救的办法吗? 他并没有深入下去进行考察。

---

① 周谷城:《中国土地制度及总理土地公有学说》,《新生命》,一卷十二号。
② 《新生命》一卷十二号,摘要可见《地政月刊》一卷一期。

其次,有人从生产和分配、效率和公平的角度主张实行土地国有。1931年,姚庆三发表《平均地权的理论和实行》①,他为"平均地权"下了一个定义:"平均地权是一种土地政策,这种土地政策的目的是要和平地以发展生产为条件,使土地私有制演进为土地国有制"。对于为什么要将土地私有制演进为土地国有制,他提出两点理由:一是生产的理由,二是分配的理由。在生产方面,姚庆三认为土地国有、私有与大农、小农问题完全没有关系,关于大农、小农利弊的争论也是完全无谓的;他认为国有制的好处就在于国家通盘的计划,使富源得到合理的利用,是"合理化"并且是广义的、全部的合理化。在分配方面,姚庆三认为只有在土地国有制下才可以达到分配上真正的公平。姚庆三的思想比前人要进步了一些。第一,他认识到了土地所有制与土地经营方式的区别。的确,从历史上来看,土地国有不等于大农经营,因为"井田"和"均田"都是以小农家庭经营为基础的;从世界其他国家的经验来看,土地私有制下也有大农场经营的成功经验。因此,他也就驳斥了那些以发展大规模经营为理由而主张实行土地国有的主张。那么,实行土地国有在生产方面的好处究竟在哪里呢?姚庆三认为在于国家计划的"合理化"。这种"合理化"自然可以带来效率,这样才会增进生产。因此,我们在他的思想里可以看到,计划是有效率的。第二,他还将土地国有与实现分配的公平联系了起来。但是,不知道姚庆三所谓"真正的公平"是什么样的公平?如果是一种绝对的公平,那么它是否会有碍于"合理化"的效率呢?对于这些,他并没有继续深入思考。可以说,姚庆三在总体上对问题的认识是全面的,也是比较深入的。土地所有制安排是为了促进效率的发挥,同时,一定限度的所有制安排也会保障公平。然而,在大多时候,公平与效率的目标却是矛盾的,土地国有制度也并非能使效率与公平的目标同时得以实现。我们不能只从"整体"上"理所当然"地看问题,而应该更加重视个体经济选择与经济效率之间的关系。

最后,还有人从推进产业革命、发展国家资本的角度主张土地国有。1935年,李黎洲发表《中国目前应采之土地政策》②,主张土地国有。他的理由是:就当时中

---

① 《经济学季刊》二卷三期。
② 《地政月刊》三卷四期。

国经济的进程来说,还停滞于资本主义前期的阶段;就国际关系而言,尚处于半殖民地的状态。在此情况下,要谋求中国自立的产业革命,其唯一的道路在以政治力量实施计划经济,建设国家资本。而"中国农村经济尤必须对国民经济造成有机的联系,始克健全,故在建设国家资本原则之下,谋农村根本之复兴,必然不能抛却'土地国有'"。在土地国有制实施后,可以获得以下利益:第一,淘汰不适任的农业经营者,改善农业经营;第二,可以获得适当的农场规模,使农业技能水准得以提高;第三,规划完成私人资本不胜任的农地永久设备之改良;第四,政府统一改进农业劳动者的生活和文化;第五,使农业金融组织易于运作;第六,使农业合作事业易于促进与收效;第七,使农业与其他产业按计划相互协调。此外,他还指出,在政治方面,土地国有还有利于遏制中国共产党在农村的土地改革。李黎洲关于土地国有的主张,眼界更加开阔了一些。他不仅将土地国有同农业的发展联系起来考虑,更从推进产业革命和社会发展的角度考虑农地的所有制问题,在这一点上他比前面的学者有了进步。然而,李黎洲的经济发展模式,同样是在国家计划之下发展国家资本主义的模式。他所谓"农业与其他产业按计划相互协调",不知是否会导致其他产业对作为"弱质"产业的农业的剥削?这种工业化主导下的土地国有,不知给农村和农民带来的是福还是祸?这种思想所导致的结果,在中华人民共和国成立以后的一段时间内得到了验证。

3. 时人对土地公有说的总结

1933年,万国鼎在《平均地权真诠》①一文中总结了土地国有论者的根据。第一,平均地权论中的地价论认为,地价之存在与增加,纯为社会进步所致,任何私人不能加以掠夺或垄断,因此平均地权之结果使未来地价完全归公,则私有地存其名而无其实,等于土地国有;第二,土地只有在国家的管理与支配之下,才能真正达到耕者有其田,因此冀求耕者有其田,换言之即为冀求土地国有;第三,总理民生主义的目的在于"天下为公",其经济政策采取国家资本主义手段,一切生产手段都应归国营、国有。

---

① 《地政月刊》一卷一期。

同年,范苑声在《土地国有论的各派学说之总检讨》①一文中,在对土地国有的历史和各派学说考察的基础上,将土地应当国有的理论,分为土地国有"当然性"与土地国有"必要性"两种来论述。第一,在土地国有当然性方面,首先土地为天然产物,非人力所能增加,则土地的权利分配应当人人平等;其次土地自然的增价不是劳动的结果,应平均分配于社会各成员。第二,在土地国有必要性方面,可以就农业生产方面来看,大规模农业生产的必要,使得土地不能不归为国有;他还指出,虽然私有制下可以通过生产合作来实现大规模经营,但这会引起垄断,以及私有观念的强烈,妨碍生产合作的进行。

综合来看,当时人们对于土地公有的理由主要还是基于农村经济发展,乃至整个社会发展的考虑。人们希望在土地公有的基础上,同时获得效率和公平,实现生产的迅速发展和社会产出的公平分配,实现摆脱贫穷落后局面、赶超西方发达国家的目标。

二、土地公有的经营形式与实现步骤

土地的公有并不等于土地国有,土地国有只是土地公有的一种实现形式。民国时期,也有人认识到,"土地公有,指土地社会化而言。土地国有只是办法之一"。基于这样的认识,同样主张土地公有的学者提出了不同的公有经营形式,以及实现的步骤。

1. 经营形式

土地的所有权或最终所有权归之国家,并不等于土地要由国家来组织生产经营。1925年,李大钊在谈到古人的井田理想时就说:"井田制的根本宗旨,乃在收天下土地为公有,而均分之于各家,使他们收益使用,是一种比较完满的土地国有,平均地授与农民耕种使用的制度。"②民国时期,主张土地公有的学者提出了多种公有土地经营形式:国营大农经营、小农合作经营、国有永佃和计口授田等。在这些办法下,实现的是土地所有权和经营权的分离与协调。例如,1942年,朱剑农在

---

① 《中国经济》一卷七期。
② 《土地与农民》,《李大钊文集》(下卷),北京:人民出版社,1984年版。

《民生主义土地政策》中,主张小农合作经营。他认为,从发挥土地生产力的角度来看,小农经营是有缺陷的,而"集体农场是土地私有到土地国有的桥梁"。又如,1932年,"闽西善后委员会"曾经实行"计口授田"的办法,将土地收归公有后交给农民经营,其办法和中国古代的均田制颇为相似。后来,地政学会的萧铮检讨了这种办法,他说,"计口授田不计劳动力的大小和土地的肥瘠,殊失公平,且对于人口增加等的调整也很繁杂,还会使兼并之风盛行""就国家财政而论,不按因不同经营能力和利用方式形成的不同地价征税,税收负担也会不平""就国家建设而论,建设所需之土地不能充分供给,且建设后收益之提取也很困难"。①

土地公有说中同时主张国家直接经营的情况并不多见。一般学者都只是在谈到垦荒、屯垦的时候才主张建立国有的大农场,由国家直接经营;或者是在战时经济的情况下,人们才会主张经济统制和国家直接干预经营。这和中国古代"均田""屯垦"的情况类似,国家要想触动私有地主的既得利益是非常困难的,只有在新增的、无主的土地上才能实现公有、公营。在一般情况下,国家也只是保有土地的终极所有权,将土地交给农民经营。这一时期的土地公有私营经济思想也是和国际影响分不开的。在此之前,苏联"新经济政策"开始实行,使土地在国有的情况下,农民可以自由选择土地的使用形式,这在一定程度上改进了土地国有情况的使用效率。

2. 实现步骤

该时期,主张土地国有的学者也大多不认为可以立即实现土地所有权的这种变化,而认为要通过一定的步骤才能够达到。1930年以前,中国共产党曾短暂地实行过一步到位的土地"国有",但"左"倾错误造成的严重后果使得此后不久便改变了策略。

1929年,萨孟武在《民生主义的经济政策》②一文中,主张分三期实现农业社会化:第一期由自耕农至农业合作,这时期国家一面改良自耕农的耕作方法,一面做出种种大经营具有优势的实例,使农民自动地组织农业合作;第二期由农业合作至

---

① 萧铮:《中国今日应采之土地政策》,《地政月刊》一卷十一期。
② 《新生命》二卷一期。

农业公有,先让合作社的社员仍旧维持土地的私有权,通过共同购买机器、肥料等,逐步知道协作社的利益,从而逐步达到土地的公有,甚至劳动力的共同使用;第三期由农业公有至国家直接经营,打破社与社的界限。

国共第一次合作分裂以后,作为国民党左派的"第三党"①在其《政治主张》中,对于农村土地问题,主张"在原则上主张土地国有,而用耕者有其田为过渡的办法"。邓演达是该派别的主要代表人物,他积极主张将农民土地问题的解决与革命问题紧紧联系在一起。"解决土地问题,不止单纯的减租,必定要使没有土地和土地不足的农民得到土地"②,因此他在原则上主张"平均地权""耕者有其田",以至于达到"土地国有"。在具体办法上,他认为要分为两个步骤,第一步为"政治的解决",第二步为"经济的解决"。邓演达不仅明确提出了从农有到国有两个阶段,而且明确了各个阶段所采取的主要手段的不同。

1930年,聂国青在《中国土地问题之史的发展》中说,孙中山的主张"即以平均地权为手段,第一步达到土地农有,第二步达到土地国有"③。同年,潘楚基在《中国土地政策》中也有几乎相同的说法。1933年,江声远在《中国农民与耕地问题》④中,主张以孙中山"耕者有其田"为目标,第一步先平均地权,没收大地主之土地;第二步将土地分配给无业农民,使耕者有其田;第三步实现土地国有,以实现规模经营和电气化等。1935年,吴一心在《土地所有形态的回顾与前瞻》⑤文中,也主张在土地问题上,"第一步先办到土地私有权的民众化;第二步再办到土地所有权的社会化。换句话说,前者之具体的表现是土地农有,即总理所说'耕者有其田';后者是土地国有,即总理民生主义的基础"。1942年,朱剑农在《民生主义土地政策》中认识到,"平均地权的目的,固然要以'土地国有'为其终极目的,但是所谓之土地国有并非一蹴而成,其间必须经过一定的阶段或历程"。"其初步的办法,莫若采用'自耕农创设政策',以使耕者得有其田"⑥。可以说,1924—1949年,主张从农

---

① 即1928年春在上海成立的中华革命党,后在1930年改组为中国国民党临时行动委员会。
② 梅日新、邓演超:《邓演达文集新编》,广州:广东人民出版社,2000年版。
③ 聂国青:《中国土地问题之史的发展》,上海:华通书局,1930年版。
④ 《劳工月刊》二卷八期,摘要可见《地政月刊》一卷九期。
⑤ 《农村经济》二卷七期。
⑥ 朱剑农:《民生主义土地政策》,上海:商务印书馆,1942年版。

有到国有,从而实现土地社会化的学者不在少数。这些学者在最终理想上保持着实现土地国有的主张,而在现实的、可操作的层面上,则是有着较为明确的土地农有主张。

还有一些学者虽然没有明确提出从农有到国有,但是他们也认为要实行渐进的土地国有,并且在土地国有实现之前,要做好以下的一些准备工作:普遍并健全农会组织为乡村自治基础,真正保护佃农,厉行减租决议并确立累进税制,强迫收买土地,限制占田,移民垦荒等。①

三、土地公有的实现手段

在土地公有的实现手段上,从大的方面看,可以分为两种主张:一种是中国共产党早期主张的通过暴力革命,用无偿没收的手段达到土地国有;另一种是通过和平(征税、赎买等)的手段逐步达到土地公有。

中国共产党在1927年"八七会议"前后和"十一月扩大会议"逐渐确立了土地国有的政策。在1927年11月的《中国共产党土地问题党纲草案》中规定,"一切地主的土地无代价地没收,一切私有土地完全归组成苏维埃国家的劳动平民所公有"。然而,这种通过没收来达到土地国有的手段的时间并不长。1928年6月中共六大至1930年年底和1931年年初,土地革命政策经历了一个曲折发展的过程,实现了地权政策由国有向私有的转变。直到中华人民共和国成立以后,才得以重启从农有到公有的"二次土地革命"。

在1924—1949年,用和平的方法达到土地国有是当时思想界的主流。姚庆三对于为什么要采用和平的手段,提出了公平的理由、政治的理由和经济的理由。第一,在公平方面,因为一部分土地确实是地主用劳动买来的;第二,在政治方面,中国的自耕农很多,用革命的手段会触发极大的政治反动;第三,在经济方面,中国发展生产离不开私人的原动力,因此不能侵犯私人的权利。在具体的实行办法上,姚庆三详细论证了六种办法:实行土地增益税,实行地价税,实行荒地税,矿产水力国

---

① 范苑声:《我对于中国土地问题之认识与意见》,《中国经济》一卷四五期合刊;摘要可见《地政月刊》一卷九期。

有,限制私人土地,扩充国有土地,并且认为通过这六种办法可以实现和平的土地国有。

通过前面我们的总结和分析,当时人们较为普遍的认识是,实现土地公有大体要分为两个阶段:首先要"耕者有其田",然后再从农有到国有。自然,在这两个阶段,采取的手段也有所不同。

1. 第一阶段实行"耕者有其田"的手段

第一,"税去地主"。采用征收地价税的办法,是采用和平手段实现土地公有的首选办法。朱剑农在《民生主义土地政策》中认为,"民生主义的土地政策,并不采用暴力的没收办法,而采用和平的租税政策""对于今后土地之由社会进步而增加的地价,绝对不是等它涨到某种程度以后再收局部的累进税,而是应该将其涨价的全部归公。……唯有如此,才可以实现民生主义要共将来之产的这个原则,……才可以解决当前严重的土地问题"。[①] 采用征税的办法来实现土地公有,这是孙中山首先在国内提出,并从广东国民政府开始就积极倡导的一种土地公有化手段;然而,民国时期的国民党政府却一直未能真正实行。采取"涨价归公"的土地税,其结果是对土地收益权的剥夺,也即对土地所有权的严重威胁。如果要通过征税达到"耕者有其田"和"平均地权",那势必就要触动地主的根本利益,其和平的理想是不会实现的;然而,如果要保证和平,那就恐怕也不会有"耕者有其田",这正是改良手段的困惑所在。

第二,"买去地主"。很多土地公有论者主张,在平均地权的第一步,要以照价征税为重,而以照价收买为辅助。因为征收地价税的依据是地主自己报的地价,如果不采用照价收买的办法,地主自然会低报土地价格,以减少自己的税收负担。另外,还有一些土地公有论者直接主张,国家要采用照价收买的办法实现土地所有权的转移,即从地主手中转移到国家的手中。比如,国民党左派"第三党"便主张采取用土地公债收买的办法削夺大地主的土地。李黎洲提出,中国目前的土地政策,市地部分只要做到"照价纳税",农地部分则应侧重"照价收买"。他提出了实施土地国有的办法:在犹豫期间,以租税政策限制土地价格的投机和升涨,同时以法令

---

① 朱剑农:《民生主义土地政策》,上海:商务印书馆,1942年版。

禁止土地所有权的转移;宣布在一定期间,按顺序将农地一律收归国有;对被征收的土地,政府以低利的地价债券补偿,债券以国有土地收入为担保,征收十年以后开始还本;被征收土地价格以土地纯收益为基础算定,由政府组织土地评价委员会评定;被征收的土地按顺序处理:租给原有的佃农、当地的农业合作社,以及其他适合耕作的人,设置国营农场;自耕农的所有地暂时不强制征收,但应奖励合作经营,同时以一定的方法促成其转化为国有农地;国有土地的佃租,以征收土地评价时的土地纯收益为基础决定,且以不妨碍佃农应得的劳动收入为度;国有地的管理,基于地方情形的差异,应委托给地方政府,由中央政府负监督之责,对共同事项由中央组织全国委员会处理。"买去地主"的办法自然也由于国民党政治上的软弱而没有在当时得以实现;尽管如此,1949年以后我国台湾地区的土地改革却基本上遵循了以上的方案,并取得了一定的成功。

2. 第二阶段实行农地"社会化"的手段

1929年,萨孟武在《民生主义的经济政策》①中认为,农民之所以有强烈土地私有要求,是因为还没有脱离小经营时代,农业的发达将使农民希望农业社会化。萨孟武是基于大经营的优势来认识农民进行土地社会化的积极性的。当然,他注意到农民对土地的强烈欲望,他说,"农民阶级,是有'土地欲'的,他们宁愿牺牲一切,绝对不肯放弃土地"。因此,为达到土地社会化,他主张要用教育、宣传、示范等办法,通过组织合作社,引导农民自愿地走上农地社会化的道路。

潘楚基在《中国土地政策》②中也认为,要实现从"耕者有其田"到土地公有,一方面要防止土地兼并,另一方面要使耕者的心理社会化。具体的,他主张进行涨价归公、限制购地、限制雇工、发展合作、建立国立农场和进行农民教育六项工作。潘楚基强调公有化过程中的农民心理影响,主张加强农民教育,这是他思想中的价值所在。

从现代西方经济学的观点来看,农民作为一个争取个人利益最大化的"经济人",作为生产资料的小私有者,其决策时必然不能很快达到像潘楚基所期望的"以团体

---

① 《新生命》二卷一期。
② 潘楚基:《中国土地政策》,上海:黎明书局,1930年版。

之利益为利益"①;在他们体会不到大经营的优势的时候,也不会轻易地拥护土地社会化的政策。1945 年,毛泽东在《论联合政府》中清醒地认识到,"资产阶级民主主义革命"的措施,"不是一般地废除私有财产,而是一般地保护私有财产""这个革命的结果,将使工人阶级有可能聚集力量因而引导中国向社会主义方向发展,但在一个相当长的时期内仍将使资本主义获得适当的发展"。②然而,中华人民共和国成立以后,这个"相当长的时期"被主观地加以缩短,农业合作化和土地公有化操之过急,大大挫伤了农民生产的积极性,从而使农村发展经历了一个曲折的过程。事实证明,毛泽东在 1945 年的认识是正确的,这个"相当长的时期"的确够长。

第二节 土地自耕农所有制思想

一、实行土地自耕农所有制的理由

首先,如上节所述,主张土地国有的学者,大多以土地农有为第一阶段的目标,他们将土地的自耕农所有作为最终实现土地国有的"桥梁"。在当时的历史条件下,这些学者积极主张推行"耕者有其田"的土地农有政策。早在 1924 年,蔡和森在《社会进化史》中就指出:"土地革命是中国资产阶级民权革命的中枢,它的性质彻头彻尾是民权主义的而不是社会主义的。"③因此,在实践中,中国共产党早期的土地国有政策发生转变以后,也是以土地农有为过渡阶段的;包括"耕者有其田"的新民主主义土地革命,也无非是将来实现共产主义理想的一个步骤。1940 年,毛泽东在《新民主主义论》④中指出,中国革命要分为两个步骤——民主主义和社会主义。而"新式的资产阶级民主主义革命"作为第一步的革命,则主要解决"耕者有其田"的问题。

---

① 潘楚基:《中国土地政策》,上海:黎明书局,1930 年版。
② 毛泽东:《毛泽东选集》(第 3 卷),北京:人民出版社,1991 年版。
③ 蔡和森:《蔡和森文集》(下卷),长沙:湖南人民出版社,1979 年版。
④ 毛泽东:《毛泽东选集》(第 2 卷),北京:人民出版社,1969 年版。

其次,有人从土地私有合理性的角度主张土地的自耕农所有制。1936年,朱通九在《土地政策的检讨兼评土地村有制度》[①]文中提出土地应该私有的理由:第一,私有欲为人类文明进化之源;第二,各国法律都以保障私有财产为基础;第三,土地收归国有之困难重重;第四,现在地主的土地也是购买得到的;第五,历史上土地公有失败的教训深刻。他主张农地应该实行限制占田政策,包括保留私有制,限制占田数目、佃租数目,鼓励集团耕种,征收不在地主税,设立土地银行等。在土地私有制下,通过限田而使农民获得土地是古已有之的方法,朱通九在此之外还提出集团耕种,以及税收、金融等手段,这些是当时认识的进步之处。

再次,从自耕农和佃农经济状况比较的角度主张实行土地的自耕农所有制。1937年,汤惠荪在《中国现时自耕农与佃农分布及其经济状况的比较》[②]文中,对自耕农与佃农的经济状况进行了调查和比较。他从家庭人口、经营面积、农场资本、家庭经济收支情况、负债情况,以及劳动力的利用等几个方面,认为自耕农的经济状况是优于佃农的。他还总结了自耕农和佃农各自的优势(比如,自耕农在增进土地生产力、农民获得土地收益等方面有优势,佃农有自由伸缩耕种面积、耕种土地的机会等方面的优势),但基于经济状况的比较,他还是主张提倡土地的自耕农所有制。洪瑞坚在《自耕农与佃农之比较》[③]中,通过与汤惠荪大体相似的九项指标调查,也表明自耕农的经济状况胜于佃农;只是在人烟稠密的东南地区,农民经营的面积小,所以两者的差别不显著。

然而,创设自耕农的办法还是遭到了一些指责和批判。1936年,汪疑今发表《自耕农创设论之批判》[④],他结合苏联和德国的实践指出:"社会主义者的创设小自耕农论,只不过为某时代——反封建时代的一种政策。在其反对资本主义时代,则既不能维持小农,又不能促进其没落,而只是尽力指出小农的出路,不在于资本主义之维持,而在社会主义之创造上。""资本主义对于小自耕农创设的态度,……在社会主义反对资本主义而谋与无产化的小农结合的时候,则努力给予小农以利

[①] 《经济学季刊》七卷一期。
[②] 《地政月刊》五卷二三期合刊。
[③] 《地政月刊》五卷二三期合刊。
[④] 《中国经济》四卷十一十二期合刊。

益,甚至创设更多的小农,而消解其革命性,缓和无产者与资本家的对立"。并且,资本主义"在增多农村劳动者和增多军队上,也有创设小农的必要"。在分析中国当时的情况时,汪疑今认为,"中国社会主义者反封建的分地创设小自耕农主张,已经过去;中国社会改良主义者维持资本主义的购地创设小自耕农的主张,方在抬头"。他根据这种理论认识来观察当时的经济事实,认为"中国资本主义经济,已经战胜封建经济;而且资本主义经济自身,已经在小自耕农的创设中寻找安全的提防了"。他还指出,在这新一轮的农民取得土地的过程中,资本家地主是有利的,而雇农和小农则又要遭受掠夺。最后,他认为,在商品经济之中,大经营驱逐小经营的法则无论如何是要实现的,所以小自耕农的创设无论在反封建时代还是资本主义发展时代,都是退步和反动的。汪疑今是站在"中国经济派"一贯的立场上,认为中国已经进入资本主义时代,因而从商品经济中大小经营的优劣来反对小自耕农。他的论述,首先排除了中国共产党人进行土地革命的必要,否认了土地革命是农村发展的前提;在此基础上,他看到了规模经营的效率,又从公平的角度反对资本家地主对小农的剥削;事实上,他试图在效率与公平之间寻找一个平衡点。

二、实行土地自耕农所有制的办法

1924—1949 年,国共两党都积极推行以"耕者有其田"为目标的土地改革。不同的是,在做法上,国民党采用趋于和平的改良手段,而共产党则用革命的手段推行土地改革。对于国共两党土地政策思想尤其是中国共产党的新民主主义土地改革,1949 年以后的学者研究得比较充分,本书不再详细阐释。以下重点从经济学的视角,分析一下当时主张改良的一些讨论,这些观点相对来说更为关注经济发展途径问题,对于我们今天的经济实践也更有指导意义。

1. 基本的观点

唐启宇在 1928 年的《民生主义与土地问题》一书,以及 1933 年的《土地与人权》①文中,积极主张施行"耕者有其田",创设自耕农。他提出的扶植自耕农的办法有:第一,限制的方法,包括限制占田、限制利率、限制投机;第二,重税的方法,包

---

① 《地政月刊》一卷十一期。

括推行累进税和遗产税;第三,奖励补助的办法,包括贷放资金、给予补助金、奖励垦荒、提倡工商业等。他还指出,很多办法都有利有弊,要创设自耕农,"非取数种办法以联贯之不可"。唐启宇的办法是从政府的角度出发而提出的,是政府综合运用政治和经济等多种手段干预与影响私人的行为,但最终市场上活动的主体还是私人。1936年,胡求真在《自耕农创定政策》[①]文中,还提出压抑地价,以使佃农易于购买的思想。

1937年,万国鼎发表《扶植自耕农概论》[②],他提出对于自耕农的创设要注意:第一,促进土地利用;第二,疏解拥滞于农业的人口;第三,使地主不能或无益于兼并土地;第四,使耕者容易借得购地之资金;第五,使耕者购地前已有相当的经济基础;第六,减除耕者于偿付地价以外的负担或困难。他还提出对于自耕农的维护要注意:第一,要辅以良好的产销制度,完善金融制度,制止苛捐杂税,使农民不致典卖田产;第二,限制自耕农负债的最高数额,并且非以过失而不能偿债时要予以宽待,不得任意没收其土地;第三,要制定法律,禁止出卖或分割在最低限度以内的土地。万国鼎的许多说法较为原则化,但是他指出"创设"和"维持"两个不同阶段;在手段上,更注意金融、税收、法律等多种手段的运用。

同年,萧铮发表《平均地权和耕者有其田》[③],指出"耕者有其田"的实现方法为:第一,租佃改革,是实现耕者有其田的先声;第二,土地金融政策,是实现耕者有其田最有力的经济方法;第三,国内垦殖政策,是创造耕者有其田的政治方法;第四,自耕农保护政策,是维持耕者有其田的方法。萧铮按照不同的阶段,区分不同的重点,对实现"耕者有其田"的不同方法进行了比较清晰的阐述,他的观点实际上包容了聂国青和万国鼎的观点。

2. 以上观点的总结和评论

第一,租佃改革的办法。萧铮称,"租佃改革,是实现耕者有其田的先声"。由于耕而无其田的大多数是佃农,如果不采用有力的方法改善租佃条件,佃农便没有一定的经济实力在国家的帮助下取得土地的所有权。郭汉鸣在《从耕者有其田说

---

① 《中国经济》四卷十一十二期合刊。
② 《地政月刊》五卷二三期合刊。
③ 《地政月刊》五卷二三期合刊。

到地租问题》①文中,也指出扶植自耕农的办法为:第一,保障现在的佃农;第二,使无自有土地的耕者为有地的自耕农;第三,使有土地而不自耕者为耕作自有土地。他认为后两者都与地租有关,因此在扶植自耕农的目标下,要区分大地主和小地主,适当地解决地租问题。可见,他尤其注意租佃制度改革在扶植自耕农中的作用。总体来看,提出这种办法的人是希望无地的耕者能发挥主动性,在国家的帮助下通过自身的力量来解决"有其田"的问题。这样,国家的作用是创造条件、增强无地或少地佃农自身的实力,以便他们通过市场行为来获取土地的所有权。这样的条件和前提,自然主要是经济性的,这正是区别于中国农村派等人寻求土地问题政治解决的关键所在。

第二,土地金融的办法。萧铮称,"土地金融政策,是实现耕者有其田最有力的经济方法"。黄通在《扶植自耕农与土地金融》②文中也指出,"土地购买资金的筹划为扶植自耕农的先决条件"。他说,只要树立适当的土地金融机关,发行土地债券并善为运用,便可解决土地购买资金问题。然而,赵棣华在《耕者有其田与土地购买贷款问题》③一文中,指出农民购地贷款的困难:第一,相关法律及金融机关的缺乏;第二,低利资金缺乏来源。可见,无论是在健全的金融市场,还是在不健全的金融市场,农民都是这其中的弱者,他们要想通过贷款来购置土地并不是一件容易的事情。寻求用金融的办法解决地权问题,这是典型的经济办法,也是地政学会派等改良主义者的共同主张。抛却细节问题不谈,国家主导下的土地金融政策,其目的就在于要发挥地权转移双方的主动性,通过金融市场这个纽带,以经济上有效的方式促进社会公平目标的实现。

第三,移民垦荒的办法。萧铮认为,"国内移植政策是创造耕者有其田的政治方法"。因为用经济的方法,国家往往不能负担,而且作用仅限于农地的分配方面,不能影响农村人口的分配。萧铮的认识有一定的道理,但并不深刻。一方面,移民垦殖并不纯为政治方法,其经济负担政府也不一定担当得起;另一方面,调节农地分配与调节人口分配,其最终目的殊途同归,都是实现人地比例的协调,促进生产

---

① 《地政月刊》五卷二三期合刊。
② 同上。
③ 同上。

效率和社会公平。张丕介在《国内移植与创设自耕农》①文中,就主张国家直接采用北美的"户地制度"来创设和维持自耕农。"户地"(homestead)或称"家产",在北美分为两种:一种为在国有土地上,以一定的面积无代价地分配给垦民,条件是垦民要至少五年居住在这块土地上并进行耕种;另一种为不论新创或旧有的地产,在法律规定的一定限度内不受强迫没收的处分。这种移民垦荒的办法,在一定程度上是从正面回避问题的矛盾,试图在现有问题的"边界"之外寻求缓解问题的办法。事实上,垦殖不仅需要一定的自然地理条件,还需要大量的资金投入和国家组织建设,在当时的情况下,这些条件同样是不具备的。至于"户地"制度,将其照搬到中国,由于社会环境和自然条件的差别,也很难用来解决中国的土地问题。

第四,维持自耕农的办法。要使已有的和新创定的自耕农不至于破产及丧失土地,国家需要综合运用政治的、经济的和法律的手段对自耕地加以保护。正如唐启宇等人所提出的,国家可以采取限制的、奖励的办法,通过政治和法律手段来保护自耕地;还可以采取税收的、价格保护的、利率的、财政补助的办法等,从经济上对自耕农加以维护。张廷休在《扶植自耕农之实际问题》②一文中,还提出如何维持农产品价格,如何改进农业技术,如何整理土地,以及如何排除人事障碍等问题和解决办法。

三、所有权农有,还是使用权农有

1924—1949 年,人们已经初步认识到土地财产权利的分解问题,并围绕土地所有权、使用权、收益权、转移权等的关系和配置问题进行了探讨。

1. 使农民享有土地使用权的主张

第一,我们从中国地政学会的土地政策原则观察他们对土地使用权的重视。1932 年,在中国地政学会的筹备和酝酿阶段,萧铮等人③每周在金陵大学开讨论会,研究中国的土地问题,酝酿创立地政学会。通过讨论,1933 年年初,萧铮整理

---

① 《地政月刊》五卷二三期合刊。
② 同上。
③ 包括曾济宽、万国鼎、刘运寿、唐启宇、程远帆、孙文郁、洪季川、张亦邈等,还有约而未到的向乃祺、冯紫岗等。

出《推行本党土地政策原则十项》,这是中国地政学会关于中国土地问题的最早的基本认识。

《推行本党土地政策原则十项》的内容有十项:其一,中华民国国民,对于领域内之土地,有依法使用收益之权;惟不得以土地为投机营利或榨取他人劳力之工具。其二,土地属于国民全体,政府应积极扶植自耕农,以求土地使用权分配之平均。其三,凡有土地使用权者,以自己使用为原则;享有现所申报之地价;负有以其劳力资善用其土地之义务;其收益以其所投施劳资之报酬为限,纯粹土地部分之报酬应提供于国民全体。其四,土地之使用,以适应社会机能,谋全体之福利为主;凡因公共福利之需要,政府得依所报价格征收私人所使用之土地。其五,凡土地之增价,除因投施劳力资本所得之结果应归投施者外,因人口加多、社会繁荣之自然增价,应全部收为公有。其六,以累进地价税法,求人民所纳地价税之公允,并促进土地之利用,兼为人民所用土地面积之科学的限制。其七,国家应扶助、奖励、指导,或强制人民对于土地为合理的使用与改良,以促进国民经济之繁荣。其八,国有荒地及未改良地,政府应以全力利用之;其不适于小经营者,政府应采集合农场制,为大规模经营,以尽地利。其九,对于土地之一切整理,应先办理准确详明之测量登记,改造过去不完备之鱼鳞册等。其十,国家应划区分期推行本党土地政策,于该实行区内,应设各级地政机关。[①]

从以上的原则中,我们清楚地看到,中国地政学会派为达到"地尽其利"、"国民经济之繁荣"和"全体之福利"的目标,他们所最关注的是土地的利用问题,以及与此直接相关的农民的土地使用权和人们的土地收益共享权。

第二,1930年《土地法》起草者对土地使用权和收益权的重视。与地政学会的观点类似,1930年《土地法》的起草者之一吴尚鹰在中国地政学会第二届年会的演讲中认为,"平均地权的意义,与其说是平均分配,毋宁说是平均使用之为愈也"。因为人与土地的密切关系,应以使用土地为原则;土地的价值如何,也要看它的使用如何。同年,他在《土地问题与土地法》[②]一书中,提出了所谓的"土地共有"问

---

① 《地政月刊》一卷一期。
② 吴尚鹰:《土地问题与土地法》,上海:商务印书馆,1935年版。

题,即在土地私有的范围内,使利益共享,达到"土地社会化"。通过这样的改革,无地及少地的佃农和自耕农所获得的自然不是土地的所有权,而只能是有限的土地使用权和土地的部分收益权。然而,这样的改革能否有效地执行呢?看来问题还不少。即使是利用"照价征税"这样和平的办法解决问题,吴尚鹰自己也认为,《土地法》"考虑到实行的困难,所定的地税更轻"。

第三,有学者认识到农民土地长期使用权和自由转移权的重要性。前溪在《中国新经济政策》①中,认识到当时"亟应解决者,即在今日土地应归何种主体所有为是"。前溪重视农民对土地的永久使用权。他认为,如果土地使用权不是永久的,这就会影响农民对土地的长期计划、土地改良、劳动生产率及农民的心理安定等。此外,前溪还认识到,如果土地使用权是永久的,并且在土地的使用年限当中又允许农民转移租佃,那么"有转移权利即有相续权利矣,是使用权与所有权,实异名而同实"。可见,这同张五常在《佃农理论》②里的观点类似。如果农民享有土地的有保障的使用权、处置权和收益权等实质性的权利,那么所谓的"土地所有权"就没有太大的意义了。

第四,有人从向土地国有的过渡阶段考虑,主张让自耕农享有土地的使用权。1934年,殷震夏在《中国土地新方案》一书中提出,"土地的重心是什么?就是所有权和使用权的分解"。他认为,为达到孙中山民生主义的理想,要"一方面限制私人的占地,平均农民的耕田,使农村经济得到平均的发展",另"一方面,部分土地的性质,将所有权归之国有,使用权归诸私人,俾渐入土地国有的轨道"。③ 殷震夏所谓的"新方案",实际上并没有脱离中国古代的"限田"和"均田"思想,只是在具体做法上,加入了孙中山的征税等一些现代主张。

第五,有人从农民心理和人地矛盾的角度,主张让自耕农享有土地的使用权。1937年,向乃祺在《怎样才能作到"耕者有其田"》文中,关于"有"的方式,他提出"不能叫农民享有土地所有权,只能够享有土地使用权"。他阐述了三点理由:第一,购田的资金要在长期内摊还,中国农民不如欧洲农民有耐久的心情和远大的见

---

① 《国闻周报》四卷二期。
② 张五常:《佃农理论》,北京:商务印书馆,2000年版。
③ 殷震夏:《中国土地新方案》,南京:正中书局,1934年版。

识,恐怕款未还清而田已易主,会使金融机关倒闭,并且在这段时间内农民的总负担过重,未必受农民欢迎;第二,中国的诸子继承,影响创定自耕农关于最低耕地数额的限定;第三,中国人口的增长也会导致土地不够分。由此,他主张"一村的田地,逐渐集中到一村之利用合作社。田地社有,无异田地村有;社员耕社田,无异村民自耕属于村有之公田。换句话说,即等于'耕者有其田'"。① 这样,向乃祺的"耕者有其田"便渐入"土地村有"的轨道了。单就其理由来说,恐怕也有不少漏洞。首先,"人性不耐"是一个基本的经济学假定,无论在中国还是在欧洲恐怕概莫能外,如果说"相对来说"的话,真不知道向先生是怎么调查得来的;其次,就中国人地矛盾和诸子继承来说,无论是农民享有土地使用权还是享有土地所有权,同样会不够分配,似乎也不能据此而反对"所有",主张"使用"。

2. 使农民享有土地所有权的主张

第一,从土地所有权的基础性地位来看,要让自耕农享有土地的所有权。1937年,唐启宇在《耕者应有其田之所有权》②文中认为,地权包括土地的所有权、使用权、收益权这三种基本的权利;土地的所有权与使用权可以分开,但土地的所有权和收益权、使用权和收益权是不能分开的。他更进一步认识到,"土地之所有权为其他一切土地权利之基础,使用权、收益权均建基于所有权之上,否则动摇不定"。他认为,耕者有其田的目的就在于使土地的所有权、使用权和收益权合而为一,使自耕农享有"形实俱全"的土地权利,从而"使农民自决其生产的性质,自治其生产的事业,自获其生产的结果"。相反,土地所有权和使用权的分开,会使土地兼并和投机盛行,并影响佃农对土地的投资改良。因此,国家应该使土地所有权和使用权归于一体,扶植自耕农,使之享有作为土地一切权利基础的所有权。唐启宇认识到了土地财产权利的多重性,以及土地所有权的基础性地位,这说明他对土地财产权利的认识有了进步。然而,由于土地所有权的基础性地位而主张将所有土地财产权利合而为一,这又不利于在更深层次上分析各种权利之间的关系,从而将问题引向深入。

---

① 《地政月刊》五卷二三期合刊。
② 同上。

第二,从国家推进社会改革的成本和收益衡量的角度,主张使自耕农享有土地所有权。1937年,蒋廉在《怎样才能作到"耕者有其田"的讨论》①中,质疑向乃祺主张农有使用权的说法。他指出,"向先生所发明的'耕者有其田'办法,似以'土地村有'为精神,'生产合作'为手段,把阎百川、马凌甫二先生的主张融为一炉"。他对向乃祺所谓"有的方式"提出不同意见,认为俄国在实行农业社会化之前,资本早已社会化,这对于农民心理和便利农业行政都有很大影响,即使在这样的情况下推行集团农场的经营,尚需要借用政府强制的权力;而以中国当时的农民心理和地方行政情况,用温和的手段很难达到土地社有的目的,尤其是在人口密集的中南部地区。"如果改革社会制度的原则,应以避免所受损失大于所得利益为原则,那末,衡以我国目下所处之环境,不如直截了当,使农民取得土地所有权"。蒋廉的分析,更接近于现代西方经济学的思路。他将国家和政府也作为选择的主体,分析国家在与社会各利益集团博弈的情况下,通过权衡得失,最后做出最优的选择。蒋廉看到了国民心理和地方行政能力对国家推进所有制改革的影响;可惜的是,他并没有深入地展开分析。当然,由于时代的限制,当时也不具备深入分析的理论基础和分析工具。

第三,从新民主主义革命的性质、任务,以及推动革命的动力出发,主张让自耕农享有土地的所有权。1931年以后,中国共产党看到农民对土地私有的渴望,从而以"打土豪、分田地"和"耕者有其田"等为口号,积极推行让农民享有土地所有权的新民主主义革命,建立土地的自耕农所有制。这种理论认识与政策主张,是建立在中国共产党人对革命所处的阶段和面临的任务的分析上的。新民主主义革命,"是无产阶级领导的人民大众反帝、反封建的革命"。因此,在这个阶段里,要打破封建生产关系的束缚,必须变封建的地主土地所有制为自耕农土地所有制。这样看来,"中国农村派"和中国共产党人是为了达到社会革命的阶段性目标,完成阶段性的任务而提出让自耕农享有土地的所有权。

主张不同所有制安排的人,往往出于不同的目的,因为不同的所有制安排确实会对经济和社会产生不同的影响。从经济发展的角度来看,所有制安排的最终目

---

① 《地政月刊》五卷二三期合刊。

的在于经济效率的实现。从社会革命的角度来看,产权安排的最终目的在于调动最广大人民的革命积极性和参与度。

第三节 "土地村公有"及其所遭到的批评

一、"土地村公有"思想的概况

1935年8月末,阎锡山在西北召开"防共会议",提出"土地村公有"的办法,并将其作为该次会议讨论的核心问题。实际上,阎锡山早在此前的"下野"期间,便已经提出土地村公有的想法。"土地村公有"方案的直接目的是"防共"。阎锡山认为,由于中共"以土地革命为夺取农民心理之要诀",而"山西经济,整个破产",土地集中之势形成,农民经济地位下降,易受共产党"煽惑",因此"防共不得不解决土地问题"。他希望"以解决土地问题,为防共釜底抽薪之根本办法"。[①]

"土地村公有"办法的要点为:第一,由村公所发行公债,收买全村土地为村公有,此项公债,由产业保护税、不劳动税、利息所得税、劳动所得税为担保。第二,就田地之水旱肥瘠,以一人能耕之量为一份,划为若干份地,分给村籍农民耕作。第三,如经村民大会议决,对于村田地为合伙农场者,即定为合伙农场。第四,如田地不敷村中农民耕作时,应由村公所为未得田地之人另筹工作;如田地有余不能耕作时,应将余田报请县政府移民耕种,以调剂别村人民之无地耕作者。第五,村民十八岁受田,五十八岁还田。第六,在村民死亡、改业等情况下,村公所将田地收回,并对田地改良工作给予补偿金。第七,耕农因耕力减退,或田地中栽培特别费工之作物,应准使用雇农,但雇农以三种(其他耕农之有暇力及余力者;十八岁以下、五十八岁以上之男丁;劳动年龄内之女子)为限。第八,推行之初,耕农对省、县地方负担仍照旧征收田赋。第九,坟地、宅地暂不收买。第十,村公所应按人口增加情形、土地改良状况,在适当时期,将份地重新分划。[②]

---

① 成汉昌:《20世纪前半期中国土地制度与土地改革》,北京:中国档案出版社,1994年版。
② 《国闻周报》十二卷三十八期。

二、来自社会不同方面的批评

阎锡山的"土地村公有"方案公布以后,在全国引起了广泛的讨论;讨论中,绝大部分人是持批评和质疑态度的。这些反对的意见来自社会的各个层面,不仅"中国农村派"对此大加批判,而且"中国地政学会派""独立评论派""中国经济派"等学者也纷纷对其进行批评。

1. 中国农村派的看法

1936年,陈翰笙在《中国"模范省"的乐土》[①]文中,首先介绍了中国共产党在江西进行的革命方式的分配土地和国民党在浙江实行的改良方式的"二五减租",在此基础上,通过对比分析,认为阎锡山在山西实行的"土地村公有"已经"准备从改良变为反对"。陈翰笙从历史和政治背景上进行了分析,指出此前阎锡山与日本建立友好关系,并积极围剿和限制抗日的红军,就是在这样的背景下出台的以"防共"为目的的土地村公有办法。通过对"土地村公有"办法的具体分析,陈翰笙认为,"这个方案将在农民身上压上更重的赋税,同时又让土地所有者以可靠的地价摆脱其土地"。

同年,孙冶方在《私有?村有?国有?——"土地村有制"批评底批评》[②]文中,用马克思主义的理论和观点,对阎锡山的"土地村公有"办法以及对其批评的意见进行了批评。他先通过批评批评者反对土地公有的意见,否定了封建的土地私有关系,以及资本主义的土地私有关系。此后,他又提出"阎锡山底土地公有制提案确是一种进步的主张,但是他底《土地村公有办法大纲》是很不彻底的"。他从五个方面论述了这种"不彻底"性:第一,用公债收买土地的办法,在原则上并没有否认地主的土地所有权,地主只是把土地的性质变成金钱的形式。第二,用税收来担保公债,而且在办法实施之初农民还要照交田赋,这反而加重了农民的负担。第三,通过村公所推行土地村公有,是利用"封建的政治机关"执行土地改革政策,这样便连起码的改良政策也不可能实行。第四,"土地问题绝不能脱离了其他社会问

---

① 汪熙、杨小佛:《陈翰笙文集》,上海:复旦大学出版社,1985年版。
② 《中国农村》二卷一期;另可见《〈中国农村〉论文选》,北京:人民出版社,1983年版。

题而单独解决",只有变革资本主义制度,土地公有才能实现。他说,"资本主义商品经济如果不被铲除,那么土地村公有制的方法即使在一时间能够依照起草者底理想而实现了,但结果仍旧要重演资本主义经济中大经济吞并小经济的惨剧。商品经济之发展,曾促成了原始共产主义社会之崩溃,曾冲破了封建自足经济底堡垒,那么它一定也会打碎土地村有制之下的份地之划分,并冲破土地村有制对于雇佣和租佃之限制"。第五,土地村有并不能打破村界组织大规模生产,所以如果实行土地公有,就"应该把它交给国家管理",实行土地的国有。

2. 中国地政学会派的看法

1936 年,万国鼎在《土地村公有办法平议》①文中,认为阎锡山的动机虽好,但所用方法问题很多,"单就事理言之,土地村公有办法亦属有害而无益"。万国鼎分七个方面进行了评论。第一,从土地所有制的方面,不同意土地公有。他认为,土地收归村有后,农民仅有受限制的使用权,而没有处分权;此外还有"在适当期间,将份地重新分配"的规定,这样会减低农民的"奋发勤俭之心,爱护土地之诚",从而影响生产。关于土地公有后合作农场的建立,万国鼎说:"人之个性不一,能力不齐,农场工作复不能如工厂之呆板,欲以收获之平均分配,使人人勤奋,各极其能,各尽其力,谈何容易。农场既大,工作随时随地而异,不独考绩困难,如何指挥或支配,使不失时,亦殊不易。"他认为,在人民没有受到相当的团体训练、管理人才没有培育、政治上缺乏严厉的约束力之前,合伙或集团农场的推行和获利很不可能。第二,从经营规模方面,认为份地制很难实行,也不利于生产发展。他认为,阎锡山主张的按劳动力分田比平均授田要好,但还是不好确定适当的土地大小。地形、土壤、位置的差别使土地很难均平;耕者能力的不齐也很难使地尽其利;人口增减、年龄变化、资本多少、疾病状况和技能长进等都影响一家的耕作能力。并且,在大多数地方人多地少的情况下,份地不能很大,加上不能进行土地租佃,将不能摆脱农业的小规模经营,不利于农业生产的发展。第三,关于人地调剂的问题。农民安土重迁,村与村之间很难达到人口的均平;并且,人口与贫困容易恶性循环,村内土地不断重新分配,份地必将越来越狭小。第四,关于村界纠纷及村公所能力的质

---

① 《地政月刊》四卷一期。

疑。第五,关于加重耕农负担问题的质疑。第六,土地村公有会使社会失去一大信用担保品,会加剧农村金融的窘迫。第七,关于"防共"效果,山西大多为自耕农,土地村公有剥夺了农民土地,加重了农民负担,并不能使农民安定,从而无法达到"防共"的效果。万国鼎最后认为,当时的主要困难在于农民穷困,因此要促进土地利用,发展生产,注重金融与产销,再用工业化解决农村人口过剩问题,不能只注重土地分配;在土地分配方面,要采取积极的自耕农创设办法,使耕者有其田。

此外,中国地政学会的萧铮发表《评阎锡山氏之土地村有》,也从所有制的方面对阎锡山的"土地村公有"提出质疑。他说:"一切人类文明之起源,不能不谓为基于人类自我的观念之发展。……在今日之文明程度下,私有胜于公有也。"

3. 中国经济派的主要看法

1935 年,邓达章在《评阎锡山之土地村有论》①文中,批评了阎锡山的土地村有办法。他首先阐述了基本认识,即当时的主要问题在于农业生产关系发展变成生产力桎梏,土地的分配或者土地革命问题是社会进化史中必有的产物,而妄谈农业改良、乡村建设,都是舍本逐末。他继而从四个方面对土地村有进行了批评:第一,土地村有无非将土地归于掌握村政大权的地主阶级,即使是国有,也将操纵于地主阶级的土皇帝之手,这都逃脱不了土地的私有制;第二,土地村有下,地主和富农可以利用乡政恶势力操纵土地分配,还可以靠大家庭人口的潜势保持大块土地,因此会加速土地集中,为地主张目;第三,土地村有方案,没有给妇女土地使用权,妇女只能当雇农;第四,在实施上,土地村有不能消灭农村中商业资本和高利贷资本的剥削,并且人多地少将导致土地不够分配。

1936 年,村林在《"土地村有"问题之检讨》②文中,批评"土地村公有"在事实上有困难,在理论上没有根据。在事实上,第一,存在村与村、人与人之间平均分配土地的困难;第二,存在调剂人口的困难;第三,存在地主、自耕农反对,佃农困苦而引起社会紊乱的可能;第四,存在规定每人耕作面积的困难。在理论上,第一,因为"土地村有"与资本主义并不冲突,地租的节省可以扩大资本主义再生产,因此它

---

① 《中国经济》三卷十二期。
② 《中国经济》四卷三期。

消除了资本主义发展的障碍;第二,"土地村有"促进农民的分化,无法避免高利贷和土地使用的集中;第三,"土地村有"并不能增加生产,它在确定每人耕作面积时无法使资本、劳力、土地合理配置,使其不浪费,还会造成土地经营面积的细碎,受田还田也会妨碍农业生产;第四,"土地村有"并不减轻农民负担;第五,"土地村有"促进资本主义的发展,形成资本主义的市场和贫富分化。

4. 独立评论派的看法

1935 年,吴景超在《阎百川先生的土地政策》①文中,提出了土地村公有办法可能产生的问题:第一,一人能耕之量不易确定;第二,土地的水旱肥瘠不同,会在分地时引起纠纷;第三,不能扩大人均的农场面积,无益于农业生产;第四,在山西自耕农占大多数的情况下,土地公有不仅加重了他们的负担,还使他们丧失了土地所有权,会遭到他们的反对;第五,土地村公所是否有能力和经费来负担抚养老弱的工作;第六,土地公债的担保收入不稳定,很多无法取得;第七,对于如何判断地价,以及偿还公债的年限都没有规定;第八,随着农村人口增加,农民可分得的土地和生活程度是递减的。

5. 其他方面的看法

1935 年,祁之晋在《国闻周报》发表《土地村有制之检讨》②,从"土地村公有"所采用的土地制度、达到此项制度所采用的手段,以及将来的土地生产方式三个方面对"土地村公有"进行了批评,认为阎锡山侧重土地分配,对土地生产问题过于忽略。1936 年,他又在《国闻周报》发表《"土地村有"下之晋北农村》③,通过调查农民的态度、金融状况,以及所造成的种种社会问题,批评了土地村有制度。

1935 年,余醒民在《经济评论》发表《再论阎百川氏的"土地村公有"》④,重点从三个方面质疑了土地村公有办法。第一,土地村公有是否可以使耕者尽有其田?他认为中国的耕地不够分配,所以土地村公有并不能使耕者尽有其田,更不能使土地的使用分配问题得到彻底的解决。第二,土地村有后资金能归村有吗?他认为,

---

① 《独立评论》七卷一七四号。
② 《国闻周报》十二卷五十期。
③ 《国闻周报》十三卷十一期。
④ 《经济评论》二卷十号。

仅将土地收归公有,而其他一切财产仍归私有,结果唯有使资本离开农村。第三,不解决收入减少问题能否使农民生活安定?在农产品价格不上升,土地收入不增加,农民在获得土地使用权的同时又负担了大量的税收等种种转嫁负担的情况下,农民生活必不能维持,农民也不会在意土地使用分配的平均。

1938年,南开经济研究所方显廷编的《中国经济研究》[①]中,载有刘君煌的文章《山西倡办土地村公有之经过》,作者通过事实的调查,指出了实行"土地村公有"后的三点影响:第一,土地买卖陷于停滞;第二,政府契税收入减少;第三,借贷缺乏抵押。

此外,还有很多人对阎锡山的"土地村公有"办法进行了评论,大部分都是批评和质疑,诸如陈和坤在《时论》发表的《土地村有问题的商榷》,等等。

三、"土地村公有"批评意见归纳及评论

1. 主要批评意见归纳

第一,有人从"土地村公有"的政治目的、生产关系及社会变革方面进行了批评。中国农村派的学者从生产关系束缚生产力发展的角度,认为中国的农村土地问题要在变革农村生产关系中来解决,并且这种生产关系的变革应该是彻底的,采用的手段是革命的。因此,他们主张废除封建的地主土地所有制,使农村土地问题得到一个"政治经济的"解决。可见,他们将农村土地问题的解决同农村发展的制度前提紧密联系了起来。

第二,有人同样从发展生产力的角度出发,但在土地所有制方面主张私有,反对公有,因而否定"土地村公有"。中国地政学会派的学者从促进土地利用的角度,分析了土地村有造成的劳动者积极性的问题,土地经营规模的问题,以及土地与人口、土地与资金的协调配合等问题。他们的主张正是在不触及政治制度和利益的前提下,寻求一种"经济上的"解决。他们通过解决土地问题,试图寻找的是一种农村发展的途径。其他如中国经济派、独立评论派等学者也都有从土地生产和经营利用方面反对"土地村公有"的思想。

---

① 方显廷:《中国经济研究》,上海:商务印书馆,1938年版。

第三,有人从实行的困难及其所造成的问题上,反对"土地村公有"。批评者从村公所的作用与能力、土地公债的偿还、份地大小的确定、土地与人口的调剂等方面指出"土地村公有"的难行;并通过理论推断和实际调研,指出土地村有造成农民负担的加重、政府契税收入的减少、土地金融的困竭等问题。这些观点散见于很多人的思想当中。这些就事论事的观点,确实发现了不少"土地村公有"所带来的问题;然而,很少有人能够将这些问题同土地的所有制或者土地的"村有制"联系起来进行深入分析,剖析它们之间的深刻联系。

2. 对土地村公有的一点评论

阎锡山在 1935 年实行的"土地村公有",是进行土地集体所有的一个实验;然而,由于其反动的政治目的、当时历史条件和实行办法等的局限,最终证明它的实施是不成功的。

单从土地所有制的角度来看,土地村有是一种土地的集体所有制。这种土地所有制能够获得土地完全私有和土地国有所不具备的一些好处;当然,也有它自身内在的矛盾和问题。土地村有,在一定程度上能够调节土地的分配,避免土地的兼并和过度集中,有助于社会公平目标的实现,并可能为一定规模的合作生产创造条件,有助于提高经济效率。然而,土地村有下,农民的生产积极性如何调动?农村行政机关的权力如何行使?在使土地发挥保障功能的情况下,如何实现有效的规模经营?等等。许多问题尚有待解决。从中华人民共和国成立以来的实践来看,土地集体所有下的问题至今还没有完全解决。从历史上来看,古代的"均田"、阎锡山的"土地村公有"和中华人民共和国成立以后的农村土地集体所有制之间,既有共性,又有区别。这三种土地制度都有"受"有"还",在最大限度上保证"耕者有其田",从而发挥土地的社会保障和"稳定器"的作用。"均田"是一种国家行为,土地的最终所有权是国有的,并且国家严格控制着土地的使用,获得稳定的税赋收入。"土地村公有"和中华人民共和国成立以后的农村土地制度都是土地的集体所有制,但事实上,村以上的国家政权仍然在相对程度上享有土地的最终所有权或控制权,形成了国家、集体、农民三者之间的产权配置问题。在这种情况下,农村土地的产权问题将更加突出,如何协调三者利益、规范三者行为、配置农地产权,以实现农业生产和土地效率的增进,达到三者利益的最大化?这确实是一个难题。面对"受"与"还"之间的土地产权不稳定,如今我国政府也正在推进加强农民承包权长期化、稳定化的各项改革。

当然,我们绝不能单纯从经济学层面的土地所有制角度来看问题。要对"土地村公有"有一个正确的评价和认识,我们需要联系它的时代背景进行全面的、客观的、深刻的分析和批判。正如中国农村派学者和其他一些学者所指出的那样,"土地村公有"从目的、手段、作用等许多方面都不具备成功的可能,其失败也是注定了的。如何全面认识"土地村公有"并不是本书的目的,我们这里只是从这场尝试和争论中,思考当时人们对农村土地所有制的看法,探索农村土地所有制与经济发展中的效率和公平问题的联系。从这个意义上说,"土地村公有"及其批评,都是关于土地集体所有制度的宝贵尝试和思考,它们启发了人们进一步的思考,对此后的实践无疑都有一定的借鉴意义。

第四节 农地所有制思想的演变与评析

一、农地所有制思想的演变

1924—1949年,农村土地问题是人们关注的一个核心问题,而土地的所有制问题或者说所有权问题,正是这个核心的核心。总体来看,这一时期关于农地所有制的思想表现出一种比较明显的演变趋势,那就是:在保持土地公有理想的前提下,人们越来越重视农民对土地的所有权要求,土地自耕农所有制逐渐成为一种现实的选择;与此同时,在现代化背景下,人们对农地所有制安排与农村发展中的效率和公平问题进一步加深了认识。

土地国有,一直以来就是我国传统经济思想中的一种理想化的所有制形式。面对历史上土地私有制下持续不断的、循环往复的土地兼并和贫富分化,在保证社会公平与稳定的强大压力下,人们一次次地将解决问题的希望寄托在土地国有上。传统的土地国有思想是以"井田制"为主要理想的,这种制度是在土地所有权国有的基础上,实行小农独立经营和一定程度的互助合作。近现代以来,面对世界化大生产下农产品的国际竞争,人们更加看到西方大规模经营的优势;相比之下,中国的小农经营处于低效和劣势的地位,这种现实也促成土地公有、公营思想的活跃。从更直接的影响上来看,1917年俄国社会主义革命的成功,使土地公有制在一个大国得以实现。相比同时期西方资本主义周期循环的经济危机状况,社会主义的国有制和计划经济在20世纪二三十年代表现出令人向往的优越性,此情此景更坚定了人们对土地公有制的追求。

然而,1924—1949年,中国农村经济的贫弱,国内外战乱的频仍,使得国家无力对抗强大的土地私有的既得利益者,也不具备直接组织大规模农业生产的条件。孙中山从"平均地权"到"耕者有其田"思想的演变,这本身就表现了一种从理想到现实的转变。因此,在保持土地国有制理想的前提下,选择土地农有作为过渡(或者说将土地农有作为阶段性目标),便成为一种现实的政策选择。在"耕者有其田"的政策下,国家会赢得最广大农民的支持,减少改革的阻力,增添革命的积极性;同时,这种制度的变革还会改善社会的公平状况,并促进农业生产效率的提高。

尽管如此,人们对"耕者有其田"的含义、步骤、实施手段等有着不同的认识。基于这样的不同认识,人们关于农地财产的权利束便提出了多种配置形式和配置方式。在配置形式上,围绕自耕农是享有使用权、收益权,还是所有权,人们展开了争论;在配置方式上,围绕是采取征税、收买,还是没收的办法创设自耕农,不同的政治派别展开了激烈的斗争。这样,在中华人民共和国成立前的几十年里,人们尽管对于农地的所有权制度的基本认识差距不大,但围绕着财产权利的配置形式和配置方式却形成了不同的思想与政策,并导致不同政治力量的对抗及其胜败。

民国时期,一个新的因素逐步深入人们的考虑范围,那就是工业化、城市化下的农村发展问题。在这种情况下,农村土地问题的解决已经超出土地问题和农业生产的本身,而与农村经济社会的整体发展,与整个社会的生产、分配、交换和消费联系在了一起。农地所有制安排如何能适应工业化和城市化的需要,并促成社会各产业、各部门的协调持续发展,这是问题的关键。从孙中山开始,人们就已经开始意识到土地的私有会增加工业化的成本,从而阻碍社会的加速发展。后人更从农业经营规模与效率发挥,以及农村人口与土地的协调等角度出发,对农地的所有制安排做出种种设计。此外,如何协调土地与资本的关系?如何实现农业合作化?许多问题也都是以土地所有制设计为基础的。

在民国中后期特殊的历史背景下,中国农村土地所有制思想的主流发生了"从国有到农有"的转变,建立土地自耕农所有制的思路渐趋清晰;但是,在长远的社会发展设计上,民国时期尚有很多人怀有一种土地"从农有到国有"的理想,土地国有或公有被他们认为是促进发展的一块"垫脚石"。

二、农地所有权的分解:公平与效率

1924—1949年,人们对农村土地所有制的认识已经突破了单纯私有和公有的二元对立论,而开始深入思考土地的所有权、使用权、收益权和处置权等权利的分解和配置,并将所有制安排与公平和效率联系起来进行了思考。

在孙中山的思想里,所有权的分解是不清晰的。孙中山讲"平均地权",那么,地权中的"权"究竟指的是什么权呢? 是土地所有权、使用权,还是土地收益权? 孙中山又讲"耕者有其田",那么,耕者究竟怎么"有田"呢? 是所有、占有,还是使用? 耕者有自由出租、出卖、抵押土地的权利吗? 对于这些,孙中山没有言明。也正因为孙中山没有具体解释这些,这便给后来人提供了广阔的发挥空间。

无论是土地的公有还是私有,人们开始认识到土地财产权利的可分性。"二五减租"思想,反映的是让佃农享有土地更多一些的收益权;"照价纳税"和"涨价归公"思想,反映的是国家要获得大部分的土地收益权;"照价收买"思想,反映的是国家要控制土地的最终所有权;"土地村公有"思想,反映的是村集体的土地所有权和农民的土地使用权的分离;"打土豪、分田地"思想,反映的是农民对地主土地所有权的彻底剥夺;"耕者有其田"思想,则或者是让农民享有土地的使用权,或者是让农民享有土地的所有权。在土地产权分解的情况下,人们对土地财产权利束之间的关系加深了认识。比如,这一时期,有人认识到,土地的所有权和收益权、使用权和收益权是不可分的,并且所有权是使用权和收益权的基础等。

土地财产权利的分解,是同公平与效率的目标直接相关的,这两者之间往往还会造成矛盾,因此存在一个权衡(trade-off)的问题。从公平的角度,人们容易选择对土地所有权交易与所有权集中的限制,选择促进土地使用权和收益权的平均化。进而带来的问题是,我们是要选择起点的公平,还是选择规则的公平? 这一时期,有人认为,大部分地主也是通过诚实劳动得来的土地,对公平的过度追求就必将损害土地所有者的积极性,影响效率的实现。从效率的角度,耕者要享有稳定的、有保障的土地使用权和收益权,这样他们才会有"勤勉"之心。"无恒产者无恒心",没有恒产的农民也不会在土地上投入更多的改良成本,从而影响土地的效率发挥。不仅如此,农民还要有土地的抵押权和处置权,这样才能有利于要素的流动,劳动力才会从土地上解放出来,资金才会流向土地。然而,在私有制下,只要允许土地的自由转让,就势必造成土地的分配不均和贫富差距,从而损害公平的目标。

一种制度设计要兼顾的效率与公平,应该是可持续、可自我实现的效率与公平。因此,要使土地所有制发挥其公平保障和效率促进的作用,需要一个稳定的产权机制。这种机制可以是由市场自发形成的,也可以是由政府主导的,但无论如何,它需要经济的、法律的、政治的多重保障。1924—1949 年,土地财产权利主要是靠政治手段来调节和保障的,虽然它适当地运用了法律的手段,而经济的手段则相对受到了压制。1949 年以前,中国共产党通过新民主主义土地革命,使广大无地和少地农民获得了土地,极大地改善了土地占有不公的状况,同时也调动了农民的生产积极性,促进了土地利用效率的提高,这在短期内无疑是一种最优的选择。然而,从长期来看,一方面,选择革命的方式取得土地所有权,农民尚缺乏一种牢固的经济上的产权概念,以至于他们很容易被再度剥夺其土地的权利;另一方面,这种土地的小私有如果持续下去,终究还是会导致土地的集中和贫富分化,同时加重工业化的交易成本,也不利于公平与效率的实现。因此,如果说采用革命手段对农村土地问题的政治解决,在一定的社会背景下是一种必要选择的话;那么,在此之后,如何通过市场的、经济的手段来保障这种产权机制的有效性,以利于公平和效率的双赢,实现协调、可持续的经济发展,这应当是推进下一步产权改革所面临的主要任务。

三、对"革命史"地权理论的再思考

在我国史学界,自 20 世纪 30 年代中国社会史大论战以后,革命史学成为中国近现代史学的主流范式,革命成为历史的中心事件,土地革命、土地改革是这种革命史学研究的中心问题。就是在 20 世纪二三十年代,中国农村经济研究会和中国共产党人在革命根据地进行的农村调查中提出的"不足 10% 的地主、富农占有

80%的土地"这样的重大判断,为此后中国共产党推行全国范围内的大规模土地改革提供了理论依据。

20世纪90年代以来,接受了现代西方经济学教育的杨小凯等人提出,"经济发展的关键并不在于土地改革(其长期效果往往是负面的),而在于交易效率的改进,对财产权、自由契约、自由企业的保护,这方面的改进会促进分工网络的扩大和生产力的进步"。①

反观中华人民共和国成立以来我们的经济史和经济思想史研究,有学者指出,"革命的政治史解释与社会经济史的研究是紧相呼应的"。② 这两者之间是一种怎样的呼应关系呢?黄宗智认为,"封建主义论"学派强调封建生产关系下地主与佃农之间冲突的中心地位,帝国主义加剧了阶级矛盾,从而引起了反帝、反封建的阶级革命。"资本主义萌芽论"学派尽管强调帝国主义如何阻碍了中国资本主义萌芽的充分发展,对于革命的结构性基础得出的是同样的结论:封建自然经济的阶级关系仍占统治地位,从而确定了中国共产党领导的反帝、反封建革命。③ 20世纪30年代以来,中国农村派学者将革命和封建地主土地所有制之间的"内在联系"发扬光大。他们认为,"一切生产关系的总和造成社会的基础结构。……而大部分的生产关系是农村的",而农村诸问题的中心是"集中在土地之占有与利用以及其他的农业生产手段上"。④ "土地所有与土地使用间的矛盾,正是现代中国土地问题的核心"。⑤ 封建地主土地所有制构成了农村生产关系的中心。因此,只要对土地所有制进行根本性变革,农村中的其他问题便会迎刃而解,农村的生产力便会得到解放和发展。有学者将此称为"土地制度决定论"。中华人民共和国成立以后,我国国内研究民国时期的农村土地问题和土地经济思想的,也大多继承了这种学术研究的范式。

将土地所有制作为"政治前提"问题来加以解决,在一定的历史条件下或许是一种必然和必要的选择。然而,在"一次性的政治解决"之后,需要一个迅速的转

---

① Sachs and Yang,2001(见杨小凯:《民国经济史》)。
② 张佩国:《近代江南乡村地权的历史人类学研究》,上海:人民出版社,2002年版。
③ 黄宗智:《中国经济史中的悖论现象与当前的规范认识危机》,《史学理论研究》,1993年第1期。
④ 陈翰笙:《中国的农村研究》,《劳动季刊》,1931年9月第1卷第1期。
⑤ 陈翰笙:《现代中国的土地问题》,载冯和法编《中国农村经济论》,上海:黎明书局,1934年版。

向,那就是要重视经济发展的"途径"问题,重视市场经济的自我调节机制和经济制度环境的建设。事实证明,国家政治干预色彩的过重,会影响经济自发调节机制作用的发挥。事实也证明,在国家过度干预下的追求发展,其结果是一方面损害经济的效率,另一方面在农村和城市、农业和工业之间形成结构性的不公平。1934年,日本人长野郎在《中国土地制度的研究》①一书中,便将中国土地制度的不良归根于官僚政治,认为解决的办法在于发展农村自治,以防止外界一切的侵略和剥削。虽然长野郎主张"恢复古代社稷观念的自治体和三代的土地制度"的建议并不可取,但他对中央集权影响土地制度的思想认识足以给人们以警醒。

  1933年,邹枋曾指出中国土地经济"分配的贫弱性",他说:"大地主的土地是比别国少,而没有土地的和仅有几亩土地的,却比别国多。"因而,中国的土地问题"在乎贫,而不在乎不均"。② 时隔半个多世纪,温铁军等人经过调查研究再度得出结论:尽管土地占有绝对不平等,但在人地关系高度紧张的基本国情的矛盾制约下,土地所有权是不可能向少数人集中,而且是表现为逐渐分散的;于是出现了"两权分离",土地的使用权在向生产能力最高的自耕农(富农和中农)集中,从而使农业资源得以相对优化配置。温铁军进一步认为,中国近现代史上最主要的社会矛盾,是高利贷和工商业资本与农民的矛盾,所反映的本质还是一个发展中国家的发展问题,亦即城市化和工业化如何从高度分散且剩余量太小的小农经济提取积累的问题。③

  因此,当我们用促进农村发展的眼光来重新认识农地制度的时候,我们不能仅仅从"政治前提"方面寻求问题的答案,更要从"发展的途径"中探寻问题之间的深刻联系,努力构建一个有效的产权机制。

---

① 长野郎著,强我译:《中国土地制度的研究》,上海:神州国光社,1934年版。
② 邹枋:《中国土地经济论》,上海:大东书局,1933年版。
③ 温铁军:《中国农村基本经济制度研究——"三农"问题的世纪反思》,北京:中国经济出版社,2000年版。

第三章　农村土地租佃制度思想

1924—1949年,在土地所有权和使用权分离的情况下,土地租佃现象广泛存在,由于土地租佃所产生的矛盾和问题也较多。因而,这一时期有关农村土地租佃制度的讨论热烈而深入。在国内探讨农村土地问题的各派别当中,无论是变革土地生产关系的革命主张,还是促进土地生产力发展的改良主张,都将关注的焦点集中到了土地租佃制度上。人们围绕农村土地租佃制度的存废、改良及其对农村发展的影响提出了不同的见解。

第一节　对土地租佃概况及问题的认识

一、对土地租佃基本状况的认识[①]

评论和变革一定时期的土地租佃制度,先要明了该时期土地租佃的基本状况。1924—1949年,当时的学者在论述土地租佃问题的时候,很多人也都是先对当时的土地租佃状况进行描述。由于当时统计制度不健全等因素的影响,民国时期的许多调查数字并不可信,这就给当时和后世的研究造成了相当的难度,需要我们对各种说法加以考证、比较和判断。

[①] 本部分重点参考了郭德宏:《中国近现代农民土地问题研究》,青岛:青岛出版社,1993年版。

1. 佃农在农民中所占比例

1932年,陈登元在《中国土地制度》①一书中,记载了北京政府农商部对1917—1921年佃农比例的调查资料。这份调查通过对22个省区的不完全调查表明,1917—1921年,全国平均来说,佃农在农民中的比例在40%—50%。

此后,一项比较全面的调查统计来自1942年南京国民政府主计处的《中国租佃制度之统计分析》②。这份统计资料主要综合了来自实业部中国经济年鉴编纂委员会的有关租佃制度的资料、中山文化教育馆陈正谟1934年的调查、经济部中央农业实验所的《农情报告》、金陵大学卜凯教授的《中国农家经济》、立法院的《统计月报》,以及国民政府主计处统计局编印的《统计月报》。通过这份统计分析可以看出:在1912—1937年,佃农占农户总数的26%—32%,历年平均占29.6%;半自耕农(即半佃农)占农户总数的22%—25%,历年平均占23.4%。两项合计占农户总数的53%。这比前述北京政府的统计数字要高。③

另外一项比较著名的统计来自卜凯,他在《中国土地利用》④一书中,对1929—1933年的佃农比例进行了调查。结果显示:在此期间,佃农占农户总数的33%,自耕农兼佃农占农户总数的23%,两者合计占56%。后来,费正清在其主编的《剑桥中华民国史》中引用了以上资料并总结说,"总的来说,约50%的农民与地主有租佃关系。在这些农民中,近60%为佃农,其所种土地全部是租来的;40%多是租种部分土地的自耕农兼佃农"。⑤ 也就是说,佃农约占农户总数的30%,半佃农约占农户总数的20%。

由此看来,大多数调查研究表明,20世纪二三十年代,佃农和半佃农要占农户总数的半数左右。

2. 佃农所占比例的变化

与以上佃农比例的大体估计不同的是,关于1924—1949年佃农所占比例的变化情况,不同的调查统计表明的结果并不一致。

---

① 陈登元:《中国土地制度》,上海:商务印书馆,1932年版。
② 国民政府主计处统计局:《中国租佃制度之统计分析》,上海:正中书局,1942年版。
③ 郭德宏:《中国近现代农民土地问题研究》,青岛:青岛出版社,1993年版。
④ 卜凯(J. L Buck):《中国土地利用》,成都:成城出版社印刷,金陵大学农学院农业经济系出版,1941年版。
⑤ 费正清:《剑桥中华民国史》,上海:上海人民出版社,1991年版。

对于1937年以前,大多数统计认为,佃农、半佃农呈增加的趋势,自耕农是在减少的。例如,钱俊瑞(笔名陶直夫)在《中国地租的本质》一文中,分析了四川北部佃农变化的资料,指出那里从1912年到1924年佃农从28%增加到35%,"即在这十二年中,佃农的成分增加了四分之一"。① 薛暮桥(笔名薛雨林)、刘瑞生在《广西农村调查》②中,对广西三个地区1929—1934年佃农、半佃农的比例状况进行了调查,结果表明这两个比例在三个地区都呈上升的趋势。然而,也有统计表明,1937年以前有些地区的佃农、半佃农比例呈下降的趋势。通过对比姜君辰1917年、1918年的调查和南京国民政府主计处1930年的调查数字,可以发现东北三省佃农的比例是下降的。③ 不仅如此,美国学者迈尔斯通过对19世纪90年代和20世纪30年代山东22个县的调查统计表明,佃户的百分比虽然在9个县上升了,但在13个县是下降的。④

对于1937年以后佃农所占比例的变化,有材料认为是增加的,特别是在西南地区。中共中央党校教务处对1936—1941年大后方15省佃农所占比例的调查表明,5年间自耕农减少近1/3。其中,四川1936年佃农占50.5%,到1939年已增至70%。该调查还援引金陵大学农业经济系1940年在成都附近7个县的调查结果——佃农占75%的事实,证明佃农比例是上升的。⑤ 但是,也有材料表明,佃农和半佃农比例在抗战爆发初期略有增加,但在1940年之后有减少的趋势。国民政府中央农业实验所对1937—1940年后方15省的调查结果,以及国民政府农产促进委员会对1937—1941年后方12省的调查结果都表明了这一点。⑥ 此外,在苏南地区,通过对比1935年和1949年以前两次调查的结果也可以发现,贫农、中农租入田所占的比例也是在下降的。⑦

---

① 冯和法:《中国农村经济论》,上海:黎明书局,1936年版。
② 陈翰笙、冯和法:《〈中国农村〉论文选》(上册),北京:人民出版社,1983年版。
③ 姜君辰:《东北农村经济鸟瞰》,载陈翰笙等编《解放前的中国农村》(第3辑),北京:中国展望出版社,1989年版;国民政府主计处统计局:《中国租佃制度之统计分析》,上海:正中书局,1942年版。
④ 迈尔斯:《中国农民经济:河北和山东的农业发展(1890—1949)》,载费正清主编《剑桥中华民国史》(第一部),上海:上海人民出版社,1991年版。
⑤ 中央党校教务处:《大后方农村的土地关系与阶级关系》,1945年版。
⑥ 吴文晖:《中国土地问题及其对策》,上海:商务印书馆,1947年版。
⑦ 韦健雄:《无锡三个农村底农业经营调查》,载薛暮桥、冯和法编《〈中国农村〉论文选》(上册),北京:人民出版社,1983年版;中共苏南区党委农村工作委员会:《苏南土地情况及其有关问题的初步调查》(初稿),1950年版。

当代学者郭德宏(1993)通过对清末至抗战时期的多项统计资料进行汇总和比较,认为从清末至大革命时期,到土地革命战争时期,再到抗日战争时期,从全国来讲,佃农所占的比例是逐步下降的,自耕农的比例是略有上升的。

3. 出租土地所占比例

1934年2月,国民党中央政治会议决定由全国经济委员会、内政部、财政部联合组成土地委员会,由陈立夫任主任,土地委员会成立后,首先对全国22个省进行了一次大规模的土地调查。1937年,在其出版的《全国土地调查报告纲要》中,通过对15省161县的调查表明,佃耕土地面积占总耕地面积的30.73%。

1941年,卜凯在其主编的《中国土地利用》中估计,28.7%的私人所有土地出租给了佃户。如果再加上几乎全部出租的占农田总数6.7%的公田,那么农业土地中就有35.5%是出租给佃户的。费正清还在《剑桥中华民国史》中分析和验证了这个数字。他认为,在中华人民共和国成立之初的土地改革中,重新分配的土地为1952年全部耕地的42%—44%,这里超出35.5%的部分应该是由过多没收了地主和富农的土地造成的。

需要注意的一点是,土地租赁的情况十分复杂,租入土地的不仅仅是贫农、雇农、中农,还有小土地出租者、富农,甚至地主;而且,富农租入的土地还比较多,有的富农超过其使用面积50%以上的土地是租入的。当然,从租佃土地的总量上来说,地主、富农租入的土地比例还是不大的,租入土地较多的还是贫农和中农,他们租入的土地占总土地租佃面积的绝大部分。因此,地租剥削的对象主要还是贫农。

当代学者温铁军(2000)和张红宇(2002)认为,民国时期土地占有不断集中的趋势是不存在的;从长期来看,土地占有逐渐向自耕农分散。这样来看,民国时期出租土地的比例应该是在下降的。

4. 地租形态与地租率

1949年以前,我国的地租形态主要分为实物地租、货币地租和劳役地租三种。实物地租又称谷租,是最普遍的一种形式;货币地租又称钱租,主要流行于商品经济比较发达的地区;劳役地租主要存在于边远的少数民族地区,在汉族部分地区也保留一些残余(如上海、苏南一带的"脚色制")。

地租率,是指地租量占土地正产品的百分比,它标志着地租剥削量的高低。民国时期的大部分研究者认为,当时中国的地租率是比较高的。

国民政府主计处对1930年水田和旱地的地租率调查统计表明,平均来看,实物地租约占收获量的45%。① 陈正谟1934年对中国各省的实物地租率进行了考察,根据这个调查,黄河流域要比长江流域、珠江流域的地租率高,旱地要比水田的地租率高,平均计算,各省的实物地租大约占收获量的43%—44%。②

从地租率的变化来看,有些地区在1949年以前几十年中地租率有所上升;同时,在有些时期、有些地区的地租率却呈现下降趋势。比如,抗日战争时期的地租率就要比土地革命战争时期的地租率低。总体来看,在1924—1949年,中国农村土地的平均地租率变化并不大,保持在40%—50%左右。

5. 租佃制度的地区差异

从以上的分析可以看出,中国租佃制度的地区差异是比较大的,在很多指标方面并不存在全国一致的趋势。这也是研究1949年以前土地租佃制度所需要注意的问题之一。

通过调查可以发现,各地佃农所占的比例是非常悬殊的。郭德宏(1993)通过对20世纪上半期有关佃农比例调查的整理,认为"大体言之,佃农所占比例,北方要比南方低得多,旱耕区域要比水耕区域低得多"。③ 实际上,在1949年以前的几十年,这也是人们形成较高共识的观点。表3-1是1930年国民政府立法院统计处《统计月报》二卷二期所载的一份统计。

表3-1 各地区佃农所占比例比较   单位:%

地区	佃农	半佃农	自耕农
东北地区	30.0	19.0	51.0
黄河流域	13.0	18.0	69.0
华中华南	40.0	28.0	32.0
全国平均	26.2	22.1	51.7

表3-2是1935年国民政府中央农业实验所对22个省的调查。

---

① 国民政府主计处统计局:《中国租佃制度之统计分析》,上海:正中书局,1942年版。
② 陈正谟:《中国各省的地租》,上海:商务印书馆,1936年版。
③ 郭德宏:《中国近现代农民土地问题研究》,青岛:青岛出版社,1993年版。

表3-2　各类耕作区域佃农所占比例比较　　　　　　　　　　单位:%

区域	佃农	半佃农	自耕农
旱耕区域	21.3	19.7	59.0
水耕区域	41.6	28.6	29.8

此外,通过前面的各项调查结果,我们也已经发现,各地佃农比例的变化趋势、出租土地所占的比例、地租形态与地租率等都存在较为明显的差异。

究其原因,1930年,吴黎平在《中国土地问题》一文中指出,北方佃农比例低可能是因为北方战乱、灾荒频繁,封建土地所有制受到了较南方为多的破坏。[①] 1931年,丁廷洧在《金大文学院丛刊》发表《中国佃农百分率差异之原因》,也分析了南方佃农比北方多的原因。他认为,就经济方面说,南方新地多、物力富、资本易于发达,土地投资之利益大;就自然方面说,历来水旱之灾,北多于南,土质雨量,南优于北,田主多舍北而就南;就社会方面说,人口大都会均南多北少,历代京城多在北方,古时外患亦多在北方,人谁不恶乱求逸,故田主均愿在南方购地。这些因素是南北佃农差异的原因之所在。[②]

二、对农地租佃问题的剖析

1. 租佃问题的定位

农村土地租佃问题在1949年以前二三十年的讨论尤其热烈。那么,人们究竟是出于什么原因而如此注重土地租佃关系问题呢?他们是将土地租佃问题放在一个怎样的位置去研究的呢?

1936年,薛暮桥在《中国现阶段的租佃关系》[③]一文中,开篇便明确指出,"研究租佃关系的目的,是在更深刻地认识土地问题"。此前,谢劲键在《中国佃种制度之研究及其改革之对策》[④]一文中就指出中国佃种问题之重要。他说,"佃种问题,为土地问题之中心;而土地问题,实为整个农村经济之基础"。他分析原因如下:

---

① 陈翰笙:《解放前的中国农村》,北京:中国展望出版社,1989年版。
② 《地政月刊》一卷四期。
③ 《中国农村》二卷四期。
④ 《中国经济》一卷四五期合刊。

第一在于佃农地位的重要,佃农人口占全体农民的半数;第二为农民生活之艰苦,佃农尤其突出;第三在于佃农对一般政治经济社会的影响。郑震宇在《中国之佃耕制度与佃农保护》①一文中也认为,保障佃农虽然不是解决土地问题的根本方法,只是在土地私有制度下一种温和的救济,但是在当时确为较易收效而亟待施行的土地政策。黄通在中国地政学会第三届年会上的演讲《中国现阶段的土地问题》②中,分析了中国土地问题的社会性、联系性和时空性之后,指出中国土地问题的重心在于半封建生产关系下的佃农问题。综上可知,当时的学者将租佃问题作为土地问题的一个重要内容提了出来,无论是"重心""中心""亟待施行的土地政策",还是为了"更深刻地认识土地问题",人们都将租佃问题与整个土地问题深刻地联系了起来。

通过分析我们可以发现,民国时期的一些学者将租佃问题与土地分配和生产关系联系起来进行考察。比如,郑震宇就认为,"土地问题是社会问题,是人与人的问题,而不是人与物的问题"。③ 中国农村派的学者更是持相同的观点,认为土地租佃制度反映了地主阶级对农民的剥削。而与此不同的是,马寅初等人从土地使用的角度对土地租佃问题进行了探讨,这些学者更关注土地租佃制度的效率发挥(对于他们的观点,我们在以后的章节中还会提及)。相对来说,1924—1949年,直接从生产关系的角度看待租佃问题的观点占据了主流地位。

尽管大多数学者从生产关系的角度认识租佃制度,但是人们对租佃问题在土地问题中的定位还是有差别的,甚至存在根本的对立。比如,中国农村派与中国地政学会派的主张就存在很大的差别。这种差别,是基于人们对经济社会发展前提的不同认识而产生的,又是基于不同的社会变革手段而根本对立着的。我们先来考察当时人们对土地租佃制度具体问题的分析,再来考察产生认识差异的原因。

2. 对土地租佃制度主要问题的分析

1924—1949年,很多学者都对中国土地租佃制度的弊端进行了剖析。比如,

---

① 《地政月刊》一卷三期、四期。
② 《地政月刊》四卷四五期合刊。
③ 《中国之佃耕制度与佃农保护》,《地政月刊》一卷三期、四期。

谢劲键在《中国佃种制度之研究及其改革之对策》①中,分析中国当时佃种制度的状态和积弊:其一为佃种契约问题,其二为押租问题,其三为纳租(物租、金租、力租)问题,其四为租率问题,其五为租外苛求问题,其六为佃种期限与佃种权问题,其七为佃种上的中间阶级问题。郑震宇在《中国之佃耕制度与佃农保护》②中,从交租的办法、租额、包租与转租、副租物及杂租、押租金、力役六个方面分析了租佃状况和弊端。下面我们从几个主要方面了解当时人们对租佃制度弊端的认识。

第一,地租高度的问题。前文在介绍土地租佃概况的时候曾简要说明当时地租高度的问题并指出,从总体上来说,地租率在50%左右。我们从文献中发现,1930年立法院《统计月报》所载的张心一的地租率调查是比较权威的资料,很多学者在分析地租率时都会引用。张心一分各省区水田和旱地进行了调查,并且还具体按不同地租形态和不同等级田地进行了分类。③ 谢劲键在《中国佃种制度之研究及其改革之对策》④文中将全国各地的平均租率整理如表3-3、表3-4、表3-5所示。

表3-3 分种佃租率　　　　　　　　　　　　　　　　　　　　　单位:%

土地种类	上地	中地	下地
水田	52	48	45
旱地	48	45	44

表3-4 纳谷佃租率　　　　　　　　　　　　　　　　　　　　　单位:%

土地种类	上地	中地	下地
水田	46.3	46.2	45.8
旱地	45.3	44.6	44.4

表3-5 纳金佃租率　　　　　　　　　　　　　　　　　　　　　单位:%

土地种类	上地	中地	下地
水田	10.3	11.3	12.0
旱地	10.5	10.9	12.0

---

① 《中国经济》一卷四期、五期。
② 《地政月刊》一卷三期、四期。
③ 《统计月报》二卷六期。
④ 《中国经济》一卷四五期合刊。

从中,人们发现,佃户租种土地,每年须将其收获的50%交给地主;而且,地主对于土地的投资,每年可获得11%左右的利息。

不仅如此,当时的学者还用"购买年"作为指标来认识中国地租率的高度,即几年的地租等于田价。谢劲键通过分析认为,各省的购买年数,高不过16年,最低还有4年的。对照世界其他各国二三十年的平均水平,中国的地租率显然过高。同时,人们还发现,在20世纪二三十年代,一些地区的地租率还处在不断上升的趋势中。人们对佃租过高的抨击随处可见,"减租"的思想比较普遍地被提出。

第二,押租金问题。1935年,李宏略在《押租金问题》①中指出,押租金"事实上,却不过是预租的变相""是地主阶级对于佃户的一种欺骗,无非是地主阶级为要征收预租而施展的一种手段"。他进而指出,押租金制度在中国佃耕制度中广泛存在,有日渐扩大的趋势;押租金的数额差别很大,有的很高。他最后认识到,押租金的存在将削减佃农的农业资本,不仅使佃农吃亏,还会妨害农业生产。同年,瞿明宙在《中国农田押租底进展》②中指出,押租现象通行普遍,特别是在租佃发展、而交通阻滞、工业幼稚、佃农缺乏其他出路的省区。他还分析了押租金的增加及其性质的变化,他说,"押租在他的意义上表示了代表佃权与保证租金两大作用,所以在租佃制度的推行上,曾演了极大的助力。到了现在,押租的征收已渐失其原有单纯的意义,却成为地主急逼榨取佃农底一个稳固迅速的方法"。瞿明宙还注意到,"减租"政策始终没有禁止押租,并且在事实上又确认了押租。当然,并不是所有的学者都持与此相同的观点,有些人对押租的作用给予了较为充分的肯定,尤其是押租在保障租佃权方面的作用。他们说,押租制度在一定程度上保障了佃农稳定的土地使用权。

第三,租佃权的系列问题。1924年,萧楚女在《中国的农民问题》③中指出,中国租佃制度的弊端之一就在于佃户对于田地的使用权没有法律保障。谢劲键在上文中也详细分析了租佃权的问题。首先,在租佃契约方面,契约形式和内容都不统一,这使地主可以"自由上下其手,从中作其有利于己的规定",并且契约大多是单

---

① 《农村经济》二卷三期。
② 《中国农村》一卷四期。
③ 载《第一、二次国内革命战争时期土地斗争史料选编》,北京:人民出版社,1981年版。

方的,由佃户向地主提出,这极易损害佃农的利益。总之,在契约规定方面,地主和佃户双方的地位是不平等的。其次,在租佃期限方面,主要分为不定期佃种权、定期佃种权和永佃制三种。其中,从佃种权的固定和佃农生活保障来看,不定期佃种效果是最差的;不仅如此,定期佃种和永佃也存在一些问题。比如,定期佃种的期限过短,这与不定期佃种的情况差不多;永佃制中的转佃问题,也可以造成投机和中间阶层的剥削;等等。此外,对于转租的问题,不仅谢劲键提到了,郑震宇在《中国之佃耕制度与佃农保障》中也提到了。土地较多的地主,为了征收佃租的方便,往往将自己的土地分别包佃给几个承佃人,由他们再分割转佃给农民。这样,就形成了一个中间剥削阶层,更增加了农民的负担。

第四,租外苛求的问题。对于租外苛求的问题,中国农村派批判得比较多。他们指出,农民为了获得佃权,除了正常的租金,往往还要负担很高的额外成本。(包括置办酒饭宴请地主等);地主对于欠租的佃农还有很多的人身侵犯;等等。除了中国农村派,其他一些学者也指出租外苛求问题的严重。郑震宇提出了副租物、杂租和力役的问题。他说,有些地方地主对于佃农在索取正常的地租之外,还要索取许多副租物。比如,河南东南各县的"小租"就是农民贡献给地主的鱼肉、鸡、鸭、茶油等副租物,山东衍圣公府中的砖瓦、木器、瓷器、铁器等也是佃农贡献的副租物。郑震宇还说,"租佃制度中流弊最大的,莫过于力役的习惯",官绅地主对佃农的役使,造成租佃关系的恶劣。大多数学者在谈到租外苛求问题时都认为,它是不合理的,并且是一种超经济的封建剥削。确实,在租外苛求中,我们还能见到中国传统社会当中地主对农民人身控制的痕迹。

三、对于土地租佃关系性质的争论

虽然人们对土地租佃状况和土地租佃问题的认识比较接近,但是在解决租佃问题的策略手段上为什么会有很大的不同呢?这是由于人们对土地租佃关系本质的认识不同。20世纪30年代,基于中国农村社会性质问题的争论,中国农村派与中国经济派之间也就土地租佃关系的本质问题展开了争论。

1. 租佃关系封建性占主导的观点

1936年,薛暮桥在《中国现阶段的租佃关系》①文中,首先就提出了这样的问题,"土地所有者和农业经营者的社会关系究竟怎样?究竟是土地所有者同农业资本家的对立,还是地主同饥饿佃农的对立?他们所纳地租,究竟是资本主义性的地租还是封建性的地租?"薛暮桥认为,在封建社会中,地主和佃农的租佃关系是固定的,非但终身不变,而且一代代地传袭下去。这种租佃关系不是一种契约关系,而是一种身份关系。到了封建社会崩溃的时候,随着商品经济的发展,身份关系遭到破坏,契约关系发展起来;不过因为资本主义经营没有发展,所以这时的租佃关系还是地主和饥饿佃农的不平等的对立,而契约关系对于身份关系,还有隶属的性质。最后,到了资本主义社会,租佃关系表示土地所有者和农业资本家的对立,他们站在平等的地位,共同分割工资劳动者——农业工人——所创造的剩余价值。薛暮桥针对当时的情况认为,虽然从法律方面上看,租佃制度已经带有很浓厚的契约性质;但是就实际而论,租佃制度还带有封建式的主奴关系。佃农往往是农村中最贫苦的阶层,他们很少雇工经营,一大部分还要出卖劳力。"这样看来,中国的租佃关系,到今还逗留在从封建关系到资本主义关系的过渡阶段;中国大多数的借地农民,都是半封建的饥饿佃农"。

同期,不仅中国农村派的薛暮桥等人有这样的观点,中国地政学会的学者也有类似的认识。1934年,张汉在《中国佃农问题的一考察》②文中,分析了中国佃农制度的实质,并认为"现代中国佃农的地位,我们会肯定地说仍处在残酷的封建剥削下,这是研究中国佃农问题最须注意的一点"。1946年,马克思主义学者王亚南在《中国经济原论》中,对中国的地租形态进行了更深入、更细致的分析,最终表明在中国当时的条件下,地租形态还没有发展到资本制阶段。他说:"土地还是农村一切社会生产关系结成的枢纽;土地还不是把它拿来利用资本,而是把它拿来利用劳力;土地还是农业上积累资本的最主要手段,这一切事实,说明我们的地租,还在应用一位未见到现代地租形态的初期经济学者配第(William

---

① 《中国农村》二卷四期。
② 《中国经济》二卷七期。

Petty)的名言:'土地是财富之母,而劳动则为其父。'资本不过在极其有限的场合,表演着帮手的任务罢了。"①

2. 租佃关系已经资本主义化的观点

1935年,王毓铨在《中国租佃关系转变中的几个现象》②一文中,通过一些省、县的概况调查就判断,中国农村的租佃关系已在最后的转变过程之中。从租约及租约的订立上看,佃农在人的立场上已取得与地主平等的权利;佃农承租后,只要履行租约,他是独立的、自由的,地主不得任意干涉;额外的苛刻负担也在逐渐消减。此后,他又在《中国地租形态之现状及其发展》③一文中指出,中国地租形态的发展过程是由分益制而分租制,由分租制而定额制,由定额制而"折租",由"折租"而"钱租"(货币地租)。他认为,以数量而论,"定额谷租"(实物地租)在当时的中国农村中占有压倒性地位,"钱租"较少;但是,从变化的趋势上看,"折租""钱租"将日益扩张普遍,最终成为地租的一般形态。这样,他便从地主与佃农的人身关系以及地租形态的发展等方面,证明了租佃关系资本主义化的趋势。

同属中国经济派的王宜昌于1935年发表《中国的资本制地租》④,他认为:第一,在当时中国整个社会中,资本对于社会劳动已有全面的支配,都市中的资本制地租早已存在,对此不加论究;第二,在小农众多的中国农业经济中,富农经济已经而且普遍地存在,这是资本支配社会经济的落后部分的表示,是农业资本主义深化的表示,自然资本制地租在中国农业经济中早已存在。对于不使用雇佣劳动者的贫农、中农来说,他们的佃租在资本主义经济中特别地高,其中包含着利润和工资的一部分。他还认为,"平均起来,农业雇佣劳动人口约占全国农业人口的百分之十以上"。他还分析了资本制地租和货币地租的关系,认为资本制地租虽然常以货币地租的形式表现出来,但货币形式的地租不全是资本制地租,资本制地租也不是必定要以货币形式的地租表现。因此,尽管中国当时的货币地租还没有占压倒性地位,但资本制地租并不是微不足道的。此后,王宜昌又在《中国农村之诸革

---

① 《中国经济原论》,载《王亚南文集》(第3卷),福州:福建教育出版社,1988年版。
② 《中国经济》三卷四期。
③ 《中国经济》三卷五期。
④ 《中国经济》三卷九期。

命》①一文中就土地革命问题认为,中国的土地所有关系已经是资本主义化的了,农民与地主为佃租的争执只是资本主义社会中农业资本家和地主分割利润的争执,而没有资本主义革命中反对封建剥削的社会斗争的意义了。因此,他认为"二五减租"就是为了调整这种资本主义经济关系的一种有效政策。

比较以上两种看法,我们不难发现,农村土地租佃关系性质的分歧很容易导致土地租佃制度改革政策建议的巨大差异。持土地租佃关系还是封建性的观点认为,只有彻底废除封建土地剥削制度,取消地主不劳而获的地租,打破地主对农民超经济的人身束缚,才能为农村社会经济的发展解决基本政治前提问题。因而,在他们的思想中,革命的色彩更浓一些,采取的政策主张也就较为激烈。相反,持土地租佃关系已经是资本主义性质的观点认为,当时的农村土地租佃制度是适应社会发展方向的,因而主张维持土地私有制度和租佃制度,只是通过减租等适当的改良政策来调和土地租佃中的冲突,解决农村发展中由于土地租佃制度不良所造成的种种具体问题。

第二节 土地租佃制度改良思想

一、对土地租佃制度改良的总体认识

1924—1949年,尽管"耕者有其田"思想已经被提出和广泛讨论,甚至在一定范围内作为政策来加以实施;然而,在学术思想的主流上并没有完全否定租佃制度。许多学者从生产关系的改善、生产力的发展、社会的稳定等角度出发,积极主张改善租佃关系,缓和租佃矛盾。并且,有些人还将租佃关系改善作为创设自耕农、实现"耕者有其田"的一个前提和必经阶段来加以讨论。他们认为,即使是在自耕农制度创设和实施的过程中,租佃制度也不应该被骤然和全面地废除,租佃制度仍有其存在的价值和意义。其中,主张彻底打破封建土地租佃关系的中国共产党,在抗日战争期间,为了建立抗日统一战线,成功地推行了地主"减租减

---

① 《中国经济》三卷十期。

息"、农民"交租交息"的改善土地租佃关系的办法。1924—1949 年,中国农村土地租佃制度的不良和土地租佃关系的紧张在广大范围内深刻地存在着,这是当时的事实与大部分人的共识,也正是土地租佃制度改良思想存在的现实需要和客观原因。

1935 年,黄通在《佃制改革之价值》①文中,首先指出现代租佃问题发生的原因:第一,土地的私有;第二,租佃条件的决定、变更,一任当事人之自由契约;第三,佃耕耕地之比率高。由此认为,解决租佃问题的办法不外三种:第一,废止土地私有制度;第二,限制租佃契约之自由;第三,变佃耕地为自耕地。"换句话说,即土地国有,佃制改革,以及自耕农之创设"。在综合分析了三种办法的可行性之后,他说,"解决租佃问题,其道虽有三,但以佃制改革为轻而易举。盖以租佃立法而改革佃制,无需财政上特别负担,其利一也。佃制改革的结果,田租减轻,可使地价逐渐下跌,间接地便利于自耕农创设之实行,其利二也。制定租佃法而改革佃制,给土地私有权以一种限制,可目为一种土地社会化的阶梯,其利三也。佃制改革既有其本身的优点,同时又不妨碍其他土地政策之推行,其具有相当价值,当无待细述了。"②黄通对资本主义经济的土地私有与契约自由都提出了质疑,并提出了"废止土地私有"和"创设自耕农"这些比较革命的思想;然而,面临现实的选择,他主张先要实行"限制契约自由"的"佃制改革"办法。因为,这种办法相对来说"轻而易举",而且还有利于其他两个目标的实现。

可见,人们对土地租佃问题的认识是与对土地所有制问题,以及变革整个土地制度的认识紧密联系在一起的。黄通在另一篇文章《中国现阶段的土地问题》③中说,"土地问题,是有社会性的、联系性的,以及时空性的,中国现阶段之土地问题,以佃农问题为重心,而佃农问题之解决,目前只能从改革佃制做起。"黄通面对现实情况,选择了他所谓"三种办法"中的第二种,即在维持土地私有制下改良租佃关系。当时持这种观点的人不在少数,郑震宇就曾积极评价浙江的"二五减租",并对内政部改善租佃关系的租佃条例寄予很大希望。人们将创设自耕农和实

---

① 《地政月刊》三卷十期。
② 《地政月刊》三卷十期。
③ 《地政月刊》四卷四五期合刊。

现土地公有作为改革佃制的后续阶段。所不同的是,当时国民党的土地改革派认为,应该积极推行的办法是改革佃制,以谋实现"耕者有其田",至于土地公有,还只是作为一种目标和理想而存在着;而当时中国共产党和"左"派的观点是,应该废除剥削性的土地租佃制度,实现农村土地的自耕农所有,以完成新民主主义革命这一阶段性任务。

二、内部的改良办法

1. 调和业佃关系思想

调和业佃关系是进行租佃制度改良的"第一步"。持这种观点的人,大多承认租佃制度的合理性,寄希望于业佃双方能够和平共处、利益共享。可以说,调和业佃关系是租佃制度"改良思想中的改良思想"。这一时期,人们逐渐明确地认识到,业佃关系调和的重点在于土地的收益,即佃租问题。

1926 年,乔启明在《农佃问题纲要》[①]文中认为,今后对于农佃问题应采取的方针为:政府主持公道以保双方之利益,组织业佃公会图两者间感情之融洽。1930年,乔启明又在《租佃问题》[②]文中认为,地租率的高低应依业佃双方投资之百分数为标准,方称公允。他认为各地情形不同,地租不应相同,因此"二五减租"不好实行。值得注意的是,乔启明发现,中国的农民协会"政治的意味多",而"自治的意味少",因为农民协会是自上而下而不是农民自发组织起来的,农民是被动的,这样就影响了农民协会调查业佃双方投资的效果。

乔启明提出了调和业佃关系的两个重要问题:其一,关于组织上的保障,这既需要政府的有效参与,又需要农民协会和业佃公会的有效组织,要用"自治的"形式,通过"监督协商"的方式使业佃双方的收益分配合乎"经济的公平";其二,关于地租率的高低,这自然是一个核心的问题,要按照业佃双方的投资率为标准来分配土地收益。关于业佃关系的这个核心问题——地租率的确定,还有其他不少的讨论。

1928 年,李积新在《解决田租问题的我见》[③]文中说,业佃纠纷以地租问题为甚,

---

① 《农林新报》第 63 期。
② 《农业周报》第 47 期。
③ 《农林新报》第 108 期。

地租应以土地、人工、肥料、农具、管理等之负担轻重为标准。他说,用这种方法来分配"较为公允",也合乎"科学原理"。他所谓的"原理"正是现代西方经济学按生产要素分配收入的理论。在这种情况下,地主投入的土地、肥料和农具等生产资料理应获得相应的收入,经营性农场主付出的管理成本也要得到合理的回报。所以,持这种观点的学者认为,地主凭借土地获得地租是合理的,只是其所占的份额要适当。

1931年,裴如在《分益佃种论》①文中,主张在地主和佃农之间按一定比率分配佃地总收益,他提出分益佃种的三种形式。其一,雇农佃种式的分益佃种,即地主提供佃地及一切经营资本且亲自管理农场,佃农以劳务服务于一定的佃地,工资以总收益的一定比率为依据。这种形式的问题在于,一方面,此时的工资单靠收获决定,在长期内佃农恐怕难以维持生活,他们势必会借高利贷,从而更陷入困苦之中;另一方面,从经营地主的角度来看,工资依年成及物价变动,这会加重农业企业的风险。其二,普通佃种式的分益佃种,即地主只提供佃地,佃农负担一切经营成本、自由耕种。它与普通佃种不同之处在于,佃租有一定比率的规定。这种形式的问题在于,双方利益常不一致,"掠夺耕种"会使土地贫瘠,农产减低。其三,组合契约式的分益佃种,即地主提供精神劳力,佃农从事肉体劳动,经营资本由双方分担,总收益则依据一定比率分配。他认为这种形式与普通企业组合无异,如能分配适当,可使农业集约化经营,从而增加各方收入的利益。

1934年,杜修昌在《佃租问题》②文中,还比较了两种决定佃租的方法——竞争的佃租和适当的佃租。所谓"竞争的佃租",是指佃租多少没有一定的决定标准,完全由地主和佃户双方的自由意志订立契约,完全受供需法则的支配。他认为,竞争的佃租由于业佃双方经济地位和能力的不同,而于佃户不利。所谓"适当的佃租",是指政府当局从法律上对佃租予以规定,这是社会政策的一个重要方面。他认为,适当的佃租使佃租率有下降的趋势。继而,他分析了中国佃租的实际情况,认为应当减少佃租。那么这种"减租运动"的标准是什么呢?他认为,佃租的标准

---

① 《中央月刊》三卷五期;摘要可见《地政月刊》一卷四期。
② 《地政月刊》二卷二期。

应当求之于决定地租的"经济法则",佃租不应当以土地的价格及一定的利率为标准,而应当从土地所得的总收益当中,除去佃农所投劳动的工资以及资本的利息,如果有剩余,佃农才有缴租能力。从表面上看,杜修昌的这种佃租标准保障了佃农的利益,而实际上,它确认了地主的土地剩余索取权。

除了最核心的地租率问题,还有人从其他方面讨论了调和业佃关系的问题。1933年,唐启宇在《复兴农村与土地佃租问题》①文中认为,社会进化建立在大多数经济利益调和的基础之上,而非大多数经济利益的冲突之中,对于业佃双方,"煽动其情感则冲突起,冲突起则有伤残;调和其情感则意志融,意志融则获均益"。唐启宇从生产要素提供以及业佃地位变动的角度出发,认为农佃制度如果行之得法,不仅对于业主和佃户都有益,而且对于社会也有利益。基于此,他提出调和业佃关系的措施:第一,地租率的规定,要充分考虑业佃双方的要素投入,以及地价、谷价的变动等因素,使双方"同患难,共安乐";第二,租期的规定不能过短,也不能过长,应该规定五年至三十年为限度;第三,租约的改良,改良的目的是要促进土地肥力及生产力的维持以及调和业佃双方权益的分配,解除业佃双方的纠纷;第四,政府态度的改良,不能偏袒业佃任何一方,应用法律来调节双方纠纷;第五,宣传与教育,一方面教育地主不要压迫佃户,另一方面不煽动佃户抗租;第六,组织业佃公会,在政府的参与下,使业佃双方坐在一起讨论问题、解决问题。当然,他也认识到,调和业佃关系只是"临时应付之计",非"根本解决之方",长远来看,扶植自耕农"为必要之政策"。可见,唐启宇不仅在地租率规定方面提出了地价、谷价等更多的参考指标,而且还在政府和民间组织的作用发挥等方面提出了更具体的措施及努力方向。

2. 减租思想

减租思想是调和业佃关系思想的自然结果。因为调和业佃关系的核心在于调和业佃双方以地租率表现出来的收益分配,所以调节地租率成为调和租佃关系的一个重要环节。相对于前一种笼统的"调和"思想而言,减租是一种比较简单而明确的经济思想和政策主张。它较多地反映了佃农的呼声,其背后是政府和社会政

---

① 《地政月刊》一卷十二期。

治力量团体争取广大佃农支持,同时又缓和阶级斗争的一种策略。在以上调和租佃关系的思想中,很多是反对减租或者反对由政府直接规定一个统一的地租标准和上限的。他们认为,地租率的决定,要靠经济的法则,由业佃双方在竞争与合作中协商解决。然而,由于这些法则过于"原则化",缺乏具体操作性,因而便于政府和政治团体采用、更受佃农欢迎的自然是简单而明确的减租思想。

1924年国共实现第一次合作之后,减租运动便在广东等地蓬勃开展了起来。1926年北伐战争开始之后,减租运动在湖南、湖北、江西等地开始发动,并迅速达到高潮。可以说,由减租开始直至提出让农民获得土地的土地改革运动,极大地调动了农民革命的积极性,为北伐和国民革命的成功做出了贡献。然而,随着国民党政权逐步在全国范围内的确立,他们曾经积极推行的革命的减租思想开始趋于保守。国民党曾积极倡导的"二五减租"也只是在少数省份草草实行,最后又不了了之。尽管实践不多,但减租思想在1924—1949年一直没有中断。在1930年国民政府公布的《土地法》中,也有关于减租的规定:地租不得超过耕地正产物收获总额千分之三百七十五,约定地租超过千分之三百七十五,其应减为千分之三百七十五,不及千分之三百七十五者依其约定。在抗日战争期间以及抗日战争之后,国民党的土地改革派学者也一直在积极提倡减租政策。然而,由于国民党内部、外部利益关系的限制和阻碍,减租一直没有得到有效的执行。在抗日战争期间,中国共产党曾成功实行了减租政策。1940年,毛泽东在《论政策》中强调,当时的土地政策"不是彻底土地革命时期"的政策,而是"减租减息"和"交租交息","土地所有权和财产所有权仍属于地主"。[①] 减租思想不仅直接满足了佃农的要求,而且也不会遭到地主太强烈的反对。作为一种改良的手段,它为巩固抗日民族统一战线,以及促进业佃双方的生产积极性,都发挥了重要的作用。

以上主要从政策的层面分析了减租思想的意义;民国时期,一些学者还从经济学的层面对减租思想进行了分析。1935年,化三千在《中国地租本质与减租问题》[②]文中指出,中国历史上形成的徭役地租、现物地租和货币地租有共同的前资

[①] 《毛泽东选集》(第2卷),北京:人民出版社,1969年版。
[②] 《中国经济》三卷四期。

本主义地租的本质——剥削剩余价值的全部,限制了农业的扩大再生产。他指出,在当时的实践中,"减租"政策不仅没有扬弃前资本主义性质,并且还不能得到实施;地租的上涨率与生产的萎缩率呈反方向迅速变化,地租对于农村生产的阻挠与破坏作用强烈。他分析了"二五减租"不能实行的原因,认为"以融合各阶级利益为主要目的的主张,每每在阶级的实际冲突达于不能融合的时候,便不得不站在某一阶级的利害上面以求一时的安定"。他指出,"怎样的地租制度才真正的适合于等差地租的规律以使农村生产走向扩大的再生产?怎样才可以将'租'完全归诸政府而根本消减收受地租人阶级?怎样取消因依于土地私有制而存在的租和转变里嘉图氏所指的等差地租为整个社会的财富?这些,虽不属于减租问题,却要必须从'减租'问题的认识开始"。化三千的减租思想,超越了调和业佃关系的程度,他已经将减租同促进生产效率、保障分配公平、促进经济发展联系在了一起。

赵靖(1998)认为,由于地租是土地所有权在经济上的实现,因此虽然减租本身只是产品分配关系的改变,但减租也会在相当程度上限制、削弱封建特权。这样,通过减租,中国有可能走上普鲁士式的资本主义发展道路,即通过实行一些改变封建剥削方式、削弱封建特权的改革,把封建农业逐渐转变为资本主义农业。20世纪30年代,中国经济派的王宜昌便过于乐观地认为,"二五减租"已经使中国农业走向了资本主义自由租佃关系。但是,赵靖(1998)同时认为,要实现这种转变,需要具备一些先决条件:有一个坚持推行这种改革的国家政权;农村中阻挠改革的封建势力不会过分强大;有较发达的工商业,能吸收农村改革所产生的剩余劳动力。

基于以上分析,我们可以很清楚地认识:为什么国民党在当初推行不下去的"二五减租",到了我国台湾地区,所谓的"三七五减租"便成为一项成功的农业改革措施。这就是因为前后条件不同了,所以自然结果也就不同。

再从中国共产党方面来看,在1949年以前的历史条件下,中国共产党推行的"减租减息"政策,取得了比国统区较为明显的促进生产和经济发展的作用。但是,由于这种"减租减息"在打破封建束缚方面效果明显,却不足以使农业走上长期发展的道路。这从抗日战争胜利后的"五四指示",以及1949年以后的合作化运动便清楚地表现了出来。

3. 保障佃权思想

在租佃制度下,土地使用权的稳定是当时学者们关注的又一重点问题。1924—1949年,人们就土地所有权和使用权分离情况下的权利配置、收益分配和保障手段等方面都提出了有益的见解。1927年,毛泽东在《湖南农民运动考察报告》①中,就肯定了农民"不准退佃"的革命斗争。

1930年,重生在《我国农民情形及农佃制度应有之补救》②文中,提出了对当时农佃制度的补救办法,其主要内容有:规定租约年限,地主不得无故退佃或转移;在佃约规定年限内,耕地所有权若发生转移,当继续其所有权者非不得不自耕时,其佃种权不得变动;佃农对耕地应作有利之设施及改良;其原设施所表现之利益,由佃户充分享用,退佃时,地主应偿付设施之资本;由政府规定固定格式的租佃契约,业佃双方严格遵守;其他不良租制之剔除,耕地改良之办法,应由政府明令规定。

从这篇文章当中,首先,为保证土地使用权的稳定,对业佃双方的权利和义务做出了限定。在地主方面,在租约规定的年限内地主不能无故退佃或转移,并且当土地所有权发生转移时也限制了土地使用权的变动,这就在很大程度上保障了佃农的土地使用权。在佃农方面,佃农在拥有土地使用权的同时,也有义务对土地、设施实施改良;当然,还要保障佃农在退佃后能够享受到土地改良的利益,使其改良投入得到补偿。其次,在稳定土地使用权的基础上,试图使业佃双方获得与其权利相适应的收益。正如前面提到的,地主与佃农投资土地改良,都要获得相应的收益。最后,对保障佃权稳定的机构和制度做出了设计,政府负有规定契约格式、剔除不良租制等责任。

进而,有人提出保障佃权的"根本精神"在于对土地私有制和租佃契约自由的限制。1935年,黄通在《佃制改革概说》③一文中便认为,佃制改革的根本精神在于租佃契约自由之限制。那么,如何限制,也就是佃制改革的要点是什么呢? 黄通认为:第一,佃权之保障;第二,田租之限定;第三,佃地改良之赔偿;第四,业佃纠纷之

---

① 《毛泽东选集》(第1卷),北京:人民出版社,1991年版。
② 《农业周报》第13期,摘要可见《地政月刊》一卷四期。
③ 《地政月刊》三卷十一期。

处理。后来,黄通又在《自耕农保护政策导言》[①]一文中认为,在资本主义社会体系之下,自耕农的没落成为不可避免的命运,其原因就在于土地私有制与契约自由。他因此感慨,要维持资本主义的社会体系而企图防止自耕农之没落,等于"缘木而求鱼"。他主张,如果能对土地私有制和契约自由加以相当限制,那么自耕农没落的趋势就不无缓和或停止的可能。具体的,他主张进行自耕农地的保护,限制其处分权,一方面限制农民对于农地的处分权,另一方面限制非农民购地。

黄通先针对租佃问题主张限制租佃契约自由,后又针对保护自耕农主张同时限制土地私有制和契约自由。因为自耕农如果破产,便很容易沦为佃农,而改革佃制的下一阶段性目标正在于创设自耕农,所以黄通在这里的两项主张是相通的。为了应对和弥补资本主义自由市场经济体系的弊端,黄通看到了国家和政府的作用,在他的经济思想里面,国家干预和政府主导的思想还是比较重的。国家不仅限定田租、规定改良赔偿、限制产权转移和购地主体,还对解决租佃纠纷等负有责任。从西方资本主义发展的经济理论和历史事实来看,私有制与契约自由正是资本主义经济体系的基石,黄通能够提出这两者,说明他抓住了资本主义经济的要害。可问题在于,有"破"还要有"立",既然黄通反对私有制和契约自由,他就必须给出新的有效的经济机制,以保证经济体系"自我实现"的发展。政府的这种限制和调节会起到如期的作用吗? 在起到积极作用的同时,会不会有负面的影响呢? 当时,已经有人对黄通的这种看法提出了疑问。比如,国家限制下的小块耕种会妨碍农民增殖和农业进化;再比如,禁止土地押款会使农民丧失金融工具;等等。作为回应,黄通认为,只要由政府根据实际情况限制农地分割,建立农业金融制度,那么就不会"因噎而废食"。今天来看,以政府代替市场,并不一定会比市场更有效率。

4. 永佃制思想

保证土地使用权的稳定,还有一种从中国古代流传下来的制度——永佃制。1924—1949 年,永佃制在中国南方的部分地区继续存在和发展演变。当时研究佃制改革的学者对永佃制给予了相当的注意,并且有人主张用永佃制来解决中国当时严重的租佃问题,尤其是佃权不稳定的问题。

---

① 《地政月刊》三卷十二期。

关于什么是永佃制以及永佃制的成因,唐启宇1935年在《永佃制有无存在之价值》[①]文中给予了说明。唐启宇说,土地具有三种权利:所有权、使用权和收益权。在永佃制下,田面权的持有者(佃户)不仅享受绝对的使用权和一部分收益权,并有一部分的所有权,而业主只享有一部分的收益权和一部分的所有权。田面权为所有权的一种,可以继承、赠予、出卖、分割或典质,并且业主不能过问。他还分析了永佃制的成因:佃户出力开垦而获得永佃权的,佃户出力改良而获得永佃权的,佃户在社会变乱之后应招垦种而获得永佃权的,佃户出钱购买而获得永佃权的,田主"绝卖"田底而只保留田面而成为永佃佃户的,等等。

马寅初曾积极主张通过永佃制来解决土地租佃问题,实现"耕者有其田"。1930年,他在《中国租佃制度之研究》[②]文中,将租佃制度作为农村土地使用法中的一点来加以讨论。他认为,为了让农民安心耕作、增加生产,就必须实现"耕者有其田"。然而,马寅初所谓的"耕者有其田"、创设自耕农,既不是实行国有土地以分配使用权给农民,也反对采用单一税来实现地权的平均。他认为,创设自耕农的先决条件是,使佃户不受地主压迫,使佃农能安心工作,所以"通过规定永佃权来保障佃农的生活最重且要""永佃权制,是使耕者有其地之最和平的方法"。这种永佃制度,一方面保留了土地部分所有权的地主所有,另一方面使佃农获得了土地的部分所有权和稳定的土地使用权,自然可以收到两方面的效果。

与通过政府限制来保障佃权的思想不同,永佃制的经济思想主要是从经济学的角度来看待问题和解决问题的。同样,用经济学的观点和方法,马寅初对"包租制"持认可的态度,对于租金率他认为"以暂不规定为妥"。国民党在20世纪20年代后期提出和试行"二五减租",马寅初对此评论:"经济学中之所谓分配,就是资本家得利息,劳动者得工资,企业家得盈余,地主得地租。……为什么利息、工资、盈余不去规定,单单限定租金是三七五呢?"[③]他从经济学的生产要素收入分配论出发,反对单纯对租金价格进行限定。在马寅初经济思想的深处,是要使经济规律真正地发挥主导的作用。

---

① 《地政月刊》三卷五期。
② 《经济学季刊》一卷一期。
③ 《地政月刊》一卷四期。

1935年,唐启宇在《永佃制有无存在之价值》①文中,对当时土地租佃制存在和发展的趋势进行了分析,并肯定了永佃制的价值。他指出,永佃制的经济价值在于它可以增加生产力,社会价值在于它可以安定佃农,还可以改善业佃关系。唐启宇还分析,由于拥有田底权者要缴纳税赋,因此永佃制对佃农是有利的。他明确表示,永佃制有存在的价值,并对当时政府限制永佃制存在的政策法令提出了不同的意见。唐启宇是从促进生产有效发展的经济价值,以及保证公平稳定的社会价值两个方面来看待永佃制的。

同样是保障土地的使用权,永佃制采取的是经济的规则,而限制佃权更多采用的是行政的手段。相比较来说,行政手段和政府政策是多变的,而经济规则是保障经济发展的更长效的机制。

三、外部的改良思想

1. 通过创设自耕农缓解租佃问题

前面在土地所有制思想里,我们谈到了创设自耕农的思想。在民国时期,很多人还将创设自耕农作为解决租佃问题的一条出路。

1927年,汤惠荪在《中国之佃户问题》②文中,针对业佃纠纷严重的情况,认为"导佃户使成为自耕农"是解决这一问题的重要政策。不过,是仍旧沿袭土地私有制、由国家收买土地并授给佃农使之为自耕农,还是采用公有制、将土地收归国有后分配于农民,他认为尚待讨论。他还认为,国民党主张的"平均地权"大致属于后者。可见,在当时第一次国内革命战争尚未结束或刚刚结束的时候,国民党的土地政策还有革命性的假象;不过,它很快就越来越明显地表现出保守和改良的倾向。

从汤惠荪的思想中,我们发现,他提出的两种途径有着几方面的不同:第一,承不承认原有土地私有制的合理性的不同;第二,与此紧密联系的是国家采取手段的不同,即采取收买或没收等手段;第三,土地重新分配给农民形式的不同,一种是给

---

① 《地政月刊》三卷五期。
② 《中华农学会丛刊》第54期;摘要可见《地政月刊》一卷四期。

农民所有权,另一种是土地公有下给农民使用权。自然,在他看来,这三者是紧密联系的。因为承认了土地私有制,所以最后还会建立土地的自耕农私有制;因为否认了土地私有制,所以最终要由土地国有来代替。但是,从后来中国共产党的土地革命实践来看,由于将土地问题的解决分成了两个阶段,因此在第一阶段的新民主主义革命阶段,采取了不承认地主土地所有制以及采用了没收的办法,最终达到土地的自耕农私有,从而使土地问题得到一个阶段性的解决。此后,在第二阶段,通过集体化和人民公社运动,又逐渐将土地所有权变为公有,从而农民只享有土地的使用权。这和汤惠荪所说的第二种途径比较相似,这里的自耕农似乎又重新恢复了佃农的身份,只不过这时他们是"国家的佃户"。这也正如上一章所谈到的,实行创设自耕农的思想当中,同样存在让农民享有土地所有权还是土地使用权的争论。

该时期,还有人从改变佃户身份的角度看待创设自耕农对解决租佃问题的意义。1933年,吴景超在《中国佃户问题之焦点》[①]文中,对所谓的"租佃问题"提出了不同的看法。他说,据美国农业部和张心一的估计,中国佃户数占农民总数的28%,居世界中位;另据刘大钧及汤约的调查,中国各地租额平均为地价的11%,比利息还轻;调查统计所得知的佃户所受利息、捐税等压迫,也与自耕农没有差别。他认为,以上这些都不是佃农的特质,而中国佃户问题的焦点在于佃户固定的身份。他说,美国佃户是农民上升到地主的一个阶段,很少有终身的佃户;而中国的情况却是佃户终身世代永为佃户,他们很少能上升为自耕农,这从永佃制的通行可窥一斑。他分析中国佃农不能改变身份的原因,在于耕地太小、入不敷出、无钱购地等。进而,他提出使佃农转为自耕农的解决办法:一方面,设立农业金融机关,贷款给佃农,使其置产;另一方面,限民名田,没收超出土地或强制出卖。他还提出,为防止地主抬高地价,可由政府规定价格等。

吴景超所谓"佃农身份的变化",实际上就是佃农享有土地产权状况的变化。土地产权流动对于保障社会公平和促进经济效率确实重要;然而,如果不改变不良的外界环境和条件,这种土地产权的流动就会适得其反,不但无法实现公平和效率

[①] 《旁观》第十期;摘要可见《地政月刊》一卷四期。

的目标,而且佃农也很难转变身份、摆脱悲惨生活。

中国地政学会第三届年会曾重点探讨了土地租佃问题,与会人员经过讨论,得出改革租佃制度的五条办法:第一,租佃制度最大的流弊在于地主侵取不当利得,要改变这种状况,应该由政府严定租佃条件,使业佃关系合乎社会正义的原则;第二,农民当时的苦痛在于缺乏购买土地的资金,所以主张政府应该组织土地金融机关,援助佃农取得土地,并厉行《土地法》的规定,在田地移转时,佃农有优先承买权;第三,佃农要取得土地所有权,自己要准备地价的20%—50%资金,请求政府代为征收,其余资金由政府担保分年摊还;第四,从速实行累进地价税,使不自行耕种的地主逐渐放弃其土地,使佃农有取得所有权的机会;第五,在现有佃农过多及地权过于集中的区域,政府应该发行土地债券征收土地,并分给佃农。① 可见,五条办法中,后四条都是主张通过创设自耕农来解决租佃问题的,第一条也可以看作为创设自耕农而做的准备工作。

2. 通过增加生产缓解租佃问题

一种经济制度是否有效,关键看它能否促进生产力的发展。经济增长和经济发展,是经济学研究的核心命题,是自古以来各种经济思想追求的中心目标,自然也是检验经济制度有效性的根本指标。1924—1949年,一些学者也直接从发展生产方面提出改革租佃制度的主张。

1926年,乔启明在《农佃问题纲要》②文中,提出通过诱导佃户栽培丰产作物以增产的思想,并将此作为解决农佃问题的一个重要办法。1936年,李庆麐在《佃农制度与增加生产》③一文中,从其一贯坚持的土地生产重心论出发,主张增加土地生产以减轻佃租压力。他认为,"解决地租问题彻底的办法,莫过于废除佃农制度",然而"废除佃农,既然不容易做到,只好退一步,从解决佃农制度的中心问题——地租问题下手"。他分析了浙江"二五减租"失败的原因,认为"这是由于所定的办法,只从消极方面将地主的收入减少,转送给佃农而已"。这样,一方面引起地主的反抗,阻碍条例的实行,或者收回在土地上的投资,陷佃农于更困苦的境地;

---

① 《租佃问题》,《地政月刊》四卷四五期合刊。
② 《农林新报》第63期。
③ 《地政月刊》四卷四五期合刊。

另一方面,会养成佃农的依赖心,仰仗通过减租条例来增加他们的收入,而不努力进行生产。因此,他提出,"要想改进佃农的境遇,使业佃双方能通力合作,而又能双方得着利益,应该采用增加生产的方法"。因为生产增加了,业佃双方的收益都会按比例而增加。他总结,在当时租佃制度还不易被废除的情况下,为缓解佃农制度的严重性,在消极的方面,要用减租的办法;在积极方面,要增加土地生产。他进而认为,增加土地生产,不但可以增加佃农的收入,而且可以增加社会的财富。1943年,章相雨、汪荫元在《中国农佃问题》①一书中,提出了改良农佃制度的主要目标:第一,安定租佃关系;第二,增进生产效率。他们还重点分析了农佃制度对于农业效率的影响。

生产发展了,产出增加了,自然可能会实现业佃双方收益的共同增进;然而,事实却并不是如此简单。增加产出,不是单靠教育和技术等就可以根本解决的,它背后必须要有良好的社会环境条件加以保障,有稳定有效的经济制度促进其实现。这种单纯从增加生产来解决租佃问题的思路,无疑是典型的改良主义思想。它可以在一定程度上解决问题,但它也会使很多矛盾越积越深,无益于问题的根本解决。解决问题的真正办法在于,创造一个良好的环境和有效的机制,这样才会获得持续的、协调的发展。从这层意义上来讲,发展生产更应该是一个目标,而不是手段。

第三节 土地租佃制度与农村发展

一、关于土地租佃制度存废的讨论

在改良思想以外,民国时期,还有学者对农村土地租佃制度的存废问题提出革命性的意见。当时,不仅中国农村派学者和中国共产党人积极主张废除封建性的土地租佃制度,在国民党内部(中国地政学会中)的一些学者,也有废除土地租佃制度的思想。1936年,在中国地政学会第三届年会,人们就租佃制度存废问题展开了一场讨论。

---

① 章相雨、汪荫元:《中国农佃问题》,重庆:商务印书馆,1943年版。

事后,唐启宇总结了这次讨论中赞成和反对租佃制度的理由。① 唐启宇说,赞成租佃制度的理由如下:第一,若人民对任何投资为合理的,则地主对土地投资不能说是非法的;第二,地主购买土地的钱,或者是辛苦钱,或者是性命钱(如军人),他们用其所出地价收回应得的佃租,并无不法;第三,佃农是达到自耕农应有的阶梯,即由雇农上升为佃农,再由佃农上升为自耕农;第四,佃农所有资本有限,如果用来购买土地,则经营不能充分;第五,佃农将仅有的资本用于耕作方面,可以得到充分的使用,达到完满的效果;第六,地主得其应得部分,无所谓剥削,并且如果地租不超过合理标准,这对佃农也有帮助;第七,对于租额高、期限短,可以通过租佃立法进行规定,不可因噎废食;第八,租佃制度可以不受地权的羁绊,使农民自由选择耕种;第九,土地不论私有国有,往往都有佃租制的存在,这是由社会的需要所产生的。

主张废除租佃制度的理由如下:第一,租佃制度是封建社会的遗态,在经济平等的社会应该废除;第二,租佃制度为业主剥削佃农的制度,从人道的角度看它不应当存在,从土地利用的角度看它也有破坏作用;第三,租佃制度影响佃农对土地的改良,并且降低佃农的生活程度,减少生产力;第四,自耕农为安定社会的要素,而佃农不免"危乡轻家";第五,中国佃农与半佃农占50%以上,比例太高;第六,当时的租佃制度下租额过高、租期过短,并且不安定;第七,佃农生活太苦,缺乏发展机会,形成社会贫富分化;第八,佃农个人的才力受地主限制,不能发挥;第九,业主有利可图,养成投机的风气;第十,租佃制度有助于产生懒惰空闲的阶级。

我们试着进一步总结分析以上的观点。先来看赞成租佃制度的理由:第一,租佃制度的存在是合理的,是现实的需要。从按要素取酬的角度来看,土地作为一种投资,如果其原始资本是合法取得的,那么它也理应得到相应的报酬。在私有制和国有制下都有租佃制度的存在,可见其是应现实的需要而产生的。第二,租佃制度的存在是有好处的,要素在合理的范围内取酬对于各方都有好处。从社会阶层的演变上看,租佃制度的存在是社会动态系统中的一环;从土地的经营利用来看,租佃制度有利于农民将有限的资本用于土地的经营和利用,发展生产;从土地的产权

---

① 《地政月刊》四卷四五期合刊。

方面来看,租佃制度还有利于农民不受土地所有权限制而享有灵活机动的土地使用权。第三,对于租佃制度的弊端,是可以通过立法来消除的。

再来看反对租佃制度的理由:第一,租佃制度的存在危害了社会的平等和稳定。租佃制度反映了剥削关系,无论从经济上、政治上都是如此。租佃制度使农民生活贫苦,个人发展受到限制;而地主养成投机和懒惰空闲的习惯,造成社会的贫富分化。这种贫富分化进一步危害社会稳定。第二,租佃制度对土地利用有破坏作用,影响土地改良,降低生产力。第三,租佃制度存在一些具体问题,如佃农比例高、租额高、租期短等。

我们发现,在以上两派观点中存在很多主观性的看法。比如,前者认为地主的原始资本是合法的,而后者认为地主对佃农进行剥削,并且对于佃农比例、租额和租期的批评也包含了很多主观性的判断。对于这些主观性的判断和细节问题我们暂且不深究,从总体上来看,围绕租佃制度存废的讨论,人们关注的是两个问题:第一,促进效率,发展生产的问题;第二,保证公平,稳定社会的问题。我们在上文也一再提到,对于社会经济发展中的效率与公平问题,始终存在着一个权衡,既然是价值判断与选择,主观性自然在所难免。

二、土地租佃制度下的效率与公平

1924—1949年,人们对土地租佃制度的讨论,或褒或贬,都可以归结为对土地租佃制度影响效率与公平的不同认识。而效率与公平,正是评价经济发展的核心指标。现代西方经济学是关心效率的科学,它的主要研究目的在于追求资源配置的最优化,使产出和效用达到最大化。现代西方经济学也关注公平的问题,但它主要关心的是竞争的公平,因为公平竞争才会保障效率。公平与效率很多时候是矛盾的、不可兼得,然而这并不绝对。适当促进公平的制度、政策有时也会有助于效率的实现,而发挥了经济的效率,保障公平也才有了"双赢"的可能。

从现代西方经济学的观点来看,效率(efficiency)通常指的是资源的有效使用和有效配置。通常,效率增长表现为劳动生产率和资金利润率的提高,表现为人尽其才、物尽其用、货畅其流。从这个意义上讲,"效率意味着在资源和技术条件限制下尽可能满足人类需要的运行状况"。① 当然,效率的背后也有着伦理学的含义。厉以宁就曾指出,效率要与健康、环保、资源等相协调才能真正称得上有效率。②而公平(equity)一词并不是纯经济学概念,它从来都有伦理学的意义,具有浓厚的价值判断色彩。站在不同的立场,人们常常给公平种种不同的解释,如财产分配的公平,收入分配的公平,机会的公平……现代经济自由主义者所主张的公平,是指获取收入或积累财产机会的公平,也就是所谓机会的均等。这就是说,在市场竞争中"大家处于同一起跑线上",全都按照自己的能力与努力程度进行竞争。尽管竞争的结果有差距,但只要出发点相同、竞争的基本环境条件和机会大致上均等,就可以理解为公平。正是在这样的观点基础上,现代西方经济学以明晰的产权关系(尤其是私有财产关系),以及有效的市场竞争制度为基础,建立起现代市场经济体系。现代市场经济体系以效率为核心目标,并通过累进的税收制度和转移支付等政府调节手段,以及慈善捐助等社会手段来兼顾社会整体的公平。

从效率的角度,1949年以前很多学者提出维护和改良土地租佃制度,但是也有人以此来主张废除土地租佃制度。该时期,面对由于受到限制而日益萎缩的永佃制,有学者主要从增加生产力的角度提出永佃制仍有存在的价值。面对押租、包租和转佃等问题,也有人同样是从有利于经济效率的角度对其给予了肯定。当代学者方行(2000)认为,"地主土地所有制在发展中,出现了自我否定的异化现象。永佃制的流行,导致地主的土地所有权以田面形式部分地向佃农转移,产生地主土地所有权的分割。押租制的流行,有些地主用加押减租的分期付款方式将土地低价转让与佃农,仍维持租佃关系,地主的土地产权实际上只剩下一个空壳。"③ 可见,土地租佃关系的发展,使得土地产权关系逐步市场化;而市场机制的基本动力恰恰在于各个主体对效率的追求。当然,通过前面的分析我们也看到,有人同样从效率的观点出发,指出土地租佃制度的一些问题。比如,租佃制度使佃农个人发展受限,而食利地主又缺乏进取精神,这些因素都束缚了扩大再生产的发展,从而不利于效率的实现。再如,租佃制度不利于土地的投入和改良,因而也会影响土地利

---

① 伊特韦尔:《新帕尔格雷夫经济学大辞典》(第二卷),北京:经济科学出版社,1996年版。
② 厉以宁:《经济学的伦理问题》,北京:三联书店,1995年版。
③ 方行:《中国封建经济发展阶段述略》,《中国经济史研究》,2000年第4期。

用效率。

1949年以前,人们对土地租佃制度的质疑主要来自公平方面。王效文、陈传钢认为,土地分配不均是中国当时土地问题病态的一个重要表现;而土地分配不均不仅表现在土地本身分配的不均,还表现在"土地所产生的农产物分配的不均"。前者是一个"地权问题",后者是一个"地租问题"。[①] 祝平也认为,"中国土地问题的核心,就是解决'地租'问题"。[②] 可见,土地产出的分配不均被认为是妨碍公平的一个重要因素。不仅如此,该时期人们对公平的理解也超出了经济学的范畴,这从人们所谓"租外苛求"的认识当中就可以得到体现。中国农村派的学者通过大量的个案事实,揭露了地主与佃农身份的不平等、地主对农民种种超经济的剥削等,用这许许多多的"血泪史"控诉了租佃制度的不合理。在此基础上,中国共产党领导了以没收地主土地为主要内容的土地改革运动。这种从公平方面对土地租佃制度的批判,在1949年以后的"革命史"地权理论当中得到了继续和发展。

实际上,1949年以前土地产权制度所缺乏的不是权利的分配,而是权利的保障;不是凭借政治权力的保障,而是法律和制度的保障。这些才是影响经济发展的关键。土地租佃制度,作为一种市场化的产权关系,有其促进经济效率的一面。而1949年以前二三十年,由于中国社会还没有摆脱封建的和帝国主义的政治压迫与特权剥削,因此无论是在产权保障还是在租佃关系方面,确实存在较多非经济因素的影响。这种非经济因素既影响了效率的发挥,也影响了公平的实现,因此解决"政治前提"问题是有必要的。然而,这个前提问题的解决不是凭借革命所带来的权利一次分配就能完成的。

三、两权分离下的土地租佃与农村发展

土地租佃制度的基本产权特征就在于,土地所有权和土地使用权的分离,以及这种分离所带来的土地收益权的分成。中华人民共和国成立前几十年的农村土地租佃制度,是在土地私有制下的一种产权分离形式。按照现代经济学的观点,土地

---

① 王效文、陈传钢:《中国土地问题》,上海:商务印书馆,1937年版。
② 祝平:《土地政策要论》,重庆:文信书局,1944年版。

租佃关系的出现是市场经济发展的产物,它反映的是私有产权下的两权分离和权利配置关系。

从历史上来看,中国的农村土地租佃关系是在中国农村土地私有制下逐渐形成的一种土地财产使用关系。这种关系随着社会的发展,逐渐摆脱政治特权和人身约束,表现出越来越明显的经济权利关系。1924—1949年,这种土地租佃关系虽然已经表现出很强的经济属性,但尚不是一种纯粹的经济关系。在此期间,官僚、军阀和帝国主义者的势力都对土地租佃关系施加了种种非经济的影响。这种影响的结果是,租佃关系的紧张和恶化。面对广大无地和少地农民期望获得土地的呼声,中国早期的革命的民族资产阶级提出了"平均地权"和"耕者有其田"的口号,倡导实行减租和征税等措施,试图改良租佃制度,但无明显成效;而中国共产党经过几十年的土地革命,最终在20世纪40年代末50年代初实现了土地农有目标,暂时消灭了土地租佃制度。"平均地权"反映的是对土地所有者权益的调整,"耕者有其田"也是对土地所有权或使用权的剥夺和限制。在对待土地租佃关系的态度上,国共两党虽然基本认识不同,但它们或者主张彻底废除土地租佃制度,或者主张实行土地国有下的"国家租佃制",或者主张对土地租佃制度施加种种干预。以上种种办法,同样是侧重于用政治的手段,解决土地租佃中存在的问题。在一定程度上消除政治束缚是必要的,它在保障公平的前提下也会促进经济效率的实现;然而,简单的土地产权调整并不能在经济上真正理顺土地的产权关系。比如,在实现了土地自耕农所有的情形下,如果自耕农真正享有土地完全的所有权,那么土地所有权的转移和使用权的租佃就是情理之中的事情,这种土地权的处置又会带来一直困扰人们的种种土地问题;而如果将土地的最终所有权收归国有,只将使用权交给农民,那么这无疑也是一种土地租佃制,只不过国家成了唯一的大地主,此时同样需要考虑由土地产权分解所带来的效率和公平问题。民国时期,一些人在解决土地租佃问题的时候,犯了"将孩子连同洗澡水一起倒掉"的错误,简单地否定了两权分离的土地租佃制度。

当代有学者从法学的角度对土地权利关系的历史变化进行了考察。许明月(1999)认为,从历史发展轨迹来看,土地所有权对于其他土地权利人行使权利的约束有逐步缓和的趋势。我们只要将封建社会土地租佃权对于土地所有权的依附程度与现代土地用益权对于土地所有权的依附程度进行对照,就不难得出这一结论。土地所有权与用益权制约关系的缓和,实际上是现代社会注重土地利用价值的结果。要充分利用土地,就必须使土地的利用者获得更大的自由和更多的利益。所有权对用益权的限制过于严重,用益权人便不能完全按照自己的方式使用土地,其结果必然是:不管用益权人如何善于利用土地,由于土地所有权的障碍,土地的利用效率仍然不可能充分提高。在所有权的严格控制下,土地用益权人将不得不屈服于土地所有者的意志而对土地进行利用,其利用土地的能力便不可能淋漓尽致地发挥。① 这种观点从土地效率的发挥出发,解释了土地所有权和使用权关系的历史变化的原因。

近年来,一些学者更从经济学的角度开始重新认识农村土地租佃制度。赵冈认为,租佃制是一种市场行为,资本和土地都是生产要素。资本市场中有金融市场(如股票的投资),也有借贷市场;土地也是一样,有长期的买卖,也有短期的租佃,都是市场机制的行为。② 可以说,租佃制度的出现和发展,是适应土地私有制下的需要而产生的,在纯经济的限制条件下,租佃制度的存在有益于效率的实现。方行(1998,2000)也从经济学的角度分析了中国封建社会里土地佃权的变化及市场的行为。他认为,封建经济发展的关键在于调动农民的生产积极性。中国封建地主的一项重要历史功绩是,不断进行制度改革,通过地主制经济的自我完善,在封建制度的范围内解放了社会生产力。封建地主从利用奴隶劳动自营生产,推进到租佃制度;从具有严格依附关系的佃客,推进到契约关系佃农;从分成租制佃农,推进到定额租制佃农,又推进到享有田面权的佃农。任何一种所有制形式都不是一出现就完善和成熟的,它要在适应生产力发展的过程中逐步地调整与完善。上述过程就是地主制经济适应生产力发展,逐步调整与完善的过程。③ 他还认为,从土地市场来看,明清时期,押租制流行后,佃农交纳租金才能佃种地主土地,俗称"买耕",而佃农的佃权(土地经营权)既是有偿取得,遂可有偿转佃和出典。这些都反

---

① 许明月:《市场经济下我国土地权利的独立性研究》,《现代法学》,1999年第1期。
② 刘正刚:《中国传统社会经济的启示——访美国经济学家赵冈教授》,《社会科学战线》,2000年第1期。
③ 方行:《略论中国地主制经济》,《中国史研究》,1998年第4期。

映了土地经营权的商品化和货币化,土地经营权从此进入市场;同时,田面权也进入市场,活卖、绝卖、典当、加找等形式一如土地所有权的交易。地主的土地又以加押减租分期付款方式进入市场,这些都导致了市场规模急剧扩大。如果说唐宋时期土地市场的发展,只是一种土地所有权买卖在原有基础上的扩大(土地市场外延的扩大),那么明清时期,除传统的土地所有权买卖仍在继续扩大之外,土地经营权、田面权进入市场,土地市场遂呈现一种内涵的扩大。①

民国时期,中国传统的土地私有产权关系在持续地进步和演变。随着土地财产权利束的深刻分解和市场交易的深化,各种财产权利在市场中的交易也必将更加活跃和丰富。这种土地财产关系的深化正突出地表现在土地租佃制度上面。然而,这种产权的分解和交易需要一个健全的市场环境,需要减少政治特权对财产权利的控制。

---

① 方行:《中国封建经济发展阶段述略》,《中国经济史研究》,2000年第4期。

第四章 土地利用经济思想:初步的考察

1924—1949年,在土地利用经济思想方面,人们对"土地利用"问题的地位和范围都有着不同程度的认识。在关于土地问题重心的争论中,"生产论"者尤其重视土地利用问题的研究,而"分配论"者也并不忽略对土地利用的研究,他们的争论集中在谁是第一位的问题上。在分析问题和提出政策建议当中,人们的认识角度、深度、目的和范围也是不同的。该时期,土地利用经济思想从在农业和农村内部,逐步扩展到土地要素与其他要素的配合、农业与工业的协调发展,以及农村与城市的联动等问题的考察。

本章在当时学者对土地利用症结分析的基础上,研究土地与人口协调的经济思想,以及涉及人地关系的生产合作思想,这些可以看作直接着眼于土地利用的基本问题和在农村内部市场而产生的经济思想。可以说,人地矛盾是土地利用中一个突出的、基本性的问题,对该问题的分析与考察,形成了人们对土地利用问题的基本认识和初步考察。在第五章里,我们将研究该时期人们对土地利用问题的一些扩展性认识,包括资本对土地利用的影响,税赋对土地利用的影响,工业化和城市化对土地利用的影响,以及政府统制对土地利用的影响等,这些认识是从更宏观的视角进行的思考。

第一节 对土地利用症结的分析

如果说对于土地分配问题的分析,可以集中在土地所有制和土地租佃关系等问题上的话,那么对于土地利用问题的分析,则显得更加复杂和广泛。因为,土地利用问题,显然已经不仅仅是一个经济学的问题,还是一个农学的、技术的问题。即使是在社会科学领域,单从经济学的角度对土地利用问题进行的分析就十分丰富,并且与很多问题有着广泛的联系。无论土地利用问题怎样定义,人们在讨论土地利用问题时,都会先分析一下土地利用的症结所在;而这些分析与诊断,便在一定程度上反映人们观察问题的角度和态度。

一、"自然条件论"思想

面对1949年以前中国农村的穷困和土地利用的贫乏,人们首先从问题的表象总结了农村与土地问题的症结所在。在这一方面,比较有代表性的是古楳的观点。

1931年,古楳在《中国农村经济问题》[1]中,将当时中国农村经济的症结归纳为十大问题:人口繁密、耕地不足、租税苛重、灾害频仍、农产不丰、副业不昌、买卖不公、雇工费大、资本缺乏、利率过高。在古楳的认识中,农地问题居于重要的甚至是核心的地位。正因为如此,他在提出解决中国农村问题的途径时认为,主要任务在于整理耕地、增加农产、救济农村金融。薛暮桥在对古楳的批评中认为,古楳"把自然条件作为主要的研究对象"了。因此,本书暂且把以古楳为代表的这种观点称为"自然条件论"。

在古楳分析的农村经济十大问题中,很多都直接或间接与土地问题相关。第一,人多地少是一个基本的问题;第二,灾害频繁等自然因素造成土地利用的问题;第三,农产不丰和副业不昌,说明农村生产技术和产业结构存在问题;第四,雇工费大、资本缺乏和利率过高,说明土地和劳动力、资本要素在市场机制下的协调存在问题;第五,租税苛重和买卖不公,说明农村的政治和经济环境存在问题。

---

[1] 古楳:《中国农村经济问题》,上海:中华书局,1931年版。

通过这样一分析,我们发现,古楳以上的总结和经济思想,我们似乎并不能简单地将其定性为"自然条件论"。因为在他提出的问题中,除自然因素以外,还涉及生产要素的关系、市场的完善程度,以及社会政治环境的影响等问题。当然,古楳对这些问题的剖析确实缺乏深刻性和系统性,大多是就事论事,这样很容易流于表面问题,从简单的"自然条件"或表面现象来寻求解决问题的办法。

二、生产关系论思想

既然中国农村派的代表人物薛暮桥批评古楳将"自然条件"作为研究的对象,那么中国农村派以什么为土地利用问题的研究对象呢?很明显,他们以生产关系为研究对象,认为是生产关系束缚了生产力,妨碍了土地利用。

首先,我们就来分析一下一贯主张从生产关系角度研究农村土地问题的中国农村派的观点。陈翰笙在《现代中国的土地问题》[①]中指出,"土地所有与土地使用间的矛盾正是现代中国土地问题的核心"。可见,土地问题的核心既不在土地所有,也不在土地使用,而在于它们之间的"矛盾"。那么,这个"矛盾"究竟是什么呢?冯和法在《中国土地问题之检讨》[②]中,关于土地问题的重心,他认为,土地问题的本质是由社会政治、经济结构形成的,不能求之于土地本身。因此,土地利用问题,自然决定于这种社会的政治和经济结构,即生产关系。当然,土地所有制正是农村生产关系的核心,因而中国农村派对土地所有制的重视程度要高于土地利用问题。漆琪生在《农业理论的诸问题》[③]中就曾认为,阻碍农业发展最有力的是土地私有权。

孙晓村在《现代中国的农业经营问题》[④]中详细分析了土地利用问题,并把土地利用同生产关系紧密地结合起来进行考察。他认为,土地问题不只是土地所有的分配,还有"土地如何使用"的问题,即农业经营问题。孙晓村是从"土地关系"的角度来认识土地问题的,因此在他的观点中,土地使用问题是土地关系中的重要

---

① 冯和法:《中国农村经济论》,上海:黎明书局,1934年版。
② 千家驹:《农村与都市》,上海:中华书局,1935年版。
③ 冯和法:《中国农村经济论》,上海:黎明书局,1934年版。
④ 《中山文化教育馆季刊》三卷二期;另见中国农村经济研究会:《中国土地问题和商业高利贷》,上海:黎明书局,1937年版。

组成部分。他说,"只有将土地所有的分配及其性质与农业经营的内容合并起来探讨,才能明了某种形态的土地所有的分配是如何地配合着某种经济结构的内容和动向,因而得出这个农村社会的主义的性质"。可见,他研究土地利用问题的根本目的,在于明了社会的性质。在这篇文章中,孙晓村分析了中国土地经营中小经营的特质,指出全国总平均每户 13 亩土地,而资本主义经济根本的倾向是大经营驱逐小经营;他分析了工资劳动的质和量,尤其注重在工资本质方面对封建的超经济榨取的分析;他还分析了中国农业资本的低度有机构成,指出农业生产中机械使用成分小,不变资本中土地所占比重大。通过以上的分析,孙晓村认为中国的农业经营,由于受"全部经济体系及土地关系"的限定,从而出现没落的趋向。

其次,不仅中国农村派超出了土地利用问题本身来看待问题,而且中国经济派等其他学者也有对土地利用与土地所有制之间关系的分析;不过他们的出发点和目的并不一致。1933 年,成天一在《中国土地利用与土地所有权问题》①文中,从土地利用问题着眼分析土地所有权。针对当时的土地私有,他主张要加以限制,提出的理由是:第一,租佃制下存在社会经济损失,要避免这种经济损失,应该使耕用者必须要有其地,而不耕用者不许其有地权存在;第二,农地在租佃制度下,原则上是谈不到改良的,租佃制度会导致农地生产力退步;第三,一般来看,适当经营规模随着技术的进步有扩大的趋势,要想利用新式技术,就须要将农民的经营面积扩大,但是土地的私有权限制经营面积的扩大。可见,在成天一的观点里,土地所有权的私有妨碍了土地的有效利用,而土地的有效利用是社会发展的主要目标之一。成天一说:"社会对土地利用所要求者为地尽其利,为增进全社会之最大福利。若土地个人所有权之存在不妨害上述目的,则国家对此种地权,无须加以干涉。但此指有地自用者而言,若利用地权为手段去剥削他人者,其地权已失去堪为社会尊敬之价值,国家对此种地权当顺应社会之要求而加以严切之干涉,彼力所不能自用之部分最好没收归公而转给与需用及善用土地之农民。其自用而地域面积太小,或形式不整,或东鳞西爪,不合经济使用者,则行混合整理,重行划分为适宜之地域;或

---

① 《中国经济》一卷八期。

策励关系人们合作利用,以谋土地最经济之使用,而增进全社会之福利。"①今天来看,成天一的观点很有借鉴的意义。从社会福利增进和农村发展的目的来看,如何增进土地效率是问题的关键。在这当中,土地的所有权合理与否,主要看它是否妨害这种目的的实现。

最后,我们再来看另一种从生产关系角度对土地利用问题的分析,这种分析来自地政学会派。唐启宇在《土地与人权》②一文中,重视土地制度背后人与人之间的关系,他批评土地私有制度对人权的限制,主张"耕者有其田"。在《土地生产关系论》③一文中,唐启宇更是详细地讨论了生产关系与土地利用的问题。尤其要注意的是,唐启宇所谓的"生产关系",并不同于中国农村经济研究会诸君等"左"派学者所讲的生产关系。唐启宇在该文的一开头便开宗明义:"欲知生产者决定生产扩大生产维持生产及舍弃生产之动态,须先明地租利息工资利润地税间之综合关系,故吾人由此层讨论之。"可见,他是从土地的微观经营者(自耕农、分益农、佃农、雇农、管理农等)的角度出发,讨论土地的生产利用问题,以及利用中各群体利益、地位关系的变化。唐启宇从地租、利息、工资、利润、地税这五种收益的关系,详加分析了它们背后不同的利益群体的关系。第一,这五种要素分别或共同影响生产者的生产决策,五者均衡则收和谐之效果,五者有一失调则影响其他四者。第二,以上五者任一分子增加时必侵入其他分子之范围,而减少其他分子之作用;减少时必为其他分子所侵入,而增加其他分子之作用。第三,农民过于支付一分子之代价时,其最后结果必影响工资,而以"自然工资"部分之存在与否为决定最后生产之继续与否。他分析了重税、重利、重租三种情况之结果,并阐述了由田主到雇农或者由雇农到田主的变化过程。第四,在生产关系上,农民与工人(他所说的工人,应该包括雇农在内)相比,独立农有利润为第一保障,利息为第二保障,地租为第三保障;工人则不然,只能恃工资维持日常生活,因此工人失业为严重的社会问题,富有危险性。第五,事业进展时,五种收益都会增加;事业衰落时,五种收益都会减少。在唐启宇的生产关系分析当中,实际上阐明的是不同生产要素持有者之

---

① 《中国经济》一卷八期。
② 《地政月刊》一卷十一期。
③ 《地政月刊》一卷五期。

间,凭借要素收益而形成的相互影响的关系。这就沟通了生产关系论和生产要素论的思想。

三、生产要素论思想

1924—1949 年,有人主要从生产要素之间的关系来认识土地利用中的问题,这使土地利用经济思想更加贴近现代经济学的研究思路。

生产要素论的持有者,首先是生产论的持有者。南开经济研究所的何廉认为,"今日中国之根本经济问题,……不在分配而在生产""今日中国之穷困,不在财富之不均,而在财富之不足"。因此,对于生产要素中的土地问题,他认为"开垦可耕而未耕之地,以尽地利,实为今日生产之急务"。[①]

在《中国农业生产要素之概况》[②]一文中,何廉更指出生产要素之间配合的必要性。他说,"盖务农之先决条件,必有土地;然有地而无劳力,则地荒;有劳力而无资本,则将多劳而鲜获"。他进一步分析了中国当时的要素具体情况,并指出:中国农业的生产要素当中,就土地而言,现已耕种的有十分之四,其他十分之六,除东北三省为天然农区外,其余都有待于水利及交通的建设;现已耕之地,不仅数额不够农民耕种,而且农民的耕种方法墨守成规,结果造成农产不增,农民生活水平低下。就劳动力而言,乡村人口过剩,工资过低,农民耕种多依赖人力,因此农务费中的劳工费很高,但个人的生产额很低。就资本而言,农民资本很少,无力添置新式农具,且因为农业工人工资低贱,所以每亩所用劳动力多而生产少。何廉认为,中国的农地,对于每亩所用的人力而言,可谓达到集约耕种(intensive cultivation);但对于农具设备和耕种的科学方法而言,则尚未达到集约。"约言之,吾国之农业,实为资本不足、人力过用。故今后吾国之农业生产问题,在如何改善土地、劳工、资本三者分配之比例"。

何廉的观点同现代的"高水平均衡陷阱"理论有许多相似之处。伊懋可在分析中国传统社会的长期停滞时认为,中国农业已经达到一个高效率的均衡,在此均

[①] 何廉:《中国今日之经济根本问题》,《中国经济研究》,上海:商务印书馆,1938 年版。
[②] 《独立评论》一卷六号。

衡下，任何剩余都会被人口的增长吞噬。因此，伊懋可强调了社会整体的人口压力对投资的限制。在一个传统的农业大国里，如何协调土地、劳动力与资金这三者之间的关系，无疑是促进土地利用和农业生产发展的一个重要问题。

与农村劳动力过剩的一般观点不同的是，20 世纪 30 年代初还有人对农村土地上的劳动力有了更深的一层认识，提出了"劳动不足"的说法。1932 年，钱实甫在《中国农业的"劳动不足"》[①]文中，认为可以用"劳动不足"来形容中国的农业破产。钱实甫分析到，所谓"劳动不足"可以分为两种：一种是量的不足，即农业劳动者的人数太少，是形式上的缺乏；另一种是质的不足，即农业劳动者的本能过低，是实质上的缺憾。量的不足是由于天灾人祸等造成农民的死亡、失业和转徙；质的不足是受劳动技术、劳动知识和劳动心理的影响而形成的。钱实甫在具体分析质的不足时认为，观念的保守、教育程度的低落是造成技术和知识落后的原因；而早婚、毒品等有形的伤害，以及精神的苦闷等无形的伤害是造成劳动生理不足的原因。我们可以从两个方面认识和评价钱实甫"劳动不足"的经济思想。第一，钱实甫所谓"量的不足"，指出了由于天灾和战乱等外部因素造成的农村生产要素条件的破坏，这反映了超经济的外部环境因素对土地利用和经济发展的影响。当然，这种劳动力的不足，既可能是全局性和总量上的，也可能是地区性和结构性的，对于这一点，他没有继续深入分析。第二，钱实甫所谓"质的不足"，指出了劳动者技能和素质的问题，这在简单的"人地比例"的基础上，无疑将认识又推进了一步。劳动力不仅仅用劳动者的人数来表示，更应该用总的劳动能力和生产能力来衡量。现代西方经济学的"人力资本"理论在这方面进行了深入和细致的分析，更加注重的就是劳动力的"质"的问题。

在 20 世纪三四十年代，谈到土地利用问题，有一个人是不能回避的，那就是南京金陵大学的美籍教授卜凯。金陵大学农学院是当时中国研究农村问题的一个重要阵地，而卜凯是其中的重要代表人物(或称领军人物)。1936 年，卜凯在《中国农家经济》一书中就曾指出，由于中国农村人口过剩，土地使用分散，因此造成田场过小，无法发挥农业企业的效率；农业企业利润过低，最终导致农民的艰难。关于救

---

① 《独立评论》一卷十六号。

济的办法,卜凯认为:第一,政府能维持乡村的安宁和秩序;第二,移民殖边,取缔坟墓、改用火葬,开垦荒地、增加耕地面积;第三,一部分农民转入工商界,减少乡村人口,并且乡村人口增加不能过快;第四,集约耕种,多用劳动力和资本,流通金融,改良运输,以增大农业企业的范围。后来,1941年在卜凯主编的《中国土地利用》一书的译者序言中,乔启明认为,"《中国土地利用》一书,为就人地关系以剖析我国土地利用实况之空前巨著"。由此可见,卜凯对中国农村经济和土地利用的研究,更多地侧重于农业生产要素之间关系(尤其是人地关系)的研究。

1924—1949年,人们将对土地利用问题的研究与土地分配问题、生产要素问题,以及农村发展问题等广泛地联系起来进行了考察。不少人明确指出了土地利用与人口、粮食、工商业及市场等的广泛联系性。1933年,孙文郁在《中国土地利用调查之经过及进行概况》中提出,"土地利用与人口及食粮等问题,本有密切的连带关系"。① 1935年,曾济宽在《土地之最经济的利用方法》②文中,提倡"多角式农林业经营"。他主张:第一,提倡厚利作物的栽培;第二,施行多次栽培制度及轮作制度;第三,提倡副业之经营;第四,栽培最经济之树木并提倡森林副业;第五,提倡农林业经营主副产物之工业化及商业化。从中我们看到,土地利用的改进,除技术和农艺等非经济的因素以外,还与产业结构、市场价格,以及工业化、市场化程度相关联。1937年,王效文和陈传钢曾总结、分析了当时土地利用的现状和问题。他们认为,当时土地利用的主要问题有:第一,"土地利用的贫乏",他们从"垦殖系数"和"人口密度"等角度进行了论证说明;第二,"土地荒废的增进",他们从耕地面积的缩小和荒地面积的扩大两个方面进行了说明;第三,"土地使用的分散",他们从农场的大小和地块的大小两个方面加以说明;第四,"土地生产的衰落",他们分析了农产数额的减退以及农产价值的低落。③ 他们的分析从土地要素本身利用情况、土地与人口协调情况,以及土地产出在市场交换中的所得等方面进行了剖析。

总之,人们通过对土地利用症结的分析,揭示了土地利用同其他诸多问题的深

---

① 《地政月刊》一卷三期。
② 《地政月刊》三卷五期。
③ 王效文、陈传钢:《中国土地问题》,上海:商务印书馆,1937年版。

层联系;在此基础上,人们更深刻地认识了土地利用与经济效率增进和农村发展途径的联系。从上面的总结和分析中,我们还会发现,土地与人口的矛盾是当时被人们普遍认识到的一个基本问题。当时人们从生产要素的角度剖析农村土地利用的症结时,首先看到的也是土地和劳动力的协调问题。

第二节 土地和人口的协调:效率与保障

一、中国农村人地矛盾的基本事实

1928年,乔启明在《中国乡村人口问题之研究》①中,分析了中国大家庭制度导致的人口多生,以及生产者少、消费者多的情况。他说,"人口问题,不在鼓励多生,确在施设教养"。据此,他提出解决中国乡村人口问题的办法。治标的办法是移民、提倡实业、增加生产;治本的办法是迟婚和节育。可见,中国农村人口数量的绝对压力,以及人口质量的消极限制,必将严重影响到农村土地的利用和农业生产的发展。

我们首先从当时统计调查的事实上来看。据日内瓦国际联合会1928年11月公布的人口统计调查数据,中国当时的总人口数为450 000 000人,其中农民为380 081 909人,占总人口数的80%左右。这是当时一个比较权威的数字,其他很多调查与此大多偏差不大。比如,据日本人伊藤武雄的研究,中国全国农户为59 402 315户,农业人口为341 645 199人,占全国人口总数的85%以上。② 此前,武汉土地委员会于1927年的调查表明,中国农民总数为336 000 000人。须注意的是,武汉土地委员会的只是一个估计的数字,其估算办法为:根据全国农民总户数的数据,以每户平均六口计算,相乘而得到。另外,在土地的数字方面,据美国人贝克(Baker)的研究,中国农地面积约为180 000 000英亩,合1 180 000 000亩。③ 这样,如果采用日内瓦国际联合会的人口数字,中国农民人均耕地大约3亩。

---

① 乔启明:《中国乡村人口问题之研究》,金陵大学农林科,1928年版。
② 伊藤武雄:《现代支那社会研究》,东京:同人社书店,1927年版。
③ 《农业与中国之未来》,*Foreign Affairs* 第6卷第3号。

1934年,朱壮海在《中国土地及农户调查》①中,还就农村人与地的配比情况做了统计,详细情况见表4-1:

表4-1 农村人地配比情况

摘要	亩数	人数对于总数的百分比	占有地对于总面积的百分比(中国年鉴认为的百分比)
贫农	1—10亩	44	6 (7.56)
中农	10—30亩	24	13 (11.30)
富农	30—50亩	16	17 (20.75)
中小地主	50—100亩	9	19 (21.85)
大地主	100亩以上	5	43 (38.45)

实际上,当时不仅在总体平均水平上人均耕地过少,而且在人口分布的地区差异等方面的问题更加突出。1932年,翁文灏在《中国人口分布与土地利用》②文中指出,中国国土虽大,但真正利用的不及百分之二十,中国三万一千万人,约占全国七成以上的人口集中在自北平向南,经郑州、宜昌、常德、宝庆、梧州至钦州一线以东,共约六十四万方公里,只占全国面积一成半的地区。在包括四川盆地在内的这些人口密集地区,平均每人仅可得耕地三亩。中国人口压迫已达世界少见的严重,人口集中太密导致农民生活水平的低下。针对这种情况,翁文灏认为,要减轻人口压力,似乎只有两种办法:"一为内乱之循环,一为有计划之移殖"。他说,"东北是天留的新农区""东北平原是我们农业民族唯一最好的出路,万不可轻轻地放弃";相对来说,"西北的农业区只有少小几处",而"此外地方人口皆不易繁殖"。他在此文中还对移民东北和西北等地的优势及限制等进行了具体的分析。可见,他主张的是用移民垦殖的方式对人地配比不均的情况进行地区性的结构调整。

该时期,有人对以上人地矛盾的基本看法提出质疑。1937年,李立中在《关于中国土地与人口问题论战》③文中,提出"相对人口过剩"的看法,并且从资本主义经济发展的角度看待中国的土地和人口问题。他首先指出了其批驳的对象,所谓的"主观主义的学者群",这其中包括许多"现代学者",如翁文灏、竺可桢、陈长衡、

---

① 《农村经济》一卷十期。
② 《独立评论》三卷四号。
③ 《中国经济》五卷三期。

胡焕庸等。李立中认为，他们对中国地大物博的否定论是马尔萨斯主义的再版；还认为，地政学会的萧铮、高信、汤惠荪、张廷休等人将中国的"贫穷""愚弱"等都归于中国的人口问题，主张节制生育，这是进化论的主张。李立中通过对资本主义的考察，认为在资本主义社会只有生产过剩，没有人口过剩；出于经济景气循环法则的存在，"相对的人口过剩"是存在的，并且这有利于资本主义的发展。他反对"地不大，物不博，人太稠"的说法，认为是帝国主义的宰制导致中国的人口相对过剩。因此，当时急需的是摆脱帝国主义的羁绊，而不是节制人口生育。李立中的思想，对于扩展当时人们的认识起到了一定的积极作用。至于摆脱帝国主义的问题，不是他的独有想法，并没有新鲜之处。而着眼于资本主义发展或经济效率的提高来重新认识人口的相对过剩，这确实是认识的进步和深化。

二、对土地经营规模问题的研究

土地与人口的协调以促进经济效率的实现，首先表现在经营规模问题上。1924—1949年，有关农村土地利用中经营规模问题的讨论热烈而深入。

1. 人们对当时中国土地利用规模的状况做出了判断

南开经济研究所的方显廷认为，当时中国的"农地问题，其重要者有三，一曰田场之狭小，二曰田场之散碎，三曰耕者无其田"。可见，前两个都是针对土地利用中的问题而言的，指出了中国土地利用规模不经济的严重状况。实际上，一贯重视生产关系研究和土地所有制问题的中国农村经济研究会的学者，在关注土地分配问题的同时，也指出了土地利用中的严重问题。陈翰笙就曾明确提出，中国当时突出的土地问题是"土地分配不均"和"耕地的分散"，而"土地所有与土地使用间的矛盾，正是现代中国土地问题的核心"。[①] 关于中国土地利用中的"田场狭小""田块散碎"，以及中国小农经营特质的认识，是当时人们的一种主流观点。

然而，也有人对当时中国小农的支配地位提出了质疑。1936年，王宜昌在《论小农及其在中国经济中的地位》[②]文中认为，"小农在社会经济性质上是被支配的

---

① 陈翰笙：《现代中国的土地问题》，《中国土地问题和商业高利贷》，上海：黎明书局，1937年版。
② 《中国经济》四卷一二期合刊。

因素,而不足以决定社会经济性质;在经济史上是过渡的因素,既重复出现于各社会经济史阶段,又在各阶段的开始,孕育和分解出支配的社会经济结构"。他认为,在当时中国的资本制经济下,小农已经变为资本制大农支配下的东西了。如果说从经济发展的趋势上进行判断,王宜昌的观点是有一定道理的,但是从中国当时的现实情况来说,他的这种认识就不能说是正确的,也并没有得到大多数人的认同。

2. 人们对中国小农制盛行和耕地散碎的原因进行了具体分析

冯和法在《农村社会学大纲——中国农村社会研究》①一书中,分析了中国小农制经营盛行的原因,包括遗产制度、地价高涨、捐税繁重、高利贷剥削等。可见,这其中既有历史的原因,又有现实的原因;既有市场的原因,又有政治的原因;既有农村内部的原因,又有农村外部的原因。因此,小农制经营有着深厚的背景。

对于小农制经营,1933 年,唐启宇在《小农制何以盛行于中国 大农制何以盛行于俄美》②中认为:第一,关于土地制度,中国受限田制、均田制的影响,后来在私有制下的众子继承也导致土地的细分;第二,关于自然环境,中国膏腴土地多分布于长江一带以南,适于稻类生长,而稻类种植需要更多的人工和畜力;第三,关于人口与土地之比例,中国人口密度过高;第四,关于耕种学识及技术,中国农民的学识和技术幼稚,只能维持小规模经营;第五,关于资本之丰啬,中国农场的平均资本低于美国十五倍至三十余倍;第六,关于运销状况,中国交通不便;第七,关于习惯之原因,中国农民害怕改革,不像美国黑奴、机械之利用,以及俄国统制经济的方法。唐启宇从较为开阔的视角,比较全面地观察和分析了中国小农制盛行的原因。

对于耕地散碎的问题,1936 年,张丕介在《中国耕地散碎原因之检讨》③文中,首先指出了中国当时耕地散碎现象的严重,进而认为土地零碎中包含两种现象:第一是关于农业政策方面的,即农用土地割裂为数过多而面积过小的经营单位,其经济力量的单弱,不足以实现农业在国民经济上的使命;第二是关于农业技术方面的,即一个农业经营单位的土地零碎分散,不能适用新式进步的农业技术。实际上,这两个方面是联系在一起的。张丕介从直接和间接两个方面分析了中国耕地

---

① 冯和法:《农村社会学大纲——中国农村社会研究》,上海:黎明书局,1934 年版。
② 《农业周报》二卷十二期;摘要见《地政月刊》一卷八期。
③ 中国地政学会第三届年会论文,《地政月刊》四卷四五期合刊。

散碎的原因。他认为,直接的原因有:第一为诸子分承法;第二为土地买卖自由;第三为出租的大私有地的原因。间接的原因有:第一为农业人口的过剩;第二为中国的村庄制度,人集中居住,到土地须绕道迂回,人畜践踏等原因造成耕地散碎。陈翰笙等人也认识到中国农村土地地块散碎的问题。在当时,不仅每户耕种的土地数量有限,而且每户的土地往往分散在多处,甚至有的每户十几亩土地分散在二十多处。总之,当时这种状况已经引起了人们的重视,但是在原因分析上各有侧重。

3. 人们对土地利用中大经营与小经营的优劣进行了比较分析,大经营的优势被普遍认同

1925年,李大钊在《土地与农民》中认为,大农场人工和畜工等的效率是小农场的两到三倍,因此他主张"使小农场渐相联结而为大农场,使经营方法渐由粗放的以向集约的"。① 李达也认识到,大经营比小经营有优势。1930年,潘楚基在《中国土地政策》②一书中,关于土地利用中的经营规模问题提出了自己的看法。他说,"大概讲起来,现时大经营普通优于劳动生产力;小经营普通优于土地利用之强度,只要心理方面耕者以团体之利益为利益,则大规模经营因技术上的优越而生的后果,实在是我们不容疑虑的了"。李达既认识到了大小经营各自的优势,又分析了在什么样的条件下,大经营的优越性能够发挥出来。相对来说,他还是倾向于大规模经营的。

这一时期,人们从解决农村问题、促进经济发展的角度出发,越来越重视土地的大规模经营。1933年,任哲明在《中国农村经济的根本问题》一文中,指出中国农村经济的根本问题在于失业和失地,其根本的解决办法首先就在于"土地国有"和"大农生产"。③ 1946年,马寅初在《工业革命与土地政策》中认为,"工业革命是今后经济建设的主要目标,但土地改革是工业革命的先决条件"。那么,土地改革如何进行呢? 他认为,要"减少小农场,建立大农场"。

有人从市场竞争和利润获得的角度对土地利用规模进行了考察。1937年,李

---

① 《李大钊文集》(下卷),北京:人民出版社,1984年版。
② 潘楚基:《中国土地政策》,上海:黎明书局,1930年版。
③ 钱亦石:《中国农村问题》,上海:中华书局,1935年版。

庆鏖在《自耕农场面积之最低限度》①一文中提出,农业是一种营利事业,耕者不仅要使生产可以维持一家适当的生活,而且要可以在世界同业竞争中得利。因此,耕者不仅要有其田,还要使其农场面积相当大。他认为,影响农场面积的直接因素有:自然环境、耕地总面积、每户农家人口多少、生活程度、资金多寡,以及经营方式等。他说,根据统计数字,中国自耕农户平均农场面积太小,不足十五亩,而至少应增加到每户上等良田二十亩以上,农户才会获得一定的市场竞争力并获得利润。

当时一种著名的观点来自金陵大学的美籍教授卜凯,他认为,"农业是一种企业"。中国的农业"由于企业过小的低利润,当然能影响于农民生活的内容,而生活不得不因此艰窘,这就是中国几千万农民,弄成今日一般状况的主因"。他还明确提出,"大田场最为有利"。② 此外,冯和法在《农村社会学大纲》中也曾指出小农经营的影响,他说:"小农经营不仅阻碍农业技术发展,还是劳力与资本的巨大浪费。"提倡土地的大规模经营,在当时的大部分学者看来,是发展农村经济的必然选择。

4. 有人提出控制人口对解决土地利用规模问题的必要

在人地协调问题中,人口是一个重要的方面。1935 年,吴景超在《土地分配与人口安排》③一文中认为,中国农场规模过小,从而影响了农民生活水平的提高。那么,怎么扩大农场面积,提高农民生活水平呢?早在 20 世纪 30 年代初,他就在《中国农民的生活程度与农场》一文中明确提出:第一便是要开垦荒地,第二便是要发展农业以外的实业以吸收农业过剩人口。在《土地分配与人口安排》中,他仍然坚持这种观点,但进一步认识到发展实业吸纳农业人口的困难。因此,他最后提出要控制中国的人口数量,认为"节制生育运动,是中国今日最有意义的一种运动"。可见,解决人口的过剩问题,虽然可以被看作一个前提和"外生变量",但在解决土地利用规模的问题当中,还是有着基础性和根本性的作用。

5. 有人提出用合作农场的办法解决土地利用规模问题

既然提高土地利用的规模程度成为一种共识和必然的选择,那么如何才能达

---

① 《地政月刊》五卷二三期合刊。
② 卜凯著,张履鸾译:《中国农家经济》,上海:商务印书馆,1936 年版。
③ 《独立评论》七卷一五五号。

到这种目的呢？建立集团农场或合作农场,逐渐成为当时的一种主流看法。1933年,王斐荪在《自耕农与集团农场》①中认为,要用教育的方法、宣传的力量或实例的启示,在国家的援助与奖励之下,引导自耕农自动合作,发展集团农场(corrective farm),这是处置自耕农的土地之最妥善的方法;而没收或收买,都含有强迫的性质,都是不适用于他们的。他认为,发展集团农场能改良农业生产,保障自耕农的经济地位,并成为反封建、反帝国主义的基础。他还区分了集团农场与国家农场的不同,他说,集团农场由自耕农的土地合并而成,其主要成分是中农和小农,收入中除向国家缴纳所得税外,都归参加集团农场的农民家族分享;而国家农场是国家出工资雇佣劳动者直接经营,收入一概归国家所有,但国家要对劳动者的生活负完全责任。他认为这两者虽然性质不同,但可以用政治的力量同时使之发展。在抗日战争以及抗日战争之后的一段时间,有关土地合作生产的思想得到了继续的发展,我们在前面章节提到的祝平的土地利用思想,以及葛罗物的"土地调整论"等都是这方面的代表。中国共产党方面,在中华人民共和国成立之后,也积极推行了全国范围内大规模的土地生产的合作化运动。对于这方面的问题,我们在后面的章节里还会加以讨论。

三、对农民离村问题的研究

20世纪30年代,有关农民离村问题成为一个讨论的热点。农民离村,也就是农民离开耕地的现象。如果说是由于农业的集约经营和工业化的吸引而导致农民离开耕地,那么这在今天看来也是一种必然的选择,是一种正常的现象;然而,这一时期的农民离村却远非如此。

1. 基于外部社会环境的农民离村分析

1933年,董汝舟在《中国农民离村问题之检讨》②文中,推断农民离村的原因有:第一,中国农村经济为资本帝国主义的经济势力所破坏;第二,军阀、土豪、劣绅对农民之榨取,包括田赋附加税之增加与预征、地租之逼缴,以及高利贷等;第三,

---

① 《中国经济》一卷一期。
② 《新中华》一卷九期;摘要见《地政月刊》一卷五期;本文还被收入钱亦石等著的《中国农村问题》。

天灾人祸对农民之加紧压迫。他认为是这些外界条件造成了农民的离村。

基于以上的认识,董汝舟对农民离村的具体情况和影响及解决办法提出了他自己的看法。关于农民离村的去向,他指出离村农民主要流入都市和南洋等海外;关于离村人口的组成,他指出大部分为男子,尤其是以壮年劳动力为主;关于农民离村后的职业,他认为主要是工人,其次是军人,再次是商人。他说:"农民离村,足以引起政治、经济、社会各方面种种不良影响,解决此问题之根本办法,在推翻资本帝国主义与封建残余势力之支配。"可见,根据他对农民离村原因的分析,解决问题的根本办法就在于反帝与反封建。此外,他还提出了解决农民离村问题的治标方法。他主张:提倡移民,开拓边疆;由乡村小学教师兼负指导农民耕种之责,并代为解决各种难题;根据孙中山平均地权的政策解决土地问题,使土地不为少数土豪劣绅所操纵;奖励造林,兴修水利;利用机器,提倡合耕;扩充农村设备,直接辅助农民。

2. 基于内部主观因素的农民离村分析

1934年,郑季楷在《农民离村原因与农村经济建设》①文中分析了农民离村的原因,将其归结为:第一,为谋生活;第二,为求安全。他说:"农民离村最大的原因,一由于经济的破产,为谋生计;一由于生命财产的危险,为求安全计,遂不得不忍痛远别乡井,向都市来集中。"他从农民的主观选择的角度认识农民离村的原因。

在此基础上,他分析了农民离村的严重后果和解决办法。他认为,农民离村以后,第一,现金从农村流走,农村金融周转不通,更促进农村经济的衰敝;第二,青壮年劳动力从农村流走,农村无法深耕与辟地,影响农村生产;第三,作业无人指导,一切墨守旧法,使农村经济陷于停滞。为了维护与发展农村的经济建设,他提出:第一,要在消极的方面控制环境,包括实行经济统制,减轻农民负担,普及民众经济教育组织等;第二,要在积极的方面建设生产,包括农村经济技术、经济组织的改进,农村工艺的改进,农业工程的改进等。

通过比较以上两种观点,我们发现,无论是侧重客观的外部环境分析,还是侧重农民的主观选择分析,人们对农民离村的原因、影响、解决办法的分析大体上是

---

① 《农村经济》一卷八期。

一致的。大量经济的、非经济的原因造成农民生活的恶化,农民为了生存和发展,离村成为一种不得已的选择,也是理性的最优选择。大量青壮年农民的离村,使劳动力从土地流失,同时连带地使资金和技术也远离了土地,所有这些更加重了农村经济的恶化,使农村发展陷于停滞。而改变不合理的经济和非经济的社会环境,是解决农民离村问题的根本所在。

3. 对农民离村与荒地增加关系的认识

农民离村,是否能够缓解人口对土地的压力,实现土地的规模利用呢?事实却恰恰相反。1935 年,卢达贤在《农村荒地问题的检讨》①一文中,指出了农村荒地增加的原因、影响,提出了解决的办法,并分析了农民离村和荒地增加之间的关系。关于荒地的成因,他认为,在国外资本帝国主义侵略和国内封建势力剥削这两大祸根下,比较直接和显著的原因有:在人祸方面,主要有兵灾匪祸、捐税剥削、勒种鸦片、农民离村;在天灾方面,主要是水旱虫灾的影响;其他方面还有农村金融枯竭、高利贷、重田租等的影响。可以发现,民国时期的农民离村并不是分流了农村的剩余劳动力,从而提高人地配置效率,而是劳动力离村和土地荒废的并存。卢达贤将农民离村作为荒地增加的一个原因,他同时认识到,农民离村也是因为这些天灾人祸的影响。关于荒地增加后的影响,他认为主要有:农产品减少、粮食恐慌、农民离村、社会不安。在这里,他又将农民离村作为荒地增加的结果提了出来。他说:"农民离村,促成荒地的增加;荒地的增加,粮食发生恐慌,又促成农民离村;两者是互为因果的作用。"

基于这样的认识,他提出解决问题的办法:在经济上,巩固关税壁垒以抵抗帝国主义的关税壁垒,实行"耕者有其田",废除苛捐杂税;在政治上,废除不平等条约,建设水利、交通,禁止鸦片,励行地方自治;在教育上,励行民众教育,使民众有自给、自卫、自立、自治的能力。

4. 从资本主义发展阶段的角度看待农民离村问题

1935 年,张觉人在《农民离村现象的面面观》②中,对农民离村人口性质、在城

---

① 《农村经济》二卷七期。
② 《中国经济》三卷六期。

市中的地位,以及国外理论与国内学者的看法做出了简要的介绍。随后,他又在《农民离村原因的研究——以 Goltz 说为中心》①中,从资本主义发展阶段的角度对农民离村的原因进行了分析。

张觉人引用庄伯特(Sombart)的话"农民离村,是资本主义生产方法发达及因此人口迅速增加的结果所当然发生的现象",来说明"在资本主义的社会,农民离村是必然的"。他首先分析了"农民离村"的含义,认为"农民永久离开农业而从事他业,乃即我们这里所说的固有意义的'农民离村'"。他之后介绍和评价了德国哥尔慈(Von der Goltz)的农民离村法则。哥尔慈曾说:"农民离村,与大地主所有地的广袤成正比例,与自耕农所有地的广袤成反比例。"就是说,"大地主愈多的地方,农民离村亦愈多;自耕农愈多的地方,农民离村亦愈少。"可见,哥尔慈是承认农民离村与土地所有分配之间有密切关系的。他认为这种大地主制的普遍是造成农民离村的主要原因;在此之外,他认为地质的不良和农业经营活动的不发达也是造成农民离村的原因。而张觉人认为,"农民离村与大地主制之间最有关系,但决不能说大地主制是农民离村的唯一原因""哥尔慈氏所主张的一点,与其说是农民离村的重要原因,毋宁说是第二次的原因"。那么,什么是第一次的原因呢? 张觉人说:"农民离村的原因,是资本主义发生和发达的结果。"这和前面庄伯特的说法是一致的。张觉人进一步解释:第一,资本主义发达的结果,使本来散布在农村的家庭手工业及副业,都因为工业化而集中于都市,从而农村过剩的人口就不能不流入城市;第二,资本主义越发达,则工业生产扩大的趋势越强,从而对劳动的需求也越强;第三,工业生产越扩大,而商业、交通业以及各种自由职业也越扩大,从而吸收农民为劳动者的能力也强。张觉人还指出,农村的机械化、电气化是促进农民离村的主要动力,但这一点应该放到"资本主义发达"的一个事实上去观察。张觉人的进步,在于他主要从社会经济制度内部来解释农民离村的现象,而没有将原因仅仅作为"外生变量"。

尽管如此,张觉人还是无法回避"外生变量"的影响,他说,"近来的天灾人祸"也是构成农民离村现象的主要原因,"是一个铁一般的事实"。但是,究竟是什么

---

① 《中国经济》三卷七期。

样的"天灾人祸"他并没有明确说明和具体论证。张觉人的观点同中国经济派一贯所持的观点有本质的一致性,他们的看法都是基于中国社会已经处于早期的资本主义社会这样一个基本判断而得出的。实际上,不考虑这种判断的对错,在向资本主义社会过渡的时期,如何建立一个有效的资本主义产权制度、构建完善的市场竞争环境,这些才是更要提前解决的一些重要问题,而不能指望社会的自发演进就能自然形成这些发展的必要经济前提。

5. 对中国农民离村"逆势"的清醒认识

1935年,陈振鹭、陈邦政在《中国农村经济问题》一书中,分析了中国农民离村运动的特质。他们分析了农民离村的原因,包括天灾人祸、苛捐杂税、兵匪之扰,以及高利盘剥等。他们统计和揭示了农民离村的惊人数字。尤其重要的是,他们指出了"工业先进国农民离村运动之顺势",以及"中国农民离村运动之逆势"。的确,如果是随着工业化的发展,农民离开农村应该是农村社会发展中的应有之意;然而,中国20世纪二三十年代的农民离村却是一种非经济的"危机"。当代学者池子华在《农民"离村"的社会经济效应——以20世纪二三十年代为背景》[①]文中指出,农民离村"良好效应"的发生要有两个条件:第一,离村者是个人而不是全家;第二,离村以后可以得到相当的职业。总体来看,20世纪二三十年代的农民离村,其积极的影响是微乎其微的。这同我们今天看到的中国农村劳动力的转移大有不同。

通过上面的分析,我们发现,20世纪二三十年代的农民离村,并没有因为人口对耕地压力的减轻而产生积极的意义;相反,这种战乱破坏下的农民流亡却造成了大片良田的荒芜,从而更加从劳动力要素方面加重了农村土地的利用问题。要使农民离村发挥一种"顺势"的效应,需要解决其背后的市场机制及政治条件问题,当时的学者们已经清醒地认识到了这一点。这些,可以说是农村土地高效利用的重要保障,是农村经济获得快速发展的经济和政治前提。

---

① 王思明、姚兆余:《20世纪中国农业与农村变迁研究——跨学科的对话与交流》,北京:中国农业出版社,2003年版。

四、对垦荒实边问题的研究

面对日益严重的人地矛盾和人口地区分布的不平衡,20 世纪 30 年代还掀起了对垦荒实边问题的讨论热潮。事实上,在中国古代,有关屯垦的思想就已经很发达了。从商鞅的"农战"到汉武帝的"屯田",中国古代屯田思想源远流长。东汉末年,曹操颁布"置田屯令",利用战后的国有土地和无主荒地,组织大量流民屯垦,协调人地关系,以恢复封建的农业生产。曹操还将屯田分为军屯和民屯,实施不同的管理。曹操的屯田对后代的屯田有着深远的影响。可见,屯田垦荒思想自古便是为了协调人地矛盾、发展农业生产而产生的;同时,由于大量荒地位于偏远的边疆地区,实行国家直接组织下的屯垦,还可以达到巩固边疆的政治目的。

20 世纪 30 年代,很多人积极主张实行开荒和屯垦政策。1925 年,李大钊在《土地与农民》[1]中便提倡用开垦荒地和兴修水利的方式弥补中国耕地的不足。1933 年,唐启宇在《农业周报》发表《屯垦事业与集团农场》[2]。他说,如果扩大屯垦规模,按集团农场方法施行屯垦,可以有固边、节饷、储粮、兴农、绝共祸等很多好处。此后,他又在《农业周报》先后发表了《论兵屯》和《论民屯》[3],分别分析了各自的利弊以及解决办法。1934 年,李庆麐在《内地移佃垦荒之商榷》[4]文中,首先分析了中国佃农痛苦的原因:农产品价格下跌、租佃制度不善,以及农产收获不丰。他又指出国际上解决佃农问题的办法:改善租佃、改善生产、扶植自耕农,以及土地国营。随后,他提出"要救济佃农,惠而不费",且"能使政府实施而无碍,社会推行而有利,唯有内地移佃垦荒耳"。他详细分析了移佃垦荒的具体办法,提出佃农登记办法(5 条)、荒地登记办法(3 条)、筹措移佃经费办法(3 条),以及移佃办法(6 条)。此外,一些人开始积极地为移民垦荒做着准备工作。在荒地面积统计方面,李积新于 1934 年发表《我国荒地数字之研究》[5]。他在分析了历年各种统计数字之后,对全国荒地数字的不明了极为感慨,主张要从速清理全国,加紧进行土地陈报工作。

---

[1] 《李大钊文集》(下卷),北京:人民出版社,1984 年版。
[2] 《农业周报》二卷十四期;摘要见《地政月刊》一卷六期。
[3] 《农业周报》二卷二十七期、三十一期;摘要见《地政月刊》一卷十期。
[4] 《大公报》1934 年 5 月 9 日。
[5] 《地政月刊》二卷六期。

在积极主张的同时,人们也提出了在移民垦殖中需要注意的问题。1933年,董时进在《论移民垦殖》①文中,提出移民垦荒问题的注意事项:第一,每户耕种的面积宜大;第二,宜由公家先行土地之测量,兴办必须之工事;第三,山陵地及劣等地宜从缓开垦;第四,宜裕筹款项,放与垦民;第五,宜帮助垦民,满足其生活上之需要;第六,宜慎选垦民,并监督开垦之进行。他还说,中国荒地面积虽大,但与内地不可同日而语;荒地之垦殖,可以增加全国粮产总量,但对于内地人口之稀减,未必有多大之效果。又欲使开垦结果有补于内地粮食问题之解决,必须内地有可以与边地交换之货品;否则边地之农产,只能在国外销售,其销售所得,亦仅为吸收舶来制品之源泉而已。可见,实行屯垦实边,不是一项简单的政策就能解决的问题。在政治方面,需要有强有力的政府来加以严密的组织和实施,并创造良好的基础设施等条件;在经济方面,还要形成一定的规模经营、金融支持,以及市场交易体系。

事实表明,20世纪30年代的屯垦,由于国家政治和经济的前提都不具备,因此最终导致了失败,也并没有能够有效协调人口与土地的配比关系。1933年,《新青海》杂志第九期上就发表了署名岚的文章——《屯垦事业与边方民族之生存问题》,反对无目的、组织不严密的屯垦,分析了其可能给边疆造成的问题,指出组织不严密的屯垦反而会造成边疆社会的不稳定。1935年,邹序儒在《中国垦殖问题之研究》②文中,对中国垦殖问题提出自己的认识:第一,国家没有通盘而有系统的计划;第二,垦务机关的责任不实在;第三,垦区环境恶劣;第四,农产输入压迫;第五,无技术观念;第六,少合作精神。1937年,范苑声在《我国垦荒事业的失败根因》③文中,更是直接批评了中国屯垦组织的不利。他认为,中国荒地面积广大,而政府组织垦荒不利,收效甚微。在短短的两页篇幅里,他主要是从事实上进行了检讨,其主要看法是地方政府的无效和缺乏激励。

20世纪30年代的垦荒实边虽然是不成功的,但当时人们对垦荒实边的一些认识却不乏真知灼见。我们看到,在这种政府主导的调剂生产要素关系的运动当中,既对政府的组织能力提出了考验,又对政治环境、经济环境、市场体系、教育技术等

---

① 《新中华》一卷九期;摘要见《地政月刊》一卷五期。
② 《地政月刊》三卷二期。
③ 《中国经济》五卷五期。

方方面面提出了要求。即使是超越了农村发展的层面来看待这些思想,我们也能从中吸取很多有益的东西。比如,在如今的西部大开发中,国家的政策如何与市场机制相协调,才能取得最佳的结果?这些问题,20世纪30年代的垦荒实边思想都已经隐约涉及,可资借鉴。

从人们对经营规模、农民离村和垦荒实边的讨论当中,我们发现了人地协调问题中的两面,那就是对效率的追求和社会保障问题的制约。中国现实的国情就是人口众多和耕地有限,为了实现农村经济的发展,实行规模经营是必然的选择,因为这有助于经济效率的实现。然而,剩余的农村劳动力如何才能转移出去呢?他们的生活保障如何才能实现呢?这又成了一个个大问题。因为,如果不能解决这些问题,最终将会导致社会的不稳定,任何有效的经济增长都会在政治的不稳定中被颠覆。从这层意义上来说,以上的几种协调人地关系的思想并不能从根本上解决中国农村土地利用中的问题,不能构建农村经济发展的有效途径。

土地与人口的协调并不只是农业和农村内部的问题,其解决也不只是在农村内部市场就可以完成的。1947年,费孝通在《内地农村》的序言中谈到他对于中国农村人口问题的认识。他非常清楚中国人多地少的现实,在人地协调的问题上,他认为不仅要考虑自然因素,还要考虑社会因素(尤其是分配方式)。他认为,抗日战争初期的征兵和公共建设减轻了农村人口压力,但这并不能根本解决问题,根本的解决办法在于:积极地发展工业和消极地节制生育。金陵大学的卜凯在《中国农家经济》中,也认为中国农村人口过剩的原因在于工商业的不发达,使得农村人口无法向外转移。对于工业化对农村土地问题的影响,我们会在下一章里加以详细的分析。

第三节 生产合作思想:解决人地矛盾的一种思路

五四运动以后,随着各种新思潮的不断涌现,原本产生于西方的合作化思想开始被介绍到国内。潘劲(2002)认为,由于合作化思想传入中国路径的不同,早期的中国合作思想可以分为三种:改良主义的合作思想、三民主义的合作思想和马克思主义的合作思想。从总体来看,合作思想可以分为信用合作、消费合作和生产合作等。其中,生产合作思想的提出和实践的推行,被人们认为是解决中国农村人地矛盾和实现土地规模经营、提高人地配置效率、最终获得农村发展的一种有效途径。在分析生产合作思想和土地利用思想之前,我们有必要先简要回顾一下民国时期合作思想和合作实践的概况。

一、民国时期合作思想与合作实践概况

1. 华洋义赈会的合作社实践

华洋义赈会是民国时期中国农村合作事业的开创者。他们最先推行的是信用合作社,并起草了中国农村第一个信用合作社章程。1923 年 6 月,在华北公理会传教士的帮助下,华洋义赈会创办了中国第一个农村合作社——河北省香河县第一信用合作社。华洋义赈会指导成立合作社时,并不直接参与合作社业务。他们主要通过宣传、指导、承认的方式推广农村合作事业。截至 1932 年,经华洋义赈会指导而成立的合作社达 915 家,其中已承认的达 379 家。[①] 华洋义赈会的合作事业,始于河北,推广于江淮,后又在华北等地获得发展。抗日战争前,总会在全国 6 个省 191 个县共建立合作社 12 560 个、互助社 1 566 个。[②] 有学者认为,华洋义赈会的合作社是以德国赖夫艾森农村信用合作社为蓝本的信用合作社。

2. 乡村建设派的合作思想与实践

乡村建设派是 20 世纪二三十年代倡导农村合作的一支重要力量。据统计,1934 年,有 600 多个组织参加了乡村建设运动,建立实验点、实验区 1 000 多处。[③] 就合作社建设而言,最为著名的要属梁漱溟的山东乡村建设研究院创办的邹平实验区和晏阳初的中华平民教育促进会创办的定县实验区。

梁漱溟 1922 年出版的《东西文化及其哲学》,为其乡村建设理论奠定了基础。1929 年他任河南村治学院教务长,1931 年在山东邹平创办乡村建设研究院,先后出版《中国民族自救运动之最后觉悟》和《乡村建设理论》等,提出一套完整的乡村建设理论。梁漱溟认为,中国最大的问题是"文化失调",而要重塑中国文化,就必

---

① 林和成:《中国农业金融》,上海:中华书局,1936 年版。
② 杨德寿:《中国供销合作社发展史》,北京:中国财政经济出版社,1998 年版。
③ 章元善、许士廉:《乡村建设实验》(第 2 集),上海:中华书局,1935 年版。

须从乡村建设开始,建立"乡农学校",与乡村政权结合在一起,"以乡学代区公所,以村学代乡公所",校长由乡长兼任。乡村建设主要包括经济、政治和文化教育三个方面,而首要任务就是进行农村经济建设,发展农业生产。发展农业生产有两条途径,即"技术的改进和经济的改进";而完成"经济的改进",就必须举办各项合作。① 根据这一思路,1931 年山东乡村建设研究院的师生们开始在山东邹平县进行实验,组建合作社。1936 年年底,全县共建立合作社 307 个,拥有社员 8 828 户,股金 12 400 元。②

晏阳初曾在美国获得学士、硕士和博士学位。1924 年,他创立"中华平民教育促进会"(简称"平教会"),并以河北定县为试验区进行乡村建设实验。晏阳初认为,中国落后的基本原因是民众的"愚、贫、弱、私"。针对这四种问题,他提出四种教育,即以文化教育治愚,以生计教育治贫,以卫生教育治弱,以公民教育治私;并采取学校、家庭和社会三种教育相结合的教育方式。晏阳初的合作社思想是以教育为本,融经济与教育于一体,以教育使人民"知自救",以经济使人民"能自救",而合作制度便是教育兼经济的最好自救办法。③ 1933 年,河北省县政研究院成立,划定县为"县政建设实验区",晏阳初出任县政研究院院长,合作社主要由研究院承办。定县的合作社包括两部分:一部分是由华洋义赈会主办的,另一部分是由平教会主办的。定县划为县政建设实验区后,经协商,华洋义赈会主办的合作社全部移给平教会。定县合作社以村为基层单位,以信用合作为主,兼营购买、运销、生产等项业务。据 1935 年统计,定县共有农村合作社 128 个,拥有社员 4 768 人,股金 10 516 元。合作社中信用合作社所占比重最大(43 个),其余为信用兼运销、购买等,同时还有生产合作社;有 83 个合作社加入定县农村合作社联合社。④

顺带提及的是,乡村建设思想和乡村建设运动,对于人地关系的意义不只在于合作思想的提倡与合作社的创办。其实,无论是从技术的改进,还是劳动力素质的提高,这些都会在很大程度上提高劳动力和土地生产要素的配置效率。

---

① 梁漱溟:《乡村建设理论》,邹平乡村书店,1937 年版。
② 杨德寿:《中国供销合作社发展史》,北京:中国财政经济出版社,1998 年版。
③ 潘劲:《民国时期农村合作社的发展与评价》,《中国农村观察》,2002 年第 2 期。
④ 杨德寿:《中国供销合作社发展史》,北京:中国财政经济出版社,1998 年版。

3. 国民政府的合作政策与实践

1927年南京国民政府成立以后,受农村经济危机、民族危机和乡村建设运动的影响,开始以行政手段推行合作社。20世纪30年代初期,出于救灾和反共的需要,国民党领导的合作社形成一种运动。1934年2月,国民政府立法院通过《中华民国合作社法》,与同年8月实业部颁布的《合作社法实施细则》一并实施。1940年8月,为配合抗日战争的需要,国民政府行政院又颁布了《县各级合作社组织大纲》,规定合作社是国民经济的基本单位,与"地方自治"相配合。抗日战争期间,合作社增长迅速,到抗战结束时,全国合作社已达17万多个。这是整个民国时期合作社发展的最高峰。解放战争期间,合作社发展处于停滞阶段,总数维持在16万个左右。① 当然,在这大量的合作社中,大多是信用合作社,生产合作社并不多(参见后文表4-2)。

4. 中国共产党的合作思想与实践

中国共产党方面,生产合作一直是一项重要的土地政策。1934年,毛泽东在《我们的经济政策》中指出,经济建设的中心是"发展农业生产,发展工业生产,发展对外贸易和发展合作社"。② 发展合作社的目的在于调剂土地与劳动力的配置,发挥土地的生产力。毛泽东说:"很多地方组织了劳动互助社和耕田队,以调剂农村中的劳动力;组织了犁牛合作社,以解决耕牛缺乏的问题。"③在20世纪30年代上半期,合作社在中国共产党领导的革命根据地迅速发展。"据一九三三年九月江西福建两省十七个县的统计,共有各种合作社一千四百二十三个,股金三十余万元。发展得最盛得是消费合作社和粮食合作社,其次是生产合作社。信用合作社的活动刚才开始。"④1939年,毛泽东在《中国革命和中国共产党》中又将中国革命的前途与社会主义因素归结为"民主共和国的国营经济和劳动人民的合作经济"。⑤ 在这里,合作经济已经不仅仅是救急的发展生产的办法,而是将来社会主义经济的组成部分了。1940年,毛泽东在《新民主主义论》中,更加明确了这种认识。他说:"在

---

① 潘劲:《民国时期农村合作社的发展与评价》,《中国农村观察》,2002年第2期。
② 《毛泽东选集》(第1卷),北京:人民出版社,1991年版。
③ 同上。
④ 同上。
⑤ 《毛泽东选集》(第2卷),北京:人民出版社,1969年版。

'耕者有其田'的基础上所发展起来的各种合作经济,也是有社会主义的因素。"①1943年,毛泽东在《组织起来》中又说:"达到集体化的唯一道路,依据列宁所说,就是经过合作社。"②面对抗日战争和国内革命的严峻形势,毛泽东也一直没有忘记将组织合作与发展生产结合在一起。1945年,他在《减租和生产是保卫解放区的两件大事》中说:"使大多数生产者组织在生产互助团体里,是生产运动胜利的关键。"③

中国共产党的其他领导人也对生产合作有着较为深刻的认识。1947年,刘少奇在《在全国土地会议上的结论》中谈到生产问题,他说:"主要是组织互助,把生产力从封建束缚下解放出来。"④党的另一位领导人张闻天还尤其指出了合作化中的私有财产问题,他认为农业合作社应该是建立在农民个体小私有基础上的一种公有制形式。"今天巩固了私有财产,将来才会取消私有财产。"⑤这正是中国共产党领导的新民主主义革命的特色之所在。

在合作运动发展当中,当时社会各方面的学者对于合作化的讨论也异常活跃。以下我们重点考察与农村土地利用相关的生产合作思想。

二、生产合作与土地利用思想

1. 从合作思想史的演变看生产合作思想

生产合作思想是合作思想中的一种。从合作思想史的产生和发展来看,合作经济思想肇端于空想社会主义。19世纪初的空想社会主义者,幻想一个没有剥削、没有贫困、协同劳动、平等和谐的理想社会,合作社就是这个理想社会的组织基础。早期的合作经济思想除空想社会主义的合作思想以外,还有以路易·布朗等人为代表的国家社会主义合作思想,以菲力浦·毕舍等为代表的基督教社会主义合作思想。这些合作思想的共同点在于,认为合作社是改造资本主义社会的工具。它们的不同点在于,国家社会主义合作思想主张在资产阶级国家的帮助下办生产

---

① 《毛泽东选集》(第2卷),北京:人民出版社,1969年版。
② 《毛泽东选集》(第3卷),北京:人民出版社,1991年版。
③ 《毛泽东选集》(第4卷),北京:人民出版社,1991年版。
④ 《刘少奇选集》(上卷),北京:人民出版社,1981年版。
⑤ 《张闻天文集》(第4卷),北京:中共党史出版社,1995年版。

合作社,因此又被称为"生产合作派";基督教社会主义合作思想主张办消费合作社,其代表人物威廉·金有"消费合作社之父"之称。另外,在德国,以弗里德里希·莱费森和赫尔曼·舒尔茨·德里奇为代表,主张办信用合作社。

马克思主义的合作经济理论是在批判和继承空想社会主义合作思想,以及与形形色色的合作社改良主义的斗争中发展起来的,具有注重生产合作的传统。马克思和恩格斯认为,生产合作社对于从资本主义向社会主义过渡,具有重要的意义。1886年,恩格斯在致倍倍尔的信中说,"在向完全的共产主义经济过渡时,我们必须大规模地采用合作生产为中间环节,这一点马克思和我从来没有怀疑过"。对于农业,1894年恩格斯在《法德农民问题》中系统地论述了无产阶级在夺取国家政权以后,采取自愿、示范和国家帮助的原则,发展生产合作社。恩格斯说,"当我们掌握了国家权力的时候,我们绝不会用暴力去剥夺小农(不论有无报偿,都是一样),像我们将不得不如此对待大土地占有者那样。我们对于小农的任务,首先是把他们的私人生产与私人占有变为合作社的生产和占有,但不是采用暴力,而是通过示范和为此提供社会帮助。"[①]列宁、斯大林及1949年以后的中国共产党,无疑都继承了马克思和恩格斯的生产合作思想。

2. 民国时期人们对生产合作的认识

民国时期,伴随着合作事业的进展,人们逐渐开始重视生产合作社的作用。1935年,符致达在《提倡耕种合作之必要》[②]文中指出,政府和社会一般人最注意的是信用合作(见表4-2),虽然信用合作占合作社的总数五分之四强,其作用也很重要,但"发展中国农村经济之根本办法,非信用合作而为耕种合作"。他具体分析认为,要发展中国农村经济,非使农业机械化、科学化不可,这就要求非实行农业耕种合作不可,而小额的信用贷款并不能达到目标;假如能贷款给佃农购地使之转化为自耕农尚可。

---

① 傅晨:《合作经济制度的传统与变迁》,《中国合作经济》,2004年第11期。
② 《独立评论》七卷一五三号。

表 4-2　合作社的分类统计

种类	民国二十年(1931年)		民国二十一年(1932年)		民国二十二年(1933年)	
	社数(个)	百分率(%)	社数(个)	百分率(%)	社数(个)	百分率(%)
信用	1 379	87.5	2 213	80.1	5 720	82.3
生产	86	5.5	204	7.4	304	4.4
利用	9	0.6	133	4.8	35	0.5
消费	54	3.4	122	4.4	125	1.8
购买	32	2.0	54	2.0	129	1.9
运销	15	0.9	36	1.3	61	0.9
保险	1	0.1	1		1	
储藏					7	0.1
其他					564	8.1
总计	1 576	100.0	2 763	100.0	6 946	100.0

符致达设计了一种生产合作的方式。他说,"所谓耕种合作,即田地连接之各农民各将其所有连接之小块田地并而为一,而共同耕种之""加入合作者将欲脱离合作时,其已合并之田地不能收回,合作社可给以与其田地相当之代价,或给以合作农场以外之新地"。可见,在符致达设计的生产合作社中,入社土地是不能自由退出的,以保证规模经营不受破坏,退出的社员可以得到价值的补偿。关于收益分配,他说,"共同耕作之所得,以各个农民交给合作社之田地面积及土质为标准而分配之"。可见,这是近乎土地股份制的做法。"从事耕种者,以限于社员为原则,盖非如此,则不能得到'耕者有其田'之长处""对于耕种者酬以工资"。可见,除了土地的股份收益外,农民还有工资收入。

符致达还区分了"耕种合作"与"土地利用合作"。他指出,"土地利用合作,系由佃农组织之团体;其利用之田地,乃由合作社向政府或地主购买或租佃而得;其利用之方法,有使各社员共同为之者,亦有任各社员单独为之者。至于耕种合作,则为自耕农组织之团体;其耕种之田地,乃由各社员自己所供给;其耕种之方法,必须共同为之,而不能单独为之也"。可见,"耕种合作"是在土地所有权私有下的土地生产协作和共同使用。

符致达分析了耕种合作在生产上的效用:第一,可以增加耕地面积;第二,可以应用农业机械;第三,可以节省工作时间及劳力;第四,可以实施灌溉排水等工事;

第五,可以大量购买农业用品及共同贩卖农产品。可见,这些好处有利于生产效率的实现和农民市场主体地位的提高。

最后,符致达也认识到组织与经营耕种合作的困难:第一,田地合并要改变田地的现状,此种牺牲往往非农家所愿为;第二,关于交地共耕和拆除部分房屋,农民的习性使之不忍为;第三,由于缺乏合作精神,在田地连接后会出现践踏、偷窃等的发生;第四,生产物或其代价之分配困难,田地及劳力报酬都难以衡量使之公平。他认为要解决这些困难,需要扩大对农民关于合作利益的宣传,以消除农民的故习与偏见。

与符致达主张的农民自有土地的生产合作不同,向乃祺提出了一种土地村有下的农民合作生产方式。1937年,向乃祺在《怎样才能作到"耕者有其田"》[①]文中,论述了利用这种合作社的六项利益:第一,"耕者有其田"只是复兴农村的一种手段,利用合作社则可以在农业生产和农民生活方面发挥积极作用;第二,利用合作社来集中耕地,可以免掉整理耕地的麻烦而得到整理耕地的利益;第三,中国有荒芜的土地、剩余的劳工,所缺的是资本,因此以合作社将土地和劳工联合起来,用剩余的劳动力开垦荒地,可以积累雄厚的资本;第四,土地的集中统制,易于作为基金来发行公债,可以活跃农村金融;第五,合作社可以促进大规模经营,发挥"集团农业"的利益;第六,中国土地"相对地"不够,合作社可以在村与村、县与县、省与省之间调动人口,协调土地和人口。然而,向乃祺的所谓利益恐怕有些一厢情愿。土地村有下,如何调动劳动的积极性,这是其中的一个主要难题。此外,依靠集体和国家对土地与人口进行调节,似乎也并不会像向乃祺设想的那么有效。

抗日战争胜利以后,国共两党也都积极推行土地的生产合作,学者们对两党的生产合作也分别进行了设计和评析。

在国民党的土地改革论方面,1947年,葛罗物在《中国土地调整论》[②]中,提出通过国家对土地利用进行调整,从而向达到集体合作生产下的土地高度利用进行过渡。他分析了中国农村土地制度的病态,主张从生产要素配合的角度研究农村,

---

① 《地政月刊》五卷二三期合刊。
② 葛罗物:《中国土地调整论》,上海:大东书局,1947年版。

并提出多项土地调整的办法,包括进行土地分类、规定农场面积、实施土地征收与分配、移民垦荒、建立示范农场、改善农村金融、改革土地继承、创设特殊农场、改革土地税,以及解决农村人口问题等二十项。葛罗物认为,"集体合作为将来之理想",要通过土地调整来巩固农业基础,通过教育进步来改变农民心理,通过建立示范农场来证明集体经营之利益,通过将农民移出农村来建立新农场,通过发展工矿交通业来解决农村劳动力的过剩,最终使"全国作大规模生产"。1947 年,陈天秩在《土地政策及其实验》①中,也主张进行生产合作。不过,通过检讨几个月来的地政工作,他认为国民党的土地政策"执行不利",在宣传、干部、考察、组织等方面都存在问题。由此可见政治环境对土地生产合作的影响。

  与此相对照的是,在中国共产党方面,1948 年,狄超白在《中国土地问题讲话》②中,展望了新民主主义土地改革的道路,他也认为合作化和集体化是将来的方向。他分析,在完成新民主主义土地改革以后,一条发展道路是农业经营的资本主义化,另一条发展道路是小生产者的合作经营。他说:"新民主主义社会在农业部门的主要任务,就是以合作农场变革小农经济,战胜富农经济和大农场经营。"他认为,合作农场胜利之所以可能,依赖于三个条件:第一,无产阶级的领导;第二,国家经济的发展;第三,政府掌握信用调节市场以资助合作化。他还认为这三个条件的存在,就是新民主主义社会的特点。狄超白认识到资本主义的生产方式在发展生产力方面有积极的作用。因此,对于国营农场,狄超白认为只是"示范性"的;对于"新富农",他认为要受市场法则的支配和社会主义立法的限制。狄超白的思想,既解决了合作化的领导问题,避免了国民党在宣传、组织等方面不利的情况,又主要通过政府经济上的引导、法律上的规范和市场的调节,实现合作化的目标。

三、生产合作与产权制度和市场机制

  1924—1949 年,不同方面的人士都对合作化寄予了很高的希望;然而,他们的合作化方案却都没有能够使中国农村最终走上快速、健康的发展道路。朱永

---

① 陈天秩:《土地政策及其实验》,南京:新中国出版社,1947 年版。
② 狄超白:《中国土地问题讲话》,上海:生活书店,1948 年版。

(2000)分析了中国早期合作化思想,他说,在人们反思合作化时,"李紫翔则将矛头直接指向当时合作理论界的两大论调:以合作运动解决农村问题和将合作经济制度上升到与统制与放任并列的高度。国民党推动的合作运动失败的原因不是合作社制度的缺陷,而是外部性的,即推动者的失误、农民的贫困和商人的抵触"。[1] 今天,我们还可以从产权和市场角度来重新理解合作化运动,或者具体地,即生产合作运动的成败和效果。

1934年,高信在《农村合作与土地问题》[2]中认为,农村合作虽然重要,但它不是解决中国社会问题或复兴中国农村的唯一途径,而且它的成功和失败,要由土地问题能否解决来决定。他举例说,对于农村生产合作,必须先要有土地的平均分配(至少要改良租佃制度),才能使农民真正得到合作社的利益;对于农村信用合作,农民有了土地,才有了信用的基础;对于农村利用合作,由于农民缺乏稳定的地权,合作的利益容易被地主剥夺。因此,"提倡农村合作,必先解决土地问题"。他所谓的"土地问题",是指土地分配和租佃问题。可以说,他认识到了土地所有权归属与产权安排对土地合作利用的决定性作用。这一点至关重要,民国时期的一些"改良主义者"的合作化运动之所以无法显现成效,关键的一点就在于他们回避了"耕者有其田"的产权改革。

从前面的分析中,我们已经看到,土地与人口的协调离不开市场机制作用的发挥。在讨论土地利用的经营规模问题时,有人注意到了农业企业作为市场主体,其竞争力的强弱对其获利能力的影响;在讨论农民离村问题时,有人注意到了劳动力要素流动中,是否是市场机制在发挥作用的差异;在讨论垦荒实边问题时,也有人注意到了土地产出在市场交易中的条件和地位等问题。可以说,民国时期的学者已经开始从制度环境的完善程度、市场主体的竞争能力,以及产品市场和要素市场的有效建构等多个角度,对土地经营利用中市场的作用有了新的认识。土地的利用合作,正应该是在公平合理的市场环境下产生和发展并促进市场经济与现代化的一个重要手段。20世纪40年代,中国共产党新民主主义土地合作思想就是在承

---

[1] 朱永:《中国早期的合作经济思想:1918—1937》,北京大学博士学位论文,2000年。
[2] 《地政月刊》二卷二期。

认土地小农私有和市场交易前提下的合作,事实表明这项措施大大促进了农业生产的发展,从而有力地支援了革命斗争。

生产合作效率的发挥,正是要在明晰的产权制度下,充分发挥市场机制的调节作用和市场主体的主观能动性才能实现的。也唯有如此,才能实现其促进土地利用效率和农村现代化发展的目的。

在本章里,我们主要考察了这样一些土地利用思想:人们关注的基本矛盾是主要存在于农村和农业内部的人地矛盾问题。在人地矛盾的解决中,人们注意到了两个方面的问题:其一,市场机制的作用如何体现,从而发挥经济的效率,促进经济发展?其二,土地产权对农民的生活保障作用如何体现,从而实现社会的公平与稳定?相对来说,土地利用问题更关注市场作用的发挥,关注经济效率的实现与经济发展的途径。

第五章　土地利用经济思想：扩展的考察

　　从经济学的角度来看，改善土地利用，其主要目的在于提高经济效率，以促进经济发展。在第四章的分析中，我们围绕主要存在于农业和农村内部、制约土地利用的直接问题——人地矛盾展开了分析及讨论。在讨论中发现，人地矛盾不可能在农业和农村内部得到一个完整和彻底的解决。因此，我们必须在一个更广阔的视角和一个更深刻的层面下寻求土地利用问题的解决。再有，通过研究发现，在制约土地利用的因素方面，除了劳动力和土地的关系问题，还有资本、税收和土地的关系等问题；同时，农业和农村的发展还受到工业化与城市化发展的深刻影响。这些问题直接或间接地涉及农村要素市场、产品市场，以及整个社会的收入分配、再分配和协调发展。对这些问题的探讨，也是1924—1949年农村土地经济思想的一个重要组成部分。本章将对这些思想进行整理并进行分析评论。在这样的视角下，人们对土地利用问题的考察已经远远超出了狭义的土地利用问题，而是一个扩展了的考察。从发挥土地利用效率、促进农村经济发展的目标出发，人们甚至把土地利用问题与农地产权配置思想以及社会生产方式联系了起来。这些思想，我们也不妨暂将其看作基于土地利用问题的一种"扩展"。

第一节 对土地金融问题的探讨

随着商品经济深入农村,金融在农村中的作用和影响越来越大。民国时期,一方面来源于中国农村自身商品经济的自然演进,另一方面来源于外国商品经济势力的入侵,中国农产品和土地等生产要素的商品化程度日益加深,市场和价格因素对农村的影响日益加强。伴随着农产品和生产要素的商品化,农村租税的货币化与农村借贷的经常化逐渐成为一种趋势。在农村,资金的融通与土地问题发生着越来越深刻的联系。从广义的方面来看,人们已经认识到农村金融状况直接影响农村土地产权的分配与变动,有关农村金融体系的讨论直接与农村经济发展相联系。中国农村派所谓"地主、商人、高利贷者三位一体的剥削",就反映了人们对这种联系的认识。从狭义的方面来看,人们认识到"土地金融"作为不动产金融的一种,在农村金融中发挥着重要的作用,有关抵押贷款、购地贷款等的讨论盛极一时,土地金融学科也开始在国内产生和发展。

一、农村金融病态及对土地问题的影响研究

1. 从事实和市场开始的分析

1933年,张一凡在《中国农村金融病态之论断》[①]文中指出,中国农村金融的病态,可从"实质上的穷困"与"组织上的穷困"两个方面来说明。首先,所谓"实质上的贫穷",他是针对宏观金融现象来说的。第一,在货币流动方面,货币大量从农村流入城市,这种货币流动不仅通过贸易,而且通过田赋交纳、田租折金交纳、债务来往、土地买卖等渠道,使农村现银急速流出;第二,在信用变动方面,利率高、债务重,必然使农村信用发生动摇;第三,在地价与物价变动方面,地价崩跌,农产物价格一落千丈,这些更导致农村金融破败、现银流出;第四,在农村收支与债务方面,农村收入激减、支出激增、债务高筑。其次,所谓"组织上的穷困",是指农村中的钱庄、典当、钱会等所有融通资金的方法都已破产。综上所述,张一凡从农村要素

---

① 《中国经济》一卷四五期合刊。

市场的角度对金融问题进行了考察,并与农村土地问题联系了起来,他分别从资本流动冲击、资本与土地要素价格对比以及金融机构缺失等方面来说明问题。

张一凡还分析了农村金融恐慌的原因。他认为,"造成农村经济破产的原因是造成农村金融恐慌的内因中的综论"。一方面,农产收获量减少、物价下跌,使农民收入减少;另一方面,日用品价格的上升、田赋和苛捐杂税的增加等,使农民支出负担沉重。于是,农村经济被破坏,农村金融变枯竭。在这里,张一凡指出了农村金融恐慌与整个农村经济破产的联系,将要素市场与产品市场联系起来进行了分析,这种分析在经济学上是比较深刻的。他在分析中论及农产收获量的减少和苛捐杂税的增加,但是在这方面没有展开深入分析;相反地,他尤其注意了市场和价格因素的影响。

最后,张一凡道出了当时农村金融救济上的缺憾:第一,以救济农村为宗旨的农民银行,其放款的主要对象应该为半自耕农与佃农;而实际上,农民银行为保障资金的收回,对贷款者的资格要求严格、手续繁杂、需要抵押品和保人,这不利于半自耕农和佃农获得贷款。第二,农民银行的贷款,应该减轻地方沿定的利率,以满足农民对金融的渴求,摆脱经济上的贫困。事实上,张一凡认识到的这种缺憾,某种程度上正是市场制度内生的。在市场的自发调节下,金融机构为了自身的盈利和安全,必然与救济农村的社会目标相左,利率的市场定价也会使一般的农民难以接受,甚至出现"逆向"的选择。要救济农村金融,不能完全指望市场经济条件下的商业金融机构,更需要政策性金融机构。如何发挥政策性金融机构的作用,使其既能救济农村和农民,又能保证运行效率,这在今天的中国也是一个尚待解决的难题。

2. 从生产关系开始的分析

中国农村经济研究会的学者秉承他们一贯的看法,对农村金融的病态及其根源,从生产关系上进行了剖析和批判。1934 年,王寅生在《高利贷资本论》[①]中,分析了高利贷资本的起源,将高利贷资本与银行资本、金融资本进行了比较,并指出高利贷资本的作用和影响。王寅生认为,货币职能从流通手段发展到支付手段,从

---

① 《中国农村》创刊号,中国农村经济研究会:《中国土地问题和商业高利贷》,上海:黎明书局,1937 年版。

而产生了高利贷。相比较来说,银行资本是从属生产的,而金融资本和高利贷资本都是统制生产的。具体来看,银行资本"是一种资本商品",它"虽则寄生在资本生产中,而是资本家生产方法的主要因素之一"。金融资本是"发生于银行资本与产业资本的合生"。而高利贷资本"与小生产者相联系",它"对债主是资本,对债户只是货币",它反映了"欺诈"的关系。因此,高利贷资本的存在和发生作用破坏及分解现有的财产关系,产生及集聚货币资本,它"想维持现状,却破坏着现状"。此外,王寅生还指出,在殖民地和半殖民地国家,帝国主义金融资本与高利贷资本是相互勾结的。从王寅生的论述逻辑中我们发现,高利贷资本之所以成为银行资本和金融资本的一个畸形的发展,是因为半封建和半殖民地的生产关系。从王寅生的论述中,我们还可以看到很多不合理的"超经济剥削"的存在。因而,按照他的逻辑,彻底废除这种不合理的生产关系和"超经济剥削"是解决问题的关键之所在。

1936年,孙晓村在《现代中国的农业金融问题》[①]中更加明确地指出,"中国农村高利贷的存在,有它社会经济制度上的背景""新式农业金融体系,只有在新的生产关系上才能建立"。他通过分析德、英、美等西方发达国家农业金融建立的背景后认为,这些国家新式农业金融的建立,都是与资本主义土地关系发展相适应的。而在中国农村旧有的借贷关系中,借贷关系只是"作为全部社会结构中剥削关系的一个方面"。并且,当时中国的高利贷在性质上,兼具以帝国主义为背景的国际性和在自身方面高利贷者与地主、商人、官僚、绅士等多位一体的封建性。结果是,这样的借贷关系,除造成利息和商业利润的剥削以外,还"主要导致土地兼并"。由此,更加深了封建的生产关系和剥削。

半封建、半殖民地的生产关系决定了农村金融的病态,农村高利贷的畸形发展更维系着这种不合理的生产关系。因而,按照中国农村经济研究会的逻辑,打破和变革旧有的生产关系束缚是解决问题的关键。然而,今天我们仍须反思的是,生产关系在政治上的解决,可以成为经济发展(包括改善金融)的一个前提,可是当这

---

① 《中山文化教育馆季刊》三卷四期,中国农村经济研究会:《中国土地问题和商业高利贷》,上海:黎明书局,1937年版。

个前提具备之后,自然就一定会带来有效的经济发展和金融改善吗?这此后经济有效运行的机制应该是什么呢?对此,中国农村经济研究会的学者们并没有或没来得及给予进一步的解答。

二、对土地金融问题的具体研究

1924—1949年,学者和政治家们在农村金融和土地金融的理论与实践方面不断进行探索。在第四章关于合作化运动的事实性叙述中,我们已经看到国民政府和乡村建设派在农村信用合作方面的大量实践。以下,我们主要就当时人们关于土地金融的代表性思想进行分析和评论。

1. 地位与作用研究

民国时期,人们将农村金融与土地问题联系在了一起,将金融作为解决土地问题的一个先决条件和重要手段。

1928年,唐启宇在《民生主义与土地问题》①一书中,为了达到"耕者有其田"的目标,提出了四条农地政策:第一,照价征税,以使涨价归公;第二,限制占田;第三,举行地产长期贷款;第四,垦殖新地。四条主张中的第三条"举行地产长期贷款"是一项土地金融措施,唐启宇将它作为农地政策中重要的一条提了出来,使之成为实现"耕者有其田"民生主义理想的一个重要手段。可以说,采用金融手段使农民获得地权是一种温和的改良手段。

此外,张一凡1933年的文章《中国农村金融病态之论断》更认为,"金融问题,在目前社会经济中,是解决一切经济问题的先决条件"。他认为,对土地问题的解决来说,金融组织的健全、经济条件的完美,在一定程度上可以尽量利用荒地,以减免土地分配之不均;同时,还可以促进垦殖事业的发展,以救济农村中的劳力过剩。张一凡的认识更加具体了,他尤其偏重土地金融在荒地利用和垦殖方面的作用。

1934年,黄通在《土地金融之概念及其体系》②中,更加全面地阐述了土地金融的作用。他说,"佃租问题之最有效的解决,莫过于自耕农之创设与维系;而自耕农

---

① 唐启宇:《民生主义与土地问题》,南京:江苏省政府农工厅合作社指导员养成所,1928年版。
② 《地政月刊》二卷二期。

之创设与维持,亦有赖于不动产金融之协助……此外,因不动产金融的活动,使高利借贷得以减少,地权得以维持,对于社会上均有直接或间接的功用"。他还继续深入分析,在当时的社会体系下,土地除了代表一个国家大部分的财富,还构成个人主要的财产。土地既然是个人主要的财产,那么个人为了生产或消费,一旦缺乏资金,势必将土地作为融资的工具。这时,如果没有适当的金融组织使农民通过土地信用获得必要的资金,那么除了处分土地,农民再没有别的办法了。土地转移过于频繁,还会导致人民爱惜土地的观念日趋淡薄。所以,从社会经济或国民意识上着想,不动产金融的作用都十分重大。总之,黄通揭示了土地金融在创设自耕农、维持地权、减轻高利贷剥削以及培养国民土地意识等多方面的作用。

2. 概念与体系研究

黄通是中华人民共和国成立前二三十年里进行土地金融研究的代表人物,除了上文提到的《土地金融之概念及其体系》,还有《土地金融问题》等都是他的代表作。在这些著述里,他对土地金融的概念、体系、具体方法等基本理论问题进行了详尽的阐述。

关于土地金融的含义,他认为,"土地金融,广义的说,与不动产金融相等。""不动产金融的任务,便是:第一,对于上述的市地与农地的改良,供给充分的资金;第二,使固定于土地或建筑物之上的资金,再化为金融资金,重返于流通行程,而充其他各种的需要。"①在这里,黄通指出了土地金融两方面的任务:为土地改良提供资金和使固化的资金重返流通过程。

他说:"不动产金融的基础,是民法上的抵押权。可说不动产金融的全组织,乃建筑于此私法的特权之上。如无此种担保方法,长期信用的发展,实不可能。不动产金融的授信业务,是取民法上消费贷款的形式,而以抵押权保障其债权。"②从黄通的这段比较法律术语化的叙述中,我们仍不难发现其经济学上的意义。首先,不动产金融的抵押权来自"私法的特权",因此土地产权的私有性质是土地抵押权的基础。其次,农地的抵押权,一方面保障了农民长期信用的取得,另一方面保障了

---

① 黄通:《土地金融之概念及其体系》,《地政月刊》二卷二期。
② 同上。

债权人的债权,可以成为农村一种有双重激励机制的金融制度安排。

关于土地金融的分类,他又分析到,土地金融可以分为农地金融与市地金融。而农业金融有三种:土地取得金融、土地改良金融及农业经营金融。从债户给予债主担保的性质而言,后一种往往是对人信用,前两种则是对物信用或抵押信用。可见,前两种属于农村土地金融的范畴,由此可知土地金融主要分为土地取得金融和土地改良金融两种。

关于土地金融的特质,黄通认为:第一,在契约到期之前,债权者不得任意请求债务的偿还,即所谓"不通知的信用";第二,负债程度不可过高,应以土地收益的剩余能够偿还为限,而且偿还期限越长越好;第三,利率应低廉而不变;第四,债务摊还应带强制性质。对照今天的土地经济学来看,周诚(2003)在《土地经济学原理》中分析的土地金融的特征为:第一,期限长;第二,有担保;第三,政策性较强;第四,安全性较高。可见,黄通对于这些要点都已经注意到了,甚至在某些方面还有更深刻的认识,比如对于利率的低廉以及安全性方面的负债程度等问题的认识。黄通还说,"债券能否发行为土地金融的核心"。"土地抵押贷款证券化"至今仍是土地金融学的一项重要内容和实践中需要继续探索的一种做法。

土地金融的发展离不开土地金融机关的设立和土地金融体系的建构。黄通对土地金融的体系机构、土地金融资金的贷方和筹集的具体办法也进行了分析。因为本书的目的不在于专门研究农村金融或土地金融问题,所以对于这些技术性细节的具体研究不过多地进行详细考察。此外,1936年,章午云在《今日我国应采之土地金融政策》[①]中认为,"我国今日应采之土地金融政策,在筹设一正常之土地金融机关"。他还提出了筹设土地金融机关(不动产抵押放款银行)的原则:第一,该行在业务上应农村与都市并重;第二,该行在组织上应政府与人民合作;第三,该行资本应较普通银行更为充厚;第四,该行营业期限应较普通银行更为长久;第五,该行营业利益应有政府担保;第六,该行主要营业人员应负专责办理;第七,该行发行债票应采用有奖之方式;第八,该行放款业务应着重于金融业之转押;第九,该行应陆续于各省设立分行并采用分行制度。可见,土地金融机关应该是一个政策性的

---

① 《经济学季刊》七卷一期。

金融机构,章午云从宏观到微观对此机构的建立提出了很多很好的建议,这些建议在今天仍然很有现实意义。不过,建议是一回事,而实际行动则是另外一回事。尽管国民政府于1933年拨款250万元设立了鄂豫皖赣农民银行,1935年改为中国农民银行,专门面向农村和农业,发行短期和中期农贷,在抗日战争期间颇有贡献。然而,由于政府组织的乏力和市场经济利益的驱动,使得总体上来看,各类农民银行和土地银行并不能真正发挥支农的作用,农民也很难从土地金融中获得发展生产的机会或取得地权。

3. 对农地抵押贷款的研究

农地抵押贷款,是土地金融中的一项重要内容。1936年,吴宝华在《我国农地抵押放款问题之检讨》①文中,对农地抵押贷款问题进行了较为详细的讨论。首先,他分析了农地抵押贷款的重要性。其次,他又分析了农地抵押贷款的特性——期限长、利率低、数限严、还款分期。这与我们在前面提到的土地金融的特征是一致的,只是更具体、更有针对性。两次,他还对农地抵押贷款机构进行了分类,主要包括专营和兼职两种。前者分私营机关、国营机关和农民合作机关等,后者分私人资本(如个人资本家)和商业银行等。可见,从事农地抵押贷款的机构应该是多样化的,这一点在当今的中国也尤其需要注意。最后,他还指出了农地抵押贷款需要注意的事项:第一,应以合作社为基础;第二,应该重视农地估价;第三,贷款应用于生产事业;第四,贷款条件应合理化;第五,法规章程应详为制定;第六,应延聘和培训专门人才。这些注意事项也颇有借鉴意义,它的目的就在于既保障农民凭借土地获得生产资金,又不至于因此而失去土地。

4. 对"期货"现象的关注

金融制度不仅是自上而下的一种建构,更是来自现实生产、生活的需要,是为这种生产、生活而服务的。1935年,王药雨在《东北农村的"卖青"制度》②文中,就注意到了一种特殊的农村金融制度——"卖青",并对其进行了分析。他说,"卖青"是"定期买卖的一种,也是借贷方法的一种"。他还分析了这种制度出现的原

---

① 方显廷:《中国经济研究》,上海:商务印书馆,1938年版。
② 同上。

因:第一,农业金融上的困难;第二,农产品商品化的关系;第三,其他的,比如"赶行市"(投机)等。可见,这种"卖青"制度是现代期货制度的雏形。实际上,"卖青"制度早在中国古代的战国时期便有人提出了。战国时期,白圭"乐观时变",善于预测市场行情变化并进行经营决策。在青黄不接的时候,他办理私人农贷,约定从某项农作物收获之后予给清偿。当然,对市场行情的预测自然给这种特殊农贷的经营者带来了更多的风险。实际上,正因为一些风险偏好者的投机行为,才使得部分风险规避者的风险可以在这种投机行为中被锁定,因而促进了期货市场的发展。20世纪30年代,王药雨所注意到的"卖青"制度的兴起,虽然还处在不发达的萌芽状态,但毕竟有其现实的条件,也适合于当时农村的需求。这种自发的金融创新需要被鼓励和规范,才能在农地利用及农村发展中起到积极的"助力器"作用。

三、对土地金融和农村发展关系的思考

土地金融的发展和完善,将为地权的配置与维持提供有力的工具,并为土地的高效利用创造良好的环境,从而促进农村经济的发展。民国时期,人们对土地金融的关注自然地与土地问题的解决和农村发展联系了起来。

1. 资本问题与土地问题

孙中山"民生主义"思想的主要内容就是"平均地权"和"节制资本"。孙中山的经济发展思想不局限于农业或工业的发展,而是各业统筹兼顾、相互协调的整体发展。因而,土地和资本的关系问题便成为孙中山之后学者们研究的一个课题。1930年,王斐荪在《中国土地问题与资本问题之检讨》[①]文中研究了这两者之间的关系,认为"今日中国的土地问题,是只能与资本问题同时解决的"。他说,"欲求土地的国有,同时当求资本的国有";否则,单独解决土地问题是不可能的。他还从中国古代土地制度和政策方面进行了分析,指出中国古代井田制消灭的根本原因不在于政治,而在于经济,即商人资本(包括商业资本和高利贷资本)的发达。他认为,在土地私有制下,豪强累积剥削所得,使商人资本日益发达,而商人资本的发达又转而使得土地的兼并急剧化。因而,"解决资本问题,是解决土地问题的先决

---

① 《新生命》三卷六号。

条件"。对于这一点,我们在后文还会具体分析,看看资本的流动是如何促成地权的集中的。其实,不仅资本会影响地权,土地的产权安排也会影响资本的积累。对此,中华人民共和国成立以后通过农业合作化来为发展重工业创造条件便是明证,这在后文的农村工业化部分再展开论述。

2. 土地金融与地权变动

土地金融制度的不良导致高利贷的盛行,而高利贷的盛行无疑在土地兼并中起到推波助澜的作用。1934 年,秦翙在《农村信用与地权异动关系的研究:江宁县第一区农村调查报告》①中,在调查数字的基础上指出,要解除中国农村经济崩溃的内在矛盾,需要地权的扩充和获得,而农民丧失地权与高利贷的压榨有密切关系。所以他认为,当时最急之务,莫过于设立农业信用机关,疏通乡村金融,减轻农民负担,杜绝重利盘剥之风,以免地权丧失之患。

费孝通更详细地考察了农村金融竭蹶和地权外流之间的复杂联系。抗日战争初期,费孝通在《农村土地权的外流》②文中,分析了农村金融对土地产权变化及农村发展的影响。他认为,当时江苏农村土地权已经大部分流到住在城里的地主手里,在这个过程中,"高利贷,即城市资金流入农村起了作用"。这种地权和资金的流动,是"一回事的两个方面"。他引用 R. H. Tawney 的解释,认为陕西、山西、河北、山东、河南等地权受工商业影响小的地区,是由于土地生产力低、不足以吸引资本家来投资,农民也没有余力来租地。他说,"农村吸收都市资金的能力倚于土地的生产力和农民一般的生计"。可见,费孝通是侧重于从市场供求的双方来分析金融资本与土地产权的双向流动。当然,费孝通也认识到了中国农村的不同类型和特殊问题。对于不同于江苏"江村"的云南"禄村",他就认识到在工商业不发达的情况下,地主地少且很少租给别人,此时,"农民借钱不用来生产,而是用来消费的"。费孝通得出结论,"农村土地权外流是由于农村金融的竭蹶",而"靠近都市的农村手工业破产,导致金融的竭蹶"。他认为,在农民有能力支付利息,或城里有钱人有其他利用资本的机会时,也不会让资金流入乡

---

① 《地政月刊》二卷六期。
② 费孝通:《内地农村》,重庆:生活书店,1947 年版。

村。因此,如果一方面在城市发展工商业,增加投资机会和利润,另一方面在农村发展小额信贷,使农民不致于用土地换资金,这样就不会使农村产生手工业的破产,不会导致农村金融的竭蹶和农村地权的外流。可见,费孝通的认识更深了一层,已经涉及工业化等问题。

不良的金融体系促成地权的集中,而合理的金融体系的构建则会起到积极的维持地权的作用。1942年,黄通在《土地金融问题》[①]一书中,阐述了土地金融对于创设和维系自耕农、解决土地产权问题的重要作用。一方面,自耕农的创设和维系,有赖于土地或不动产金融的协助;另一方面,土地或不动产金融的活动,使高利借贷得以减少,地权得以维持,对于社会也有直接或间接的作用。他是从正反两个方面、积极和消极两个角度阐述了土地金融在维持地权上的作用。

3. 土地金融与土地利用

土地金融除了在影响地权方面发挥作用,还在影响土地利用方面发挥作用。黄通在《土地金融问题》中也说:"我国土地金融机关所负之使命,以促进土地改革实现、平均地权为首要,活泼农村金融、改善土地利用次之,即兼具德国地租银行及一般土地银行双重之机能。"在这里,他把土地金融对土地利用的促进作用放在了第二位,这与中国当时的社会背景条件是相联系的。由于地权矛盾的激化,民国时期"土地分配论"的声音压倒了"土地利用论"的声音,因而人们对于土地金融在土地产权分配和改善土地收益分配方面的作用尤其重视。然而,从长远的经济发展来看,如何发挥土地金融的作用,实现资金和土地的合理配置以促进土地利用效率的提高,这才是问题的关键。在这背后,应建立一种有效的经济调节机制,比如自由的市场制度、完善的政府调节等。民国时期,在这方面留给我们的空白,实际上在今天依然存在。

综上所述,农村的发展是与外界广泛联系着的。农业与工业、农村与城市,在经济的发展中存在着连动的关系,在一定时间内的社会发展战略也存在一个权衡问题。而金融正是架设在农工之间、城乡之间的一座"桥梁"。任哲明在从农村与都市的关系来认识农村借贷问题时,认为重租、重赋与苛捐杂税是产生高利贷的直

---

① 黄通:《土地金融问题》,上海:商务印书馆,1942年版。

接因素,而要解决农村借贷问题,在消灭重租、重赋和反对帝国主义侵略的同时,还要"消灭工商金融支配农业的局面"。① 可见,他看到了农村外部的工商业和金融资本对农村与农业的侵夺。因此,如何协调资本和土地要素之间的关系,实现整个社会的协调发展,这是一个需要我们不断思考的问题。

第二节 对土地税赋问题的探讨

影响土地利用的另外一个重要的因素在于土地税赋。土地税赋是国家(或作为其代表的各级政府)凭借其政治权力向土地所有者或使用者取得的土地收益,它反映了国家对土地产出的再分配和调节关系。这种税收调节,是经济发展中收益再分配的一种机制,它的存在在某种程度上可以弥补初次市场分配的不足。此外,从经济发展的角度来看,政府的税收对于促进社会公共设施的建设和社会公益事业的发展都有着不可替代的作用,政府的税收反映了这种经济社会发展的成本分摊。在民国时期,土地税赋是政府收入的主要组成部分,因而土地税赋是影响农村经济发展的一个重要因素。

一、对田赋概况与弊端的认识

1. 田赋调查与总体认识

民国初年出版的晏才杰著《田赋刍议》②是一本屡被提及和引用的名著,它对中国田赋的现状、弊端以及改革进行了较为全面的阐述。晏才杰分析了当时中国财政困难的情况,指出田赋习惯上的通弊:第一,赋目纷赜,税制不一;第二,税率不均,负担失平;第三,亩量参差,弓尺不齐;第四,银钱折合,币制混乱;第五,征收制度不良,胥吏夤缘为奸。他还从政治、经济、财政三方面,申述了整理田赋的理由。关于改革,他主张先行清丈,再行改造征收制度。

---

① 哲明:《中国农村经济中的借贷问题》,载千家驹等著:《农村与都市》,上海:中华书局,1935 年版。
② 晏才杰:《田赋刍议》,北平共和印刷局,1915 年版。

在田赋调查方面,日本人天野元之助的《中国田赋之考察》①相对来说是最为全面、翔实、准确的调查报告。该文共分七个部分:第一,中国田赋的现状;第二,田赋的增加率;第三,田赋的附加税;第四,田赋的征收;第五,田赋的预征;第六,田赋的高度;第七,田赋的逋逃与转嫁。该文资料翔实、全面,参考引证了许多文献,语言简洁精当;且从外国人的观点来看待问题,相对来说更加客观。文章对于全面、详细、准确地了解中国当时田赋的状况颇有好处,不过,要注意其为发动侵华战争做准备的企图。

此外,还有大量地方性的田赋调查报告,其中比较翔实的为对江浙地区的调查。1933 年,张淼在《江苏田赋概况》②中,分绪言、额田、亩法、地价、额赋、科则、折征、收数、经征、灶课十个部分对江苏的田赋概况做了介绍;随后又在《浙江田赋概况》③中,分绪言、额田、弓尺、额赋、科则、赋税、收数、积弊、整理和灶课十个部分对浙江的田赋概况做了介绍。1934 年,万国鼎、庄强华和吴永铭出版《江苏武进南通田赋调查报告》④,从田赋的种类及亩数、地籍、推收及税契、税率、征收、议图制、赋额完欠及追收、田赋与县财政及农民等方面做了统计调查。

通过对中国当时田赋状况的调查,人们逐渐加深了对田赋弊端的认识。1934 年,成凤彩在《中国田赋之积弊及其整理办法》⑤文中,从税制方面(漫无标准)、土地方面(缺乏测量)、人事方面(敲诈贪污等)以及其他方面(逃田太多、按亩分摊之纷扰、附加之繁重、预征及重征)总结了中国田赋的积弊。1936 年,翁之镛在《田赋积弊探微》⑥中认为,田赋积弊的本原是历史的因袭,包括"制度之失"和"人事之病";此外,胥吏舞弊也是一个重要的原因,包括胥吏的隐匿、短报、搅乱等。下面我们将当时人们认识到的田赋的主要弊端及需要改进之处进行具体分析。

---

① 《满铁调查月报》第 14 卷第 2 号。此文由刘刚翻译,发表于《中国经济》二卷八期;由邓伯弢翻译,发表于《地政月刊》二卷十二期。
② 《地政月刊》一卷七期。
③ 《地政月刊》一卷八期。
④ 万国鼎等:《江苏武进南通田赋调查报告》,参谋本部国防设计委员会,1934 年版。
⑤ 《中国经济》二卷六期。
⑥ 《地政月刊》四卷二三期合刊。

2. 对田赋弊端的具体阐述

从大量的田赋调查和分析中,人们认识到中国的田赋制度存在很多的弊端,其主要问题如下:

第一,田赋高度问题。1933年,李如汉在《中国田赋高度的新估计》①文中指出:中国田赋收入占全国收入的10%—20%,高于世界其他国家;中国田赋的税率已在任何国家之上;中国田赋增加的速率快,且预征严重;中国田赋与工商税比较,田赋占地价的1%—5%,而营业税仅占资本额的0.1%—2%,明显不公平;中国田赋与宅地税的比较,也明显失之偏颇。因此,他最终感慨道:"中国田赋的高度……差不多是中外古今有独无偶的苛税。它不仅剥夺了农民的生产利润;而且剥夺了农民的生产资本,生产工具,甚至生活资料!"可见,政府从农地的索取不仅从绝对数量上来说很高,而且从增加的速度和相对其他税收来说也明显过高。因此,税收给予农村土地的负担是比较重的。

第二,田赋负担不平问题。1928年,广化在《中国租税制度概观》②文中指出,中国租税制度的弊端为"租税负担不平",大半租税由地方小农及都会贫民负担。1931年,马寅初发表《中国田赋制度之现状》③,指出"我国田亩等级殊失公允,册簿失实,胥吏作祟,急宜设法救济"。针对这种田赋负担不均的情况,他提出了改革的主张:依照征税平均简单的原则,应采从价主义或从量主义(土地收益及租息);清查亩额应清丈与登记;轻税之田加重,重税之田减轻。1946年,马寅初在《土地税》④文中,再次提出土地税的征收标准和中国土地税制的不合标准。他认为,征收土地税的标准包括面积、收获量、等级、佃租额、地价等,采取查定法或底册法。而中国当时的土地税制"加税愈重,负担愈不公平"。可见,这种税收负担的不平,需要在税收制度和政策上做出相应的调整,这种不平是"系统性"的。

第三,田赋转嫁与苛征问题。事实上,造成田赋负担不平的一些特例是田赋的转嫁和苛征问题,这些问题在某种程度上是"非系统性"的,它们不能通过调整税

---

① 《地政月刊》一卷三期。
② 《新生命》一卷五号;摘要见《地政月刊》一卷五期。
③ 《中大半月刊》二卷七期;摘要见《地政月刊》一卷三期。
④ 《观察》一卷十八号;另被收入《马寅初经济论文集(增订本)》,北京:北京大学出版社,1990年版。

收制度和政策的"参数"来使问题得到彻底解决。田赋的转嫁和苛征在很大程度上来自地主和农民政治力量的不平等。1928年,陈翰笙在《中国农民负担的赋税》[1]文中认为,外债、公债、强借、辅币、纸币、田赋、契税、鸦片田税、盐税、煤油进口税、农产品税、通过税、营业税以及勒索与拉夫等,都是对农民"变相的赋税",都是农民"间接的负担"。因此,"在中国与其说赋税是公家财政的基本,毋宁说它是公开掠夺的代名词"。徐羽冰在《中国田赋一考察》[2]中也注意到了田赋的转嫁问题,他说,"吾人须知高率之田税,在事实上并非由土地所有者所负担,其中尚有不少转嫁与逃避等事"。此外,1934年,许涤新在《捐税繁重与农村经济之没落》[3]文中认为,苛捐杂税与封建地租同为"超经济的剥削"。1942年,朱剑农在《民生主义土地政策》[4]中,也认识到了地价税的转嫁问题,因此他主张要注意"减租护佃"。

第四,田赋附税的问题。民国时期,农民田赋负担的一个重要组成部分是"附税"。赋税是地方各级政府以各种名目在正税之外取得的税收收入,因此田赋的附税实际上是合法形式下的一种"苛征"。民国时期,人们主张限制附税的呼声越来越高。

有人认识到田赋附税的严重,并提出裁减的主张和实施原则。宋序英在《亟应减轻田赋附税以舒农困》[5]文中指出,民国初年以后,田赋划为地方税收由省府管理,县治的费用作为附税隶于正课,此后,由于地方政府认识到田赋是具有充分性和确实性的税收,从而不断加重附征。在较为富庶的江浙地区,各县的田赋附加税及亩捐超过正税的两倍至十五倍不等。他随后又在《限增田赋附税之治标与正本》[6]文中,提出治理田赋附税的主张:"从今开始,所有田赋附捐或类似之亩捐等不得再征,待征期满之附捐一律停止续征。"他还提出整理田赋附税的六条原则:附捐总额不得超过正赋;忙漕折合银元,单位以分为止;正附两税总额不得超过地价百分之一;以附捐支配的各项事业应酌量紧缩,以设法减轻附捐;从严惩处擅征附

---

[1] 《东方杂志》二十五卷十九号;摘要见《地政月刊》一卷五期;还被收入汪熙、杨小佛:《陈翰笙文集》,上海:复旦大学出版社,1985年版。
[2] 《东方杂志》第31卷第10号;摘要见《地政月刊》二卷六期。
[3] 钱亦石等:《中国农村问题》,上海:中华书局,1935年版。
[4] 朱剑农:《民生主义土地政策》,上海:商务印书馆,1942年版。
[5] 《农业周报》第2卷第11期;摘要见《地政月刊》一卷五期。
[6] 《农业周报》第2卷第13期;摘要见《地政月刊》一卷五期。

捐的行为;清厘正赋,以补充各县减免附捐的事业经费。

有人认识到赋税减免的难处,并提出"过渡性的办法"。1934年,宋希庠在《救济农村与减轻田赋附税》①文中,比较裁撤厘金,分析了减免田赋附税的难处,他的理由是:裁撤厘金后,中央可以增加海关税收,各省可以征收营业税进行抵补;而田赋赋税纯为地方税收,因而减免后县治下的教育、建设、公安等重要地方事务都会陷入停顿。有鉴于此,他提出六项过渡的救济办法:其一,让县政府先期公布预算,同时征求地方法团和公民的意见,供政府审核参考;其二,统一田赋附税的名称,归并税目,确定支配百分比,并规定不得超过正税;其三,除关系重大的县地方保卫经费和教育经费以外,其余各项经费(除了直接采用于农民本身的)一律减免,关系全县人民的事业也要向工商居民筹款,城镇事业经费应归地方人民自筹,以户捐及商富捐为限;其四,因为减免田赋附税,经审核后的预算有不够的地方,可以由省款补助、城市宅地税、整理田赋(正税)后增加的收入、举办土地陈报后新增的赋额、市民所得税和市民遗产税等进行抵补;其五,政府严厉稽核征收,改善征收制度,将催征两权分开,催者无收款权,征者无保管权,并令收税、管册、出串三部分互相牵制;其六,征税人员应为拿工资的人员,视为公务员,并更改串票形式制度。

从以上的认识当中,我们不难发现,在整理田赋附税的过程中,体现的是经济收益再分配制度的调整。虽然很多人充分认识到了农民负担过重会影响农业和农村的发展,从而主张减免田赋附税,但是对于不同的利益群体,现实的利益确实难以撼动。在这种利益的再分配中,涉及农民与政府、工商业与农业、中央政府和地方各级政府等多种利益的协调,田赋附税的改革自然需要强有力的政治力量来组织实施,否则任何改良性的措施都会举步维艰。与之形成对照的是:一方面,中国经济派的尤保耕在《田赋附加与中国财政》②文中提出,要抵补废除的田赋附加,积极方面应整理田赋,消极方面应确定地方财政预算,节省费用。他认为整理田赋为抵补田赋附加的最重要来源,这与当时财政部税司司长高秉坊"重在整理而不在裁费"的观点一致。尽管如此,尤保耕还是认为,"整理田赋需要以政治的修明、贪污

---

① 《地政月刊》二卷五期。
② 《中国经济》二卷七期。

的荡涤和专才的培植为前提"。另一方面,中国农村派的千家驹在《论整理田赋附加》①文中认为,"减轻田赋的真正实行不是一个法令问题,而是一个制度问题"。他认为减轻田赋附加的根本办法是清丈田亩、实行农田单一累进税制。在清丈田亩难以在短期内完成的情况下,他提出治标的办法,其中包括"对付地方政府的苛征,要允许人民自由抗捐抗税"。可见,在这种赤裸裸的经济收益分配面前,绝对的政治权力和政治力量是争取利益的最好途径。在这方面,中国农村派的意见是实质性的。

第五,契税问题。20世纪30年代,人们还围绕废除土地契税提出了看法。有人分别从事实方面、法理方面和历史方面阐述了废除契税的理由。事实方面,张廷休在《契税应即废除》②文中提出:其一,从经济方面来说,契税会妨碍土地的投资、加速农村的破产、奖励中间人的剥削;其二,从财政方面来说,契税会造成重复课税,对于地方政府来说收入也是不定的;其三,从地政方面来说,契税没有存在的余地,不符合土地法的规定;其四,从社会方面来说,契税导致中间人的索诈等不良习惯。法理方面,张淼在《契税应即废除之理》③文中认为:(1)租税上的理由。对于税源与租税的客体,他认为应该从财产所有、营利、使用消费以及买卖交换这四种经济事实来捕捉。根据这样的经济事实,有收入税、消费税和流通税三种租税体系。契税与印花税、登录税性质类似,但在事实上又都不相同,因此它没有单独成为税种的地位。(2)法律上的理由。关于契税具有证明产权的效力,张淼认为,在当时的法律上,产权的保障无须契税;即使要契税为之保障,契税也不能负此责任。历史方面,翁之镛在《废除契税之历史上理由》④文中认为,当时实行的契税脱胎于光绪三十年的改章,孕育于宣统元年的统一办法,完成于民国三年的契税条例,时间不过三十多年,并非有着悠久的历史,并且,民国三年的契税条例又未经过完备的立法程序,并非有着绝对的法律效力。今天,以经济学的观点来看,契税增加了土地产权转移的交易成本,因此契税的废除对于土地要素的市场流动是有好处的。

---

① 《益世报》;摘要见《地政月刊》二卷六期。
② 《地政月刊》四卷七期。
③ 《地政月刊》四卷八期。
④ 《地政月刊》四卷九期。

二、整理田赋与"农村复兴"

20世纪30年代,面对日趋严重的农村问题,国民政府发起了"农村复兴运动"。1933年5月,国民政府成立了农村复兴委员会,以图改善日益恶化的农村经济状况,缓和农村的矛盾和斗争。当时,国内关于农村复兴的机构林立:政府机构方面有国防委员会内的农事组织,鄂豫皖赣四省缴匪总司令部附设的各项农村金融、合作、保甲、土地等问题的研究及执行机关,全国经济委员会农村建设专门委员会,中央及地方农业推广委员会,行政院长汪精卫召集的农村复兴委员会及其在各省市的分会等;在工商界方面有上海银行公会的农村金融调剂委员会,上海商业储蓄银行借助金陵大学农业经济系进行乡村建设及救济工作,中国银行在河北南部设有农产抵押仓库;在学术机关方面有定县平民教育促进会、邹平乡村建设学院、无锡民众教育学院、华北工业改进社、金陵大学农业经济系、燕京大学社会学系等;在慈善机构方面有华洋义赈会等。

这一时期,在深刻认识田赋积弊的基础上,人们将整理田赋与复兴农村联系了起来。

1. 议论和思考

20世纪30年代,人们逐渐认识到"田赋的繁重,捐税的烦杂,却为助长农村没落之最大的原因""在今日谈救济农民复兴农村,当先减轻农民的负担,欲减轻农民的负担,必先废除田赋的附加"。[①]

1933年,时任财政部长的孔祥熙曾谈到整理田赋的必要性,他说:"我国之田赋,复杂异常,有有田而无粮者,有有粮而无田者,有田多于粮者,有粮多于田者;政府裁撤厘金,初思举办他种替代税,弥补裁撤厘金之损失,惜均未实现,而田赋之附加税,则日益增多。现在各省田赋之附加税,竟有三十余种之多,而四川之田赋,更有征至民国五十余年者,以致农村破产,土匪蜂起,要皆种因于此也。"[②]针对孔祥熙的说法,张森在《复兴农村与整理田赋》[③]文中,提出四点解决办法:第一,地方一

---

① 刘世仁:《中国田赋问题》,上海:商务印书馆,1935年版。
② 《时事新报》1933年12月16日。
③ 《地政月刊》一卷十二期。

切政费,当力求节约;第二,缩减或停止其他一切不急政费,将地方收入之大部分用为救农之需;第三,整顿营业税,重课都市宅地税,创办都市土地增价税等;第四,整理田赋制度。可见,这种建议,无非是在财政收入方面,增加对城市土地和工商业的征收,减少对农村土地的征收;在财政支出方面,减少政府的经费支出,增加对农民和农村的支出。这是一种简单的再分配调节和"零和博弈"。

该时期,还有一些学者认为,整理田赋的关键在于通过"清丈"和"陈报"等措施,增加正税的收入。1934年,郑季楷在《整理田赋的轮廓画》①文中提出,为了增加税收、救济农村和复兴民族,不能不整理田赋。他提出整理田赋治标的办法为:第一,整理地方的田赋附加;第二,紧缩地方财政预算;第三,使行政组织合理化,力求节约;第四,改良征收方法。更重要的是,他认为治本的方法为"清丈田亩"。1935年,童雪天在《中国田赋整理问题》②文中,也认为解决中国田赋税率过高、制度不良、田赋积欠等问题的根本办法在于"清丈"和"陈报"。这种"清丈"和"陈报",看似不直接触动某些利益集团的经济利益,是在现有税收之外将"蛋糕"做大的办法;但实际上,能够隐匿不报的收入在很大程度上还是来自有权有势的当权者阶层,因而这种意在增收的办法在实践中也是难以推行。

该一时期,为了达到复兴农村的目的,还有人对整理田赋的原则和办法进行了阐述。1933年,黄通在《复兴农村与田赋问题》③文中,指出整理田赋对于复兴农村的重要意义,并认为当时田赋问题主要在于"税政失修"和"胥吏舞弊"。1934年,萧铮、万国鼎、唐启宇和张淼四人向财政会议提出整理田赋的提案,提出"改正地藉""重定税制""改革征收制度"三个方面的建议。④ 1936年,翁之镛在《田赋整理问题》⑤中认为,"整理田赋,当决定方法之前,固须认清对象、目标与范围,然其决定实行之初,又须洞悉可能之时机与适当之环境"。他还提出"廉、快、稳、便"的原则。

---

① 《农村经济》一卷七期;摘要见《地政月刊》二卷六期。
② 《农村经济》二卷十期。
③ 《前途》一卷九号。
④ 《地政月刊》二卷五期。
⑤ 《地政月刊》四卷二三期。

2. 政府的措施

面对农村经济危机以及整理田赋的呼声,国民政府采取了相应的措施来整理田赋。比如,内政部在1933年2月11日的一次关于整顿田赋附加的会议上通过两项原则:第一,附捐不得超过正赋,第二,正赋附捐共同征收额,不得超过田价百分之一。① 1933年,当时身为财政部部长的孔祥熙也发表整理田赋附加的意见,并在社会上引起较为强烈的反响。孔祥熙认识到"各省田赋附加名目,多至数十种,即苏省田赋附加名目,亦多达二十种",但是"欲各地一律将田赋附加裁去,事实上必难实行",只能由专门机构"从事研究,酌定裁减原则。至地方政府,因裁减附加所受损失,财部将设法整顿某项税收,抵偿地方政府损失"。②

自民国成立以来,中国农村田赋制度经历了多次制度变革,当时有人总结了自民国成立至抗日战争前中国的十二项重要的田赋变革措施。③ 第一,田赋由国税改为地方税。中华民国成立后,将田赋归为地方的思潮逐渐成为一种趋势,在此情形下,1927年南京国民政府成立以后,采用中央与地方分权制,正式将田赋划归地方,用于发展公共事业;同时,中央政府仍有制定土地税法、监督指示地方财政的权力。中央与地方财政分权之后,省与县也根据实际情况确定了土地税收的分成。第二,改并税目。民国初年以后,各省大多合并田赋,革除"耗羡平余"等名称,税目大为减少。第三,取消遇闰加征。民国改用阳历,因此在1917年废除了遇闰加征的制度。第四,限制征收经费。1914年曾规定,各省钱粮经费可以在田赋正额之外加收百分之十以内的附加。第五,减轻偏重税率。对部分地区、部分税种适当核减。第六,规定银米折价。通过折价,大部分省份改征银元。第七,附加税的限制。面对各省大量增加田赋附加的情况,1928年财政部颁布了限制田赋附加的办法八条,1932年又重申这八条;1933年行政院颁布了重新修订的办法十一条;1934年全国财政会议拟定了整理田赋附加的原则六条。④ 第八,废除银米名目及归并正赋税。民国后,很多省份将银米折合银元征收,有的省份为限制日益增多的赋

---

① 《中央日报》1933年2月12日。
② 《孔祥熙发表整理田赋意见》,《地政月刊》一卷十二期。
③ 汤一南:《民国以来田赋上重要变革》,《地政月刊》四卷二三期。
④ 庄强华:《近年限制田赋附加之回顾》,《地政月刊》,四卷二三期合刊;文中详细介绍了1928年部颁八条,1933年院颁十一条以及1934年财政会议原则。

税,将正税赋税合并征收。第九,地价税与土地增值税的规定和实施。1926年,广州国民政府曾规定征收地价税;1930年的《土地法》也规定要征收地价税;到抗日战争前,青岛、广州、杭州、上海等地曾实行了地价税,但效果不好。至于土地增值税,广州国民政府曾做出规定并于1926年试行,1930年的《土地法》也有规定,但主要还是针对市地。第十,规定铁路、公路用地免税规程。第十一,修正灾欠蠲缓条例。对于受灾田赋,各省份或缓或免,规定并不一致。第十二,豁免旧欠。在田赋归为地方税以后,各省份对于豁免田赋丧失了主动性。

从以上措施的反面,我们可以看到,中央政府、地方各级政府出于自身的利益,一次次不断地加紧对农民的索取。减税、归并等一次次反弹,表明的是各级政府和各利益集团之间的博弈。庄强华曾经感言,"惟一事之成败,非由于章则之详密或粗疏,而在于秉政者之能否力行为断"。① 赵连福在《民国以来政府整理田赋之总检讨》②文中也认为,1927年将田赋列为地方收入,开辟了税制上的"新纪元",然而,田赋在地方各级政府间如何分配尚未得到解决;同时,依照财政部《组织法》的规定,财政部对于地方财政仍负有监督和指示的责任,所以中央政府的财政部先后多次出台整理田赋的命令。这样看来,各级政府之间的"分税"并没有达到责权明确的地步,其相互之间的冲突自然在所难免。对于中央政府倡导多年的整理田赋,赵连福也指出,由于各地方阳奉阴违、有名无实,导致整理田赋日益紊乱。

从以上学者的认识和政府的行动来看,整顿田赋、减轻农民负担,确实是复兴农村的重要前提。然而,无论是认识还是行动,还是就事论事的权宜之计,因为出于救济农村的目的而进行的整理田赋和减轻赋税,并不能为农村的长期发展铺平道路。更何况,实际的效果距离学者和政府的理想恐怕还相差甚远。

三、土地税制与农村发展

1924—1949年,除了应急式的"整理田赋"和运动式的"复兴农村",人们还就土地税赋制度改革进行了思考,并与农村的发展联系了起来。这一时期,有关土地

---

① 庄强华:《近年限制田赋附加之回顾》,《地政月刊》四卷二三期合刊。
② 《中山文化教育馆季刊》三卷二期。

税制改革,讨论最多的是地价税和土地增值税的实行。

1. 对土地税制改革原因与目标的分析

该时期,人们逐渐认识到,欲革除田赋积弊,在"清查田亩"的同时,更要"改革税制"、实行地价税。1935年,李如汉在《实行地价税与地方财政之关系》①文中认为,田赋最大的缺陷有两个:第一,税制本身的问题,田赋税制是从人、从物、从价、从量的混合主义;第二,亩额的问题,现在征收田赋所依据的亩额不可依靠。因此,他认为,要改革中国的田赋制度,"最重要的先要清查田亩与改革税制"。进而,他认为"实行地价税为改造田赋的不二法门",从原理上讲,实行地价税可以平均人民负担;从事实上讲,可以获得更多的税收,"这是一个有百利而无一弊的制度"。自然,政府的税收与人民的负担是需要权衡的两个方面,但果真要做到对两者都有利似乎并不那么容易。

北伐时期,有人从增加政府收入的角度来认识地价税的实行。1926年,冯叔鸾在《土地税施行之研究》②文中,对于广东设立土地厅、欲行土地税,他认为"此无他,财政枯窘,搜罗既竭,势必移其目光而增加土地之收入"。他提出,中国田赋定额太低,将来土地税一定要实行,但不能为扩充北伐军费而急功近利。"其理由则田赋即是地税,欲行地税,必先免地丁钱粮,不然者,是为重税"。他建议广东政府免地丁钱粮,不成;又建议先行土地登记,收取登记费,但也不被采纳。在其草拟的《广东土地登记条例(草案)》中,他提出了土地登记和收费的具体办法。其中,登记时采用业户申报,然后政府进行测量和调查的办法。可见,早期地价税的推行目的并没有像后来那样堂而皇之。

到了1930年的《土地法》,地价税便被宣称为"地尽其利""平均地权"的手段了。1928年年底,中央政治会议立法院提出草拟的土地法原则,并在1929年年初的国民党中央政治会议上通过。该原则指出,"国家整理土地的目的,在使地尽其用,并使人民有平均享受使用土地之权利"。并且,为了防止私人垄断土地,"唯一最有效之手段,厥为按照地价征税及征收土地增益税之办法",并提出十一项具体

---

① 《地政月刊》三卷十期。
② 《国闻周报》三卷廿五、廿六期。

原则。天津《大公报》和《国闻周报》等都对其进行了评论,原则上颇为赞同。1933年,范苑声在《累进税制之评论与我国土地税率累进问题》①文中,认为土地价格累进税制的发展"是随着社会的进化而普遍的,是平均地权过程中的重要手段"。1942年,朱剑农在《民生主义土地政策》②中也认为,"平均地权的地价税率,应该是累进的"。可见,他也将累进的地价税,作为实现平均地权的一种手段。

2. 对地价税与土地增值税本身的理论研究

首先,在性质方面。1934年,周咸堂的《土地增价税的性质》③指出了土地增值税的伦理性质、社会性质和财政性质。他认为,在伦理性质方面,土地增值税是对不劳而获利益的课税;在社会性质方面,土地增值税可以防止投机;在财政性质方面,土地增值税是逐年递增的。周咸堂的分析还是局限在了问题的表面,对于土地增值税社会再分配等性质并没有进行论述。

其次,在理论方面。1933年,曾济宽在《地价的成立及其评定法之理论与实际》④一文中,从当时西方经济学的价值和价格理论出发进行了理论阐释。他解释了地价的发生,古代人们共同利用土地,没有地价可言,地价的发生有三个程序:一是由于土地利用的进步,发生了土地私有制度;二是由于土地生产结果的差异而产生地租,地租使土地收益更加确实;三是由于金钱的发生,地租随着交易制度的发达而以金钱计算。因此,"以收地租为目的的土地,一旦成为交易的目的物时,亦不得不以金钱代表其地租收益化为资本之价格,地价便发生了"。曾济宽在分析了效用价值论和生产费用价值论之后,认为土地价格不能采用市场价格为标准,而应当以地租为因子,并用一定的利率换算为资本价的方法决定,即依据土地收益的价格和使其还原为资本价格的利率共同决定。对于农地的价格,曾济宽提出的决定公式为:土地收益价格(土地资本价) = (土地生产收入 – 生产支出)/经济利率 = 土地纯收益(地租)/经济利率。他最后还明确提出,"了解土地价值和价格的实际测定,在国家财政方面可以作为土地课税的准则"。

---

① 《中国经济》一卷一期。
② 朱剑农:《民生主义土地政策》,上海:商务印书馆,1942年版。
③ 《中国经济》二卷三期。
④ 《地政月刊》一卷四期。

最后,在需要注意的问题方面。1928年,和平在《地价及地价税之研究》[①]中,首先在总体原则上对实行地价税提出了需要注意的问题:第一,施行"普遍的地价税",即包括城市和农村在内的地价税,但要有所区别,在农村,地价税应该较轻;第二,地价税要在一定程度上实行累进;第三,要防止地价税的转嫁;第四,地价税要用于发展农村经济和改善农民生活。他还就地价税的征收提出需要注意的两个问题:第一,间接税与直接税的问题,即在一定时期征收,还是在土地转移时征收,两种办法各有短长,最好混合两制;第二,国家税与地方税的问题,应以国家的经济设施来决定,大体上要以地方税为主。对于地价税的转嫁问题,1934年,高信在《土地税能否转嫁问题》[②]中认为,如果按照孙中山主张的"按照素地价值征收土地税""税收将不能转嫁,不会加重一般国民的负担"。此外,1935年,陈振鹭和陈邦政在《中国农村经济问题》中,也论述了土地增价税的优点、难点及其解决办法。

3. 土地税制对农村发展的影响

从上文的研究中已经可以看出,农村土地税赋的种种弊端直接导致了农民生活的贫困和农村经济的破产,而无论是"整理田赋"还是"改革税制",都着眼于调整土地收益分配和促进农村经济发展。

首先,土地税收是国家改善土地收益再分配的一种手段。在一定的社会经济条件下,土地的总产出是固定的。在市场按照要素取酬原则对土地收益进行初次分配以后,可能会存在一定程度的不公平;同时,很多社会公益事业和基础设施等缺乏建设的激励机制。因此,国家有必要通过征税和转移支付的形式,对土地收益实现"二次分配"。这种土地收益的再分配,对于保障社会的公平与稳定、为社会提供外部性很强的公共产品,都是有益和必要的。可以说,这种土地收益的再分配是农村社会发展的前提和基础。然而,国家和作为其代理人的各级政府能否处理好这种再分配,这才是问题的关键。

一方面,各级政府之间的利益往往是不一致的,因此中央政府和地方政府在收益分配上会存在矛盾冲突。民国时期,田赋是地方政府的主要收入,"地方财政百

---

① 《新生命》一卷十二号;摘要见《地政月刊》一卷二期。
② 《地政月刊》二卷六期。

分之七八十仰仗田赋收入"①,同时,中央政府又有监督指导和制定法令政策的权力。因而,中央政府自上而下的"整理田赋"和"减轻田赋附加"在地方遭到的只能是阳奉阴违的抵抗。从积极的方面来看,中央政府减轻田赋,从而减轻农民负担,是为了发展农村经济;而地方政府获得必要的公共财政收入,改善农村基础设施等公共服务,也是为了发展农村经济。因此,同样是为了发展农村经济,中央政府和地方政府的利益取向与激励也可能不同。更何况,中央政府和地方政府的目标和激励还有可能是阻碍农村发展的。

另一方面,政府税收在农业与工业、农村与城市之间的倾斜,更直接影响农村的发展。民国时期,人们在认识土地税赋弊端的时候,看到了田赋相对于其他税收的税率是偏高的,因此在改革税制时,主张农村的地价税应该比城市的地价税更轻,这些都是人们对这种税收倾斜的认识。农村的发展,与国家税收杠杆的作用密不可分,从中华人民共和国成立后"重工业优先发展"战略的实施中,就可以清楚地看到这种税收"剪刀差"对农村发展的巨大影响。

其次,土地税收是国家调节土地产权分配的一种手段。民国时期,人们对这一点的讨论是比较多的,也是比较看重的。实际上,这种讨论与孙中山的影响是分不开的,因为孙中山"平均地权"思想的要点就在于"照价纳税""涨价归公""照价收买",可以说,按照孙中山的设计,"平均地权"主要是要靠土地税收的办法来实现。然而需要指出的是,尽管人们对土地税制改革的讨论很多,但由于时代条件的限制,土地税制改革并没有在实践中取得实质性的进展。靠土地税收来实现"平均地权",这是一种典型的改良主义办法,即"税去地主"。利用土地税收的办法来改变土地的所有权和收益权,其目的在于维持一种社会的公平,保障广大农民都有田可耕,或享受到土地的收益,保障其基本的生活。然而,这种公平目标的实现,同样是以损害效率为代价的。如果土地投资不能得到相应的回报,资本会大量从农村流走。民国时期,人们也认识到了这方面的问题,当时之所以有人主张对土地改良加以补偿,就是为了维护土地改良投资的积极性,从而保护土地的生产力。

最后,土地税收还是国家提高土地利用效率的一种手段。民国时期,有人将地

---

① 万国鼎、庄强华、吴永铭:《江苏武进南通田赋调查报告》,参谋本部国防设计委员会,1934年版。

价税和土地增值税的实行看作使"地尽其利"的一种手段,这正是土地税收对土地利用效率的促进作用。农村发展主要依靠土地效率的发挥,而土地效率的发挥要以不同的土地税制和税率进行调节与激励。按照不同的计征标准和税种属性,土地税可以分为土地财产税、土地收益税和土地所得税。从效率角度来看,土地财产税中的面积税最优,土地收益税次之,土地所得税最次,政府可以通过选择不同的土地税制在效率与公平之间进行权衡。当然,政府还可以通过设置基本税率、累进税率和特别税率等手段,对不同的土地利用方式进行引导,促进土地效率的发挥。比如,近年我国政府的减免农业税和鼓励粮食生产的做法,其目的就在于发挥土地利用效率。当然,在政府的目标函数里,"效率"不仅仅是经济效率,还有社会效率的含义。

总之,1924—1949年,人们对于土地税制在调节收益分配、产权配置、提高土地利用效率上的认识,都将土地税与农村的发展联系在一起进行考察。按照现代经济学的观点,我们更倾向于发挥土地税制的效率促进作用;而从民国时期的经济思想史中,我们恰恰看到了相反的认识,人们对公平的追求占了上风,土地税也主要是被作为"平均地权"的一种手段来加以讨论。这种社会效益的公平,其实也可以被看作是间接促进效率的手段,它通过促进劳动者的积极性等途径来发挥作用。

第三节 对农村现代化转型中土地问题的认识

1924—1949年,是中国社会向现代化转型的一个重要时期,更是经济思想在现代化问题研究上深入发展的重要时期。这一时期,随着西方资本主义国家的商品源源不断地涌入国内,西方的思想也被大量地介绍到了国内,并对中国思想界产生了强烈的冲击。这从前面的论述中就可以清楚地看到,从孙中山的"平均地权"到中国土地经济学的产生和发展,无不深深地带有国际影响的痕迹。面对中国经济结构的根本性落后,学者们开始思考"赶超"与"转型"这样的发展问题。因为,在一个联系和影响日益紧密的世界环境内,只有与世界先进水平保持一致,才称得上是"现代"。这一时期,人们对农村土地问题的研究自然也与对农村现代化的思考联系了起来。

一、现代化是农村发展的出路

现代化本身是一个复杂和不断发展着的概念,直到今天,人们还在不断对现代化的内涵赋予新的内容。20世纪所谓的"现代化",属于"第一次现代化"的范畴。何传启(2003)认为,"现代化"既是一个从传统农业社会向现代工业社会转变的历史过程,也是一种发展状态,指完成"现代化"过程的工业化国家的发展状态。可见,现代化的本质是发展,而且是更高层次和更高水平的发展。单从经济的角度来看,农村经济的现代化是一个围绕科学技术和工业化水平提高、使农村经济走上高速发展的新阶段。

民国时期,学者们已经开始认识到这一点。1935年,陈振鹭和陈邦政在《中国农村经济问题》[①]一书中,尤其注意到工业与农业之间的关系,以及都市与农村的均衡发展问题。他们主张发展农村工业,因为发展农村工业"可免除自然条件的威胁,且因科学技术之进步及合作原理之应用,不但方便,并有补偏救弊之功"。在他们眼里,发展农村工业既是现实的迫切需要,又具有现实的可行性。他们还具体分析了这种可行性:第一,存在很多农村小工业优势的例证;第二,农村拥有大量城市解决不了的劳动力;第三,农村还有很多可以加工的农产物。他们进而认为,农村工业的发展,可以改善农民的经济地位。在农业与工业的关系上,他们认为"农业为大姊姊,工业为小妹妹",这"一因年龄,二因地位";在都市与农村的关系上,他们强调都市与农村的均衡化。由此可见,他们认识到了农村发展的工业化前景;然而,他们主张的工业还是存在于农村的小工业,即这种工业应该是从属于农业的,是第二位的。因此,这种现代化也是农村内部自然演化出来的现代化。从三次产业分类法来看,相对于"一次产业"的农业来说,工业的产生确实要晚;然而,这并不等于工业要从属于农业,不等于工业一定要在乡村发展。在这方面,陈振鹭和陈邦政还没有对工业化的前途有更深入的认识。

1937年,吴景超在《第四种国家的出路》[②]中,根据人口密度和职业分配将世界

---

① 陈振鹭、陈邦政:《中国农村经济问题》,上海:上海大学书店,1935年版。
② 吴景超:《第四种国家的出路》,上海:商务印书馆,1937年版。

各国分为四类:第一类为人口密度高而在农业中谋生的人口所占比重低,如英国、德国;第二类为人口密度低而在农业中谋生的人口所占比重也低,如加拿大、美国;第三类为人口密度低而在农业中谋生的人口所占比重高,如俄国;第四类为人口密度高而在农业中谋生的人口所占比重也高,如印度、中国。在这四类国家中,第二类国家为最理想的模式。为了达到如第二类国家的理想目标,第一类、第三类国家分别需要在人口密度和职业分配单个方面做出努力,而第四类国家需要在人口密度和职业分配两个方面都做出改进。在这样的情况下,吴景超认为,中国寻求发展的任务更加艰巨,我们不但要控制人口数量、降低人口密度,而且要发展工业化、减少农业从业人口的比重。吴景超从中国的现实国情出发,指出了中国实现经济发展和现代化的根本难点——人地矛盾。他将工业化同农业人口的转移结合了起来,颇有见地。实现农村的现代化发展,转移农业剩余人口是很重要的一环,而农业剩余人口的转移与工业化的发展关系密切。

此外,1946 年,孙本文在《现代中国社会问题》[①]中,分析了现代化农村社会的特征,认为科学化、机械化和农场化等是现代化农村社会的特征,这代表了当时人们对农村现代化的基本认识。而且,现代技术的发展和运用离不开农村土地制度与农业经营形式的根本变革。1949 年,毛泽东便明确指出,封建土地所有制的废除或即将废除,"取得了或即将取得使我们的农业和手工业逐步地向着现代化发展的可能"。[②]

二、工业化与农村土地问题

工业化是现代化的主要目标。1924—1949 年,有关中国工业化的讨论是该时期经济思想的一个重要组成部分。在这些工业化思想中,虽然直接涉及农村土地问题的并不多,但人们对于这两者的关系已经有了比较明确和深刻的认识。

1. 土地制度改革是工业化的前提条件

民国时期,人们首先将土地改革视为工业化的前提条件。孙中山的"平均地

[①] 孙本文:《现代中国社会问题:农村问题》(第三册),上海:商务印书馆,1946 年版。
[②] 毛泽东:《在中国共产党第七届中央委员会第二次全体会议上的报告》,《毛泽东选集》(第 4 卷),北京:人民出版社,1991 年版。

权"就是中国近代把土地问题与发展问题联系起来的第一个土地方案。"平均地权"就是要消除或减缓地价上涨对工业化发展的负面影响。1944年,陈翰笙在写给张锡昌的信中说,"土地问题是工业发展之最基本问题"。① 1946年,马寅初在《工业革命与土地政策》文中也说,"工业革命是今后经济建设的主要目标,但土地改革是工业革命的先决条件"。② 他们都注意到土地制度对于工业化发展的影响。

从政治经济学的观点来看,解决土地问题,可以为工业化的发展扫清道路。在土地革命以前,地主和农民的关系是封建经济制度的主导经济关系,土地作为最重要的财富掌握在地主手中,地主获得土地收益并用于消费,过着"寄生"的生活,维持着农业的简单再生产,从而阻碍了农村生产力的发展。因此,随着机器大生产时代的来临,封建土地制度日益成为生产力发展的一大障碍。"耕者有其田"式土地革命的任务在于打破封建生产关系,为工业化铺平道路,所以改革不合理的土地制度是推进中国工业化进程的必然要求。1945年,毛泽东在《论联合政府》中指出:"'耕者有其田',是把土地从封建剥削者手里转移到农民手里,把封建地主的私有财产变为农民的私有财产,使农民从封建的土地生产关系中获得解放,从而造成将农业国转变为工业国的可能。"③

从现代西方经济学的观点来看,工业化进程中最稀缺的是资金,土地改革可以动员土地资金来参与工业化。1944年,祝平在《土地政策要论》④中论证了实业计划与土地政策的关系,认为"土地政策,实在是实业计划中的核心问题"。他从孙中山的实业计划中摘出17条关于土地政策的论述,并且断定"土地政策是实业计划之理想,实业计划是土地政策之实行"。他主张"动员土地资金促进工业化",主张"动员土地的价值",使土地"呆化"的资金流向工业,并"动用土地的增值"等。实际上,在发展经济的三种要素——土地、资金和劳动力中,除劳动力的供给近乎无限以外,在中国,土地和资金都是相对稀缺的要素,而土地本身就是"固化"了的资金。因此,如果能够通过土地改革和土地金融制度的发展,将土地资金动员起来

---

① 陈翰笙:《1944年6月25日陈翰笙致张锡昌同志函》,载汪熙、杨小佛:《陈翰笙文集》,上海:复旦大学出版社,1985年版。
② 马寅初:《马寅初经济论文选集(增订本)》,北京:北京大学出版社,1990年版。
③ 毛泽东:《毛泽东选集》(第3卷),北京:人民出版社,1991年版。
④ 祝平:《土地政策要论》,重庆:文信书局,1944年版。

支持工业化,那么必将极大地促进中国工业化的进程。

2. 工业化促进农村土地效率的发挥

工业化的发展,将使一部分农村劳动力得以分流,从而减轻大量剩余农村劳动力对土地的巨大压力;同时,工业化还会通过技术进步和集约化经营,促进土地生产效率的发挥,增加农民收入。这些,都是工业化对农村土地的正向效应。

首先,有人提出工业化对于转移农村劳动力和提高农民生活水平的作用。1935年,马寅初在《中国经济改造》中说,"如欲解决农民生活问题,只有同时提倡工业,使一部分之农民,在工业上谋生活也"。[①] 众所周知,中国农村土地利用的一个根本症结就在于人地比例的失调,如果能有相当的劳动力从农村土地转移出去,那么就将在很大程度上减轻人口对农地的压力。

其次,有人提出将农村土地税收用于发展农村工业,这实际上是增加对农村土地的投资。1930年,聂国青在《中国土地问题之史的发展》书中,提出应该将农村税收用于建设"农村工业",消除城市对农村的榨取,"使城市和农村融合在一个有机的统一之内"。[②] 可见,这种发展"农村工业"的着眼点在于不使农村土地税收流失,从而可以保持在农村土地上的投资。农村土地投资的增加,自然有助于促进农村土地生产效率的发挥。

再次,有人主张通过工业化来促进农业机械化和农地使用的合理化,以此增强农地生产效率的发挥。韩稼夫在《工业化与中国农业建设》一书中认为,"以工业化的形态,励行农业建设,其道多端,约言之,不外农业技术之科学化;农场作业之机械化与电气化;农产品之商品化;农业组织之现代化;农地使用之合理化;农业经营之资本化;其最终目的则均为促进农业经营之现代化,以实现农业的产业革命而已"。[③] 可见,在一块固定的土地上,工业化的种种手段可以实现土地集约经营,从而促进土地效率的实现。

最后,还有人主张发展农村轻工业,促进土地产出的价值增值。1935年,陈志

---

① 马寅初:《中国经济改造》,上海:商务印书馆,1935年版。
② 聂国青:《中国土地问题之史的发展》,上海:华通书局,1939年版。
③ 韩稼夫:《工业化与中国农业建设》,上海:商务印书馆,1945年版。

远在《中国农业工业化问题之商讨》①文中,认为"农业可以工业化,同时工业之发展,也不妨害农业之成长;换言之,农业可以做国民经济的基础,工业也可同时做国民经济的基础。工业化的农业国,更是进一步的国家经济基础"。他说:"中国工业之发展,决不能代替农业,脱离农业,使中国的国民经济完全建立于工业上;反之,中国工业,只能限于轻工业,而且此轻工业之发展,一定要以农业之发展为其第一前提。换言之,中国工业发展的限度,一定要以农业之盛衰为其指标。"陈志远从中国农业和工业的有机联系出发,主张先发展以农产品为原料的轻工业,其结果便会导致土地产品的价值增值。

尽管人们主要从正面认识了工业化和农村土地问题的关系,但实际上,这两者之间往往还会形成一定的冲突和矛盾。当代有学者认为,一方面,1949年前土地占有与使用权的"两权分离",形成了小农村社经济内部的劳动替代资本投入的积累机制和分家析产使土地无限析分的不规模问题,因此不可能与国家追求工业化的目标相适应;另一方面,在城市工商业兴起的拉动作用下,农业的商品化率有所提高,这就为工商业及高利贷资本超额剥夺农业和农村经济创造了机会。正是由于工业化进程中分散的小农剩余被过量剥夺,农民才因此大量破产,社会矛盾才因此极度激化。② 民国时期,工业化与小农私有经济之间的"恶性循环"已经发生。

三、城市化与农村土地问题

城市化是与工业化相伴生的一个问题。工业化的大规模发展,自然会导致非农人口的集中,从而促进城市化的发展。1924—1949年,人们就农村与城市的关系以及农村与土地问题的联系等进行了研究。

1. 农村与城市的联动

民国时期,有人从农村和城市地价的变动关系来认识农村与城市的联动关系。1934年,张森在《中国都市与农村地价涨落之动向》③文中曾指出,由于农村地价的

---

① 《经济评论》二卷二号。
② 温铁军:《中国农村基本经济制度研究——"三农"问题的世纪反思》,北京:中国经济出版社,2000年版。
③ 《地政月刊》二卷二期。

跌落,农村破产,从而导致城市地价的高涨。他分析了两者之间的关系后认为:一方面,农村地价的跌落,反映农村经济衰落的程度已经到了严重的地步;另一方面,城市地价的高涨,除了城市工商业的繁盛和交通的发达等,一个主要的原因"在于农村经济的破产"。随着农村经济的破产,大量的农村人口涌入城市,城市人口的迅速增加导致房屋的缺乏,城市地价就随之高涨。随着农村经济的破产,农村资金陆续向外流出,促成了城市金融的膨胀,这些资金的投机行为也会导致城市地价的上涨。无论怎样,我们都看到了通过土地价格信号所传导的农村与城市之间连动的信息。

1935年,千家驹在《救济农村偏枯与都市膨胀问题》①中,也说明了农村经济崩溃和农村资金流入城市的现象及原因。他认为,帝国主义和封建势力的双重压迫导致了农村经济的崩溃,而随着农村破产的深刻化和民族工业的破产,乡村的现金大量流入城市。在20世纪30年代的背景下,我们看到了乡村农业生产与城市工业生产之间的相互影响和"恶性循环"。农村的"偏枯"会导致都市的"膨胀",因此要想社会得到健康的发展,就必须考虑城乡协调问题。

2. 农村与城市的协调发展

民国时期,人们也在积极寻找办法,使农村与城市能够得以协调发展。1934年,吴景超在《发展都市以救济农村》②文中主张,应该努力地发展都市,使它对于附近的农村有更大的贡献,因为"都市与乡村的关系,不是敌对的,而是互助的"。"发展都市的第一种事业,便是兴办工业"。这样可以转移农村的劳动力。"发展都市的第二种事业,便是发展交通",这样可以便利农产品流通,使农民不必受当地市价的限制和奸商的剥削,同时也可以为都市的制造品扩大销路。"发展都市的第三种事业,便是扩充金融机关",通过在农村设立金融机构,一方面可以吸收内地现金做生产的事业,另一方面又可以放款于"内地"以减轻农民的利息负担。吴景超的主张,主要是基于让市场更充分地发挥作用来调节城乡协调发展的关系。通过发展工业化、改善交通和金融,的确可以调节资金、劳动力等生产要素和农产品的

---

① 千家驹:《农村与都市》,上海:中华书局,1935年版。
② 《大公报》1934年9月9日,转载于《独立评论》五卷一一八号。

市场交易效率,使城乡双方都从中获益。然而,事实上问题并不会像吴景超所想的那么简单。由于农业相对于工业的"弱质"性,以及农村相对于城市在基础设施等方面的不完备性,农业与工业、农村与城市在完全的市场竞争面前,实际的地位是不会平等的。因此,真要在城市化的过程中使城乡协调发展,政府是非要采取一定的扶持措施不可的。

尤其需要指出的是,在城市化的发展过程中,城市的发展必然要侵占农村的耕地,同时还会造成城市边缘地区农地的急剧涨价。在这个过程当中,如何能既保障土地所有者的适当权益不受侵犯,又能使土地"涨价归公",不至于使一些人一夜暴富,有害社会的公平,这确实是当时乃至今天我们仍旧面临的一个难题。单从土地产权方面来考虑,前者要求土地具有明确的私有产权性质,而后者则是在侵犯私有产权。

3. 农村都市化

面对工业化和城市化发展所产生的"城乡二元"对立关系,一些人提出了更进一步的改善办法——农村都市化。

1948 年,李中严在《土地改革与新中国之道路》①中,提出要"农村都市化"。他循着梁漱溟、晏阳初和张东荪等人"乡村建设"的思路,主张"知识分子下乡",要从人才和教育等方面改进农村。他认识到了农村发展中精神文明方面的要求,提出要"重建新文化道统",以配合土地改革。

事实表明,这种乡村建设和"知识分子下乡",给农村带来的改变是有限的,在很大程度上,不是知识分子改变了乡村,而是乡村改造了知识分子。由此可见,城乡之间的鸿沟是如此之深,以致很难在短时间内通过一两个"运动"来填平。

文化的再造确实是促进农村发展的一个重要方面,但农村要发展,最重要的是经济上的发展。中国的古人就已经认识到"仓廪实而知礼节",所以对农民要先"富之",然后"教之"。提倡农村都市化,从经济学上来讲,似乎与当代发展乡镇企业和小城镇的思想更加接近一些,其目的在于让束缚在土地上的农民解脱出来,而又不至于造成大城市与农村"割裂"所产生的社会不稳定。然而,这种发展乡镇企

---

① 李中严:《土地改革与新中国之道路》,南京:中国文化服务社,1948 年版。

业和小城镇的思想同样面临挑战。因为,大量的农村小工业和小城镇在保有土地与农民、农业与工业联系的同时,也造成了生产要素市场的"割裂",实际上并不利于工业化的进一步发展。

值得注意的是,在中国共产党方面,1927年大革命失败后,党的工作重心便转向了农村,走"农村包围城市"的道路;而在20世纪40年代后期,随着新民主主义革命在全国的胜利,党的工作重心又逐渐转向了城市,进入"城市领导农村"的新阶段。这种工作重心的转移是随着政治形势的变化而变化的,而中国共产党领导的农村土地改革恰恰是实现这种政治形势变化的重要影响因素和手段。张闻天在阐述土地改革的重要性时说,"蒋介石手中有个'法宝',叫美式装备的几百万军队,而我们也有一个'法宝',就是给农民分配土地。只要我们依靠这个'法宝',实行土地改革,把农民真正发动起来,就完全可以打败国民党的几百万军队"。[①]

四、土地统制思想与农村发展

1924—1949年,面对农村破产的经济危机、国内战乱的政治危机和帝国主义侵略的民族危机,要救济农村、解决农村问题并实现农村发展,这确实是一大难题。为了实现以上目标,人们更加偏重于政府干预作用的发挥。政府发挥对经济的干预,除采取金融、税收等经济调节手段以外,更直接有效的就是凭借其政治权力进行国家行政调节。

该时期,国家干预经济发展有着深刻的背景和必然性。既有历史的原因,也有现实的原因;既有内因,也有外因。1933年,罗敦伟在《复兴农村与统制政策》[②]文中指出,中国的农村经济处在国际资本主义与国内封建势力双重压迫之下,要复兴中国农村经济,非与这两种势力对抗不可。而自由主义、社会主义以及枝枝节节的政策都没有能力与这两种势力对抗,非采用统制政策不可。其实,从思想的来源上看,在传统中国社会,尽管私有制在逐步巩固、市场的力量在逐步加强,但国家干预经济的思想传统一直没有断裂。自古,中国就产生了"轻重论"与"善因论"的争

---

① 张闻天:《张闻天文集》(三),北京:中共党史出版社,1994年版。
② 《中国经济》一卷四五期合刊。

论,并且在相当长的历史时期内,主张国家干预的"轻重论"占据着主流地位。20世纪30年代初,西方资本主义世界也正面临着严重的经济危机,与资本主义经济危机形成鲜明对比的正是实行计划经济的俄国,面对此情此景,很多人更是产生了对国家干预经济的信仰。

国家对农村经济的干预,在土地问题上突出表现为土地"统制"思想。关于具体土地统制的形式和内容,罗敦伟在上文提出,考虑到现实的条件,不能实行"绝对的统制",只能是"相对的统制",其内容主要为:土地改良的指导,土地使用的限制,必要时收用私人土地,土地价格、社会增益的处理,垦荒等。

"统制"不完全等同于"计划",实行"土地统制"也不是必然与"统制经济"相联系。1936年,祝平在《实行计划经济与"土地统制"》①文中,主张"计划经济",反对"统制经济",但却主张"土地统制"。他认为,一方面,计划经济不同于消极的统制经济,是积极的政策,中国应该实行计划经济;另一方面,实行"土地统制"是解决土地问题、实施计划经济的必要前提。他说,土地问题是计划经济的基本问题,如果土地问题得不到适当解决,计划经济就不能在正轨上发展。他还说,土地不仅是生产的要素,而且是一切经济活动的源泉,发展经济、提高生产力,统制土地以解决土地问题是先行条件。他认为,要推行计划经济,先要解决土地问题,使需要土地的人都有获得土地的机会,土地的自然利益归于社会全体;全部土地的使用分配,应该在整体计划下进行合理的实行。在这里,祝平将"土地统制"作为实施计划经济乃至推动经济发展的前提。

"统制"与"计划"有其本质的相同点,那就是要用国家干预来替代甚至反对市场化的资源配置。这是一个经济调节手段、调节机制问题,也是一个经济长期发展的基本经营制度问题。用"统制"的办法来应对危机、解决问题是可以的,然而用"统制"来寻求长期的经济发展却是不可以的。中华人民共和国成立前的二三十年里,经济"统制"思想正是适应国内外经济的、政治的和军事的斗争需要而产生的。从积极的方面来说,实行土地统制,有利于发挥政府的作用,在短期内迅速打破小农自然经济的束缚以及"超经济"的政治障碍,为实现农村经济发展创造必要

---

① 《地政月刊》四卷四五期合刊。

的经济和政治前提。然而,我们也要看到它的消极方面。这种土地统制思想在一定程度上会逐渐演变、发展成对整个国民经济的严密计划和强烈干预,从而为中华人民共和国成立后的土地集体化和人民公社化埋下了伏笔。而中华人民共和国成立后几十年的实践证明,用"超经济"的政府调节来追求经济的长期发展是不可能的,更是有害的。

因此,我们要深刻认识土地统制思想的历史和时代背景,明确其发挥积极作用的范围。在解决经济发展的政治前提问题之后,政府要做的主要是建立和维持一个保障经济发展的有效制度环境——有效的产权制度和市场交易制度,这才是保障经济长期发展的经济性前提。中国的农村经济发展(或称农村的现代化),其根本的转折点在于从传统的小农自然经济中摆脱出来,走上市场经济快速发展的轨道。虽然在这个转折中还会有许多具体问题,但我们绝不能因此而从根本制度上放弃市场化而代之以政府的直接干预。

总　　结

在中国经济思想史的研究当中,人们对民国时期(尤其是孙中山之后的民国时期)经济思想的研究一直是一个相对薄弱的环节。这种薄弱不仅表现在研究的数量上,还表现在研究的思路和模式上。1949年中华人民共和国成立后,受意识形态、政治制度和经济体制等多种因素的影响,人们并没有对民国时期的经济思想给予足够深入细致的研究,仅有的研究也大多局限在革命史的宏大叙事方式之下。对于民国时期的重要经济思想——农村土地经济思想来说,中华人民共和国成立几十年来的思想史研究也是如此。自我国改革开放尤其是建立社会主义市场经济体制以来,随着人们思想的解放和经济建设实践的需要,一些学者开始反思以往的认识框架,并将"老问题"与"新情况"结合起来进行考察。笔者试图超越和扬弃革命史的研究框架,从更普遍的经济学观点出发,对经济思想史展开更全面、更深刻的再考察,为解决与中国传统社会"一脉相承"的农村土地问题提供新借鉴和新思路。

一、农村发展:民国农地经济思想的新视角

在中国漫长的传统农业社会里,土地所有制和地租、赋役问题是一切经济问题的中心;自然,对于这些问题的思考和议论,也就成为中国传统社会经济思想的中

心内容。到了民国时期,由于生产条件和思想认识的历史延续性,农村土地问题仍然是一个举足轻重的经济问题,也是人们关注的焦点问题和中心问题之一。然而,与历史不同的是,民国时期的农村土地问题变得更加复杂和突出,私有制下的农地所有权集中和租佃制度带来的问题日益严重,土地和资本、劳动力等要素之间的配置缺乏公平与效率,工业化、城市化和农产品国际化使农村、农业与农民面临新的挑战……从什么视角来把握这一复杂和有着深刻影响的农村土地问题呢?《中国经济思想通史》的主编赵靖称,"自第一次鸦片战争失败到 20 世纪末,中国经济思想始终围绕着一个中心线索而发展前进的,这就是对中国发展之路的探索"。[①] 可以说,民国时期,中国农村土地经济思想正是与整个农村的发展问题紧密地联系了起来。因此,不在农村发展的视角下研究土地问题,就不可能对土地问题有一个全面、透彻的认识。

民国时期,农村发展是人们考察土地问题的重要视角。孙中山是中国近代以来、从改革土地制度的角度来解决农村乃至整个社会发展问题的先驱者。孙中山的"平均地权"和"耕者有其田"思想,与"节制资本""发展实业"等一系列思想是一个有机的整体,"民生主义"的根本目标就在于促进社会经济的进步与发展。在孙中山的影响下,民国时期的学者们大多延续了这种思路和视角,逐步加深了对土地问题在中国农村发展中的地位和作用的认识。1933 年,万国鼎在《地政月刊》的发刊词中说:"今我国民生之凋敝……推本求源,土地问题实为主因之一。"1937 年,李景汉在《中国农村问题》一书中指出了当时农村面临的八种主要问题,土地问题被排在了第一位。为了实现农村发展,人们从变革农村生产关系、争取革命力量、实现民族独立、促进工业化发展以及提高土地生产效率等多个角度,深刻地剖析了农村土地问题的严重性,并提出相应的政策主张和解决办法。正因为如此,在 20 世纪 30 年代,关于农村土地问题的讨论盛极一时。在这场争鸣中,形成了主张变革农村生产关系,废除封建土地所有制的"中国农村派",主张以"地尽其利"为目标进行土地制度改良的"地政学会派",主张土地与人口、资金相互协调的"独立评论派",以及主张以改良乡村文化教育和试行合作化为重点的"乡村建设派",等

[①] 赵靖:《学界专家论百年》,北京:北京出版社,1999 年版。

等。在农村发展的总目标下,由于具体认识的不同,造成了不同观点和政策主张的分歧。

民国时期,人们主要着眼于农村发展的前提与途径这两个方面来认识和解决农村土地问题。农村土地问题的研究之所以在1949年以前的二三十年里成为"显学",是因为人们已经不仅仅局限在经济或技术的层面研究问题,而是将农村土地问题与社会基本制度的变革紧密地联系在了一起。在20世纪30年代,学术界曾掀起了一场关于中国农村社会性质的大论战。论战的一方——"中国经济派"的王宜昌、王景波等人认为,资本主义在中国已占优势,当时的首要任务是推翻外国资本的支配,因而土地问题不是"中国农村生产关系彻底改造中的核心问题",而是"民族的彻底改造在农村中的核心问题";与此针锋相对的另一方——"中国农村派"的陈翰笙、孙冶方等人认为,中国社会是一个半殖民地、半封建的社会,从生产关系上彻底地解决农村土地问题是中国反帝、反封建斗争的核心。① 农村社会性质和土地问题定位的差异,使人们选择不同的社会制度变革目标和方式,最终导致不同的农村社会发展道路。因此,以所有制为基础的农村基本土地制度的变革,被人们认为是实现农村发展的"政治前提"。除此以外,如何实现土地和其他生产要素的有效配置,促进农村生产力发展,以改进农业生产效率,被认为是实现农村发展的"基本途径"。

总体来看,民国时期农村土地经济思想的基本特点在于:第一,人们从发展的"前提"和"途径"两个方面来认识农村土地问题,将解决土地问题作为实现农村发展的重要内容;第二,人们将农村土地问题与社会性质和基本制度变革联系起来,侧重从发展的"政治性"前提来认识土地问题。

民国时期,农村发展这个主题一直处于"隐性"的状态。很多时候,"经济建设必须是环绕着革命战争这个中心任务的"。② 从历史背景来看,民国时期是一个社会持续动乱的年代,连绵不断的国内革命战争和帝国主义侵略战争使农村发展缺乏一个稳定的政治环境。由于现实所迫,当时的人们从理论到实践都更多地关注

---

① 中国农村经济研究会:《中国社会性质论战》,上海:新知书店,1936年版。
② 毛泽东:《必须注意经济工作》;《毛泽东选集》(第1卷),北京:人民出版社,1991年版。

发展的前提条件,而非发展的途径本身,更重视从变革生产关系而不是从发展生产力的角度来认识发展。因此,纯粹经济学的农村发展问题在民国时期并未作为整个社会正面的、直接的主题,它一直处于"隐性"的状态。这种"隐性",既表现在前面所提到的注重发展的"政治前提",又表现在学术主张多、政策运动多,但具体实行少、实际效果小。中华人民共和国成立后,前面提到的种种原因,使人们很容易地把 1949 年以前的农村土地问题视为一个"政治前提"问题,从而更加忽视了对其中的经济发展思想的全面考察,农村发展思想的"隐性"状态得到了持续。

然而,历史发展到今天,随着我国经济体制改革的深入和市场经济制度的建立,土地问题在农村发展的过程中重新暴露出来。土地问题,是一个有着较强历史延续性的问题,研究历史会为我们解决今天面临的问题提供有益的启发和借鉴。并且,当代西方价格理论、经济发展理论、产权理论和新制度经济学在国内的广泛传播,以及国内外学者对中国经济改革的理论和经验研究,使我们获得了研究历史的有力工具和现实参照。因此,如何从农村发展的视角重新整理和认识民国时期的农村土地经济思想,并以历史的眼光看待我们面临的"三农"问题,这仍是一个历久而弥新的课题,也是一个有现实价值的课题。

二、农地问题的分解:分配与利用

土地问题是农村发展的中心问题,那么,究竟什么是中国面临的土地问题? 土地问题的重心又在哪里? 民国时期,很多学者就此问题展开了争论,最后的意见主要集中在"土地分配"和"土地利用"这两个问题上。

1936 年,陈立夫在《举行全国土地调查之经过及其所得结果》[①]文中认为,中国土地问题的症结在于:第一,土地分配缺乏调剂;第二,土地利用未达到集约;第三,租佃制度亟应改良;第四,田赋制度需要更张;第五,土地金融机构应求活泼;第六,土地投机应予防止。陈立夫将土地分配和土地利用分别作为第一位和第二位的问题提了出来。1937 年,王效文、陈传钢在《中国土地问题》[②]一书中更加明确地认

[①] 《地政月刊》四卷七期。
[②] 王效文、陈传钢:《中国土地问题》,上海:商务印书馆,1937 年版。

为,"土地问题包括土地分配问题和土地利用问题";并且指出,前者包括土地本身的分配(地权问题)和土地所生产的农产物的分配(地租问题),后者是一个土地生产技术的问题。

民国时期,人们围绕土地的分配和利用,展开了土地重心问题的争论。王效文和陈传钢将争论分为"重心积极论"和"重心消极论",前者包括三种观点——分配论、生产论和分配生产论,后者包括两种观点——土地问题极其复杂、各问题相互联系且相互影响从而无所谓重心的第一种观点,以及基于发展来看,重心不在土地问题本身的第二种观点。1944年,祝平在《土地政策要论》一书中也总结了中国地政学会内部关于土地重心问题的争论。祝平一派持分配论观点,祝平说:"并不是要把土地拿来平均分配,不过是说,这问题的性质,在经济学上属于分配论的范围。"持相同观点的黄通也认为,使农民得享其耕作成果,是地尽其利的前提条件。要注意的是,他们所说的分配是指土地产出和收益的分配,并非终极土地所有权的分配。与此对照的是,中国农村经济研究会的学者主张变革农村生产关系,废除封建剥削的土地制度,根本改变土地的所有权分配状况。这是两种不同的分配论。地政学会内的生产利用论观点以万国鼎为代表,他认为:"今日中国土地问题之重心,在一家耕地太少,资本短缺,而劳力过剩,因此一家收入极少,益以国际影响,生计日艰……为今之计,应以增加一家耕地之面积与生产效率,促进土地之合意的利用为主,而辅以改革租佃制度及扶植自耕农。"这一派侧重于生产效率的提高,以增加农民收入,使农村经济获得发展。从万国鼎的主张里,我们发现,生产论并不是一个纯技术的问题,它还涉及土地与其他生产要素之间关系的经济学基本问题,以及以效率为目标的有效的农地产权安排问题。事实上,尽管存在土地分配与土地利用的重心之争,但是争论的双方很少完全否定对方所提问题的重要性。可见,土地分配与土地利用是农村发展中土地问题的两面,它们实际上相辅相成,不可偏废。

民国时期,人们所谓的土地分配,包括土地本身的分配和土地农产物或其他收益的分配。具体地,土地所有权问题和土地租佃制度问题引起了人们广泛的讨论。孙中山早期的"平均地权"思想以及后期的"耕者有其田"思想,在很大程度上就是直接着眼于土地分配问题而提出的解决办法。孙中山思想的过于原则性以及在晚年的重大转变,给其身后的学者带来了更大的争论和自由发挥的空间。比如:同样是声称秉承孙中山的思想,人们提出了迥然不同的土地国有说、土地农有说、从农有向国有过渡说以及土地村有说等多种土地所有制方式。不仅如此,人们还就土地产权分解情况下的土地租佃制度的改良和存废等问题展开了激烈的争论。

总体来看,民国时期中国农村土地分配经济思想的发展脉络是:"从国有理想到农有现实"是土地所有制主张的转变过程,土地农有思路渐趋清晰;"从农有自耕到合作经营"是土地经营模式的发展方向,土地要素的财产权利分解与市场交易逐渐被人们深刻认识。

民国时期,人们所谓的土地利用,从经济学的角度由浅至深可以包括土地利用当中的症结,土地经营规模等土地与人口协调,土地金融等土地与资本关系,土地税赋等土地收益再分配,以及农村土地利用与工业化和城市化的关系等问题。古楳、何廉、卜凯、狄超白、孙晓村等一大批学者分别从自然条件、技术状况、人地比例、经营规模、生产关系等方面探求了制约土地利用的症结。在人地关系方面,包括马寅初、冯和法等人都主张大农规模经营[①],狄超白主张通过小农合作化来达到规模经营[②],陈振鹭、董汝舟、李庆麈等人对农民离村、垦荒实边等具体问题进行了专题探讨。在土地与资本的关系方面,中国农村经济研究会的陈翰笙、王寅生等人对高利贷资本的剥削进行了深入的剖析和批判[③],黄通、吴华宝等人对土地金融的理论和实践以及农地抵押放款等具体问题进行了深入研究。[④] 面对农村工业化和城市化的发展趋势,马寅初指出了工业化对农村人口的吸纳会减轻人口对土地的压力[⑤],费孝通则指出了城市资金的流入导致农村地权的集中。[⑥]

综合来看,民国时期中国农村土地利用经济思想的发展脉络是:人们从寻找制约土地生产力发展的因素出发,逐步深入生产要素市场,社会再分配机制以及工农、城乡协调发展等宏观领域。

---

① 马寅初:《工业革命和土地政策》,见《马寅初经济论文选集》(增订本),北京:北京大学出版社,1990年版。冯和法:《农村社会学大纲——中国农村社会研究》,上海:黎明书局,1931年。
② 狄超白:《中国土地问题讲话》,上海:生活书店,1948年版。
③ 中国农村经济研究会:《中国土地问题和商业高利贷》,上海:黎明书局,1937年版。
④ 黄通:《土地金融问题》,重庆:商务印书馆,1942年版。
⑤ 马寅初:《中国经济改造》,上海:商务印书馆,1935年版。
⑥ 费孝通:《内地农村》,重庆:生活书店,1947年版。

20世纪30年代,在土地问题重心的争论中,虽然土地生产论或土地利用论暂时处于下风的地位,但是出于经济长期发展的考虑,如何建立一个土地的有效利用机制,寻求农村发展的有效途径,显然是更为重要和根本的问题。

三、深层机制:产权与市场

以当代西方经济学的观点来看,产权制度的有效安排以及市场机制作用的发挥,是经济获得持续发展的两根重要支柱。无疑,作为农村社会主要财富和重要生产要素的土地,其产权安排和市场交易是农村经济获得持续发展的重要影响力量。我们可以将民国时期中国农村土地经济思想在现代西方经济学理论下进行更深层次的分析。

第一,土地作为财产,是农民可依赖和利用的最主要的财富来源。赋予农民土地财产权,是增加农民收入、实现农村发展的基本前提。这个前提不仅是政治的公平,更应该是经济的公平。

民国时期,土地作为私有财产,其所有权的集中以及与此相关的土地收益分配不公,导致了农村土地问题的尖锐,影响和制约了农村的发展。在孙中山提出"平均地权"和"耕者有其田"思想之后,无论是"左派"还是右派,无论是实地调查还是理论阐述,大量的研究都揭示了农地私有制下地权集中的弊害。围绕着赋予农民何种程度和方式的土地财产权,不同的学术和政治派别经历了长期的争论与斗争。保守的一方主张推行"二五减租"等改良措施,积极的一方努力实行"平分土地""耕者有其田"等革命政策。在这些主张的背后,表明人们不仅注意到了土地的所有权,还注意到了土地的使用权、收益权和处置权等。张五常(2002)指出,"私产包括三种权利:使用权(或决定使用权)、自由转让权、不受干预的收入享受权。有了这三种权利,所有权是不需要的"。① 要想发挥土地财产权在农村经济发展中的作用,不只赋予农民土地所有权(可能是名义上的土地所有权)这么简单,还有如何配置具体的土地权利束,以发挥产权对经济效率和经济发展的促进作用的问题。因此,土地产权,不仅是一个关系公平的问题,更是一个关系经济效率的问题;产权

---

① 张五常:《佃农理论》,北京:商务印书馆,2002年版。

制度也不是凭一次革命就能解决的问题,还要考虑它自身经济机制的作用及影响。认识到了这一点,对于农村土地租佃关系问题,我们确实需要重新重视并认真地加以研究。

第二,作为生产要素,土地如何发挥市场的资源配置作用,改善其经营方式,发挥其经济效率,促进生产要素之间的有效结合,这是实现农村发展的必要途径。发挥市场的基础性和决定性的作用,就要在一次分配当中遵循效率优先的原则。

土地的所有制方式与土地的经营方式既有联系,又有区别。比如,在民国时期的地主土地私有制下,就形成了以华东、华南为代表的租佃制的经营方式,以及以华北、东北为代表的小农自耕的经营方式,当然,还有少量资本主义大农场式雇工的经营方式等。在中华人民共和国成立之初,实现"耕者有其田"的农民土地所有制时,可能会保留小农家庭生产,也可能会使小农走上生产合作经营的道路。土地作为一种生产要素,不仅财产权的归属和分配会影响其配置效率,土地自身的经营方式也很重要。土地的有效经营和利用需要一种制度上的保障,而国家统制(计划)与市场调节是两种最主要的要素配置机制。民国时期,出于政治和军事等原因,无论是国家统制还是市场调节都存在很多不完善之处,这在很大程度上对土地生产效率的发挥以及整个农村经济发展都带来了负面影响。最近,有学者在分析中国1949年以后的农地制度变革时,也注意到了这一问题。樊帆(2002)在分析了中国五十多年农地制度改革的历史后总结道,"实践证明,农业生产效率高低,在于土地的经营方式,而不在于土地的集体公有制,这一认识是通过家庭联产承包责任制获得的,才认识到经营方式与生产效益的关系,也才认识到土地的所有权是可以与土地的经营权相分离的,而这种分离并不会改变土地的所有权制度"。他还说,"从土地的效率和目标出发,土地使用制度的改革与创新是实现土地资源的有效配置、提高土地利用率的有效途径"。[①]

以史为鉴,我国当前要实现市场经济下农村经济的发展,必须解决好土地的产权问题和市场配置问题。克里斯托福·D.捷拉德、黄祖辉和蒋文华(2001)曾将农业生产经营中的要素(如土地、资金、劳动力、机械、良种、信息等),根据其排他性

---

① 樊帆:《农村土地流转的深层原因探析》,《农业经济》,2002年第11期。

和竞争性特点分为四类物品,即私人物品、收费物品、共有物品和公共物品,将目前中国农村土地归为私人物品和共有物品。他们指出,在以市场为导向的农村改革中,作为农业生产最重要要素之一的土地,其市场化过程却发展较慢。中国农村土地缺乏明晰化的产权关系,在很大程度上影响了农村土地资源的优化配置和合理利用。[①] 他们继而指出,从新制度经济学的角度来看,各国农业发展的经验表明,合作制度的安排能够降低交易成本与控制成本。致公党2001年的一个调研报告在总结浙江农村发展的经验时也指出,实现土地使用权的流转,从而实现了土地集约化、规模化经营,成为农村农业现代化的一座桥梁。[②]

所有这些研究表明:一方面,产权的配置不可能通过一次性的政治安排就一劳永逸地予以解决,它需要发挥市场机制的调节作用,在动态中保持产权结构的有效和稳定;另一方面,市场机制有效性的发挥,同样需要明晰的产权制度作为基础和保障。

四、发展的难题:效率与公平的权衡

无论是从思想史的研究当中,还是从现代经济理论当中,我们都会发现:实现经济发展,一方面要调动经济主体的积极性,提高经济效率,另一方面要保证社会适当的公平。效率和公平可以相互促进,但大多时候却是对立着的。因此,如何协调和取舍效率与公平,成为经济发展中的一大难题。

民国时期,人们研究土地分配的主要关注点在于土地产权问题,包括土地所有权、使用权以及土地收益权等的安排。民国学者不仅从维护社会公平、稳定的角度来看待土地的产权问题,还从使"地尽其利"、发挥生产效率的角度来认识产权问题。然而,受社会环境的影响,民国时期革命实践的需要,使农地经济思想逐渐倾向于通过"土地分配"来解决发展的"政治前提",从而忽略了产权对于经济增长和效率的促进作用。通过前面的研究,我们发现历史和理论表明:土地的分配问题,并不只简单的土地所有权归属,还应包括其他多种权能的界定;同时,土地分配问

---

① 克里斯托福·D.捷拉德、黄祖辉、蒋文华:《农业和农村发展的制度透视及其对中国的政策含义》,《中国农村经济》,2001年第5期。
② 致研:《浙江农村改革与中国农村发展》,《中国发展》,2001年第1期。

题也并不是一次性政治分配就可以根本解决的,它还需要有明确的法律和制度来加以长期的保障及维持。只有这样,土地的分配和产权安排才能真正保障与促进经济的持续发展。

民国时期,人们研究土地利用(或称土地生产经营),旨在发挥土地生产要素的效率,增加土地的产出。从经济学的角度来看,这需要有效的市场机制和必要的政府调节以促其实现。在市场机制下,土地与土地要素之间的交易,实际上就是土地产权的交易,当然也包括多层次的产权束之间的交易关系;在此之外,还有土地与劳动力、土地与资本的市场交易关系。在市场机制之外,还有税收、计划等手段的政府调节关系。因此,广义地看土地利用,它是一个包含了土地的产权问题,更是一个包含了前提和途径在内的整个农村的发展问题。同样要注意的是,民国时期帝国主义的军事和经济侵略以及国内的政治分割和军事征战,导致市场机制的脆弱与政府调节的无力,从而影响了土地与其他生产要素之间的协调,制约了农村经济的发展。在这种情况下,人们的认识难免会产生两个偏离:其一,忽视通过市场机制来实现土地利用的效率,而侧重从产权方面来实现发展的政治前提;其二,更没有认识到产权机制和市场机制实际上都是重要的经济前提,经济发展的前提不仅包括政治的前提,更重要的是经济的前提。

追求经济的发展、实现"富国"与"富民",这是千百年来仁人志士的梦想,也一直是中国经济思想所反映的核心问题。作为一个传统的农业大国,中国的绝大部分地区是农村,农民是中国人口的主要组成部分,不实现农村的发展,就无法谈及实现整个社会的发展。土地是农业社会的主要财富和生产资料,面对农村严重的人地矛盾问题,中国自古以来就产生了表现各异但又性质相通的"均田"思想。财产或生产资料的均平,在很大程度上只是保障社会公平与稳定的条件之一,从长远的意义上来讲,它是与追求效率和增长的经济发展目标相悖的。面对这样一个两难的权衡,除了从外部加速工业化和城市化等为农村发展寻找空间(当然,工业化和城市化也给农村发展带来了新问题),我们必须要在效率与保障之间做出一个选择。

五、民国农地经济思想的体系与评析

民国时期,人们是如何将农村土地问题与农村发展联系起来的呢?这是一个相当复杂的问题。

1. 土地问题与农村发展两者之间逻辑上的联系

在土地问题与农村发展之间包含了四条分析问题的线索(见图6-1),即分配问题—利用问题,产权制度—市场环境,公平—效率,前提—途径。对于这四条线索,在前面已经分别进行了详细的说明,这里考察它们之间的联系。

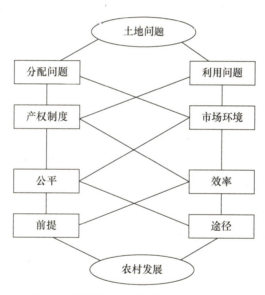

图6-1 民国农村土地经济思想思路结构

民国时期的农村土地经济思想直接提示我们从土地分配和土地利用两个方面去观察土地问题,这是当时农村土地经济思想发展的一条"明线"。结合当时人们对土地分配与土地利用问题的分析,联系当代西方经济学理论,我们发现,在问题的背后是人们关于产权制度和市场环境的深入思考,这是保障和促进经济发展的深层机制和基本经济前提,我们认为,这是民国农村土地经济思想发展的一条"暗线"。

同样,对于农村发展问题,民国时期的研究和以往的思想史研究认为必须解决经济发展的"前提"与"途径"两个方面的问题,本书继承了这种思路并进一步区分

经济前提和政治前提,将此作为判断以往思想史研究价值的"明线"。更进一步地,本书认为农村发展真正面临的难题是效率与公平的协调和权衡,这是今天我们判断思想史研究价值的"暗线"。

本书的分析,就是采用这样"两明两暗"的线索,将农村土地问题与农村发展问题联系了起来,为民国时期各种农村土地经济思想建立了评判的"坐标系"。

民国时期农村土地经济思想的一种主要分歧表现在"土地分配—产权制度—公平—前提"与"土地利用—市场环境—效率—途径"之间。前一种思路认为,束缚农村发展的主要症结在于土地产权分配的不公平,这是制约农村经济发展的前提性因素;只有解决了土地产权的分配问题,农村经济才有发展的可能。后一种思路认为,农村经济之所以不能得到发展,关键在于土地没有得到有效的利用,地不能"尽其利";为了使"地尽其利",必须通过良好的市场环境来优化土地与其他生产要素的配置,并通过政府调节使土地收益再分配合理化。前一种思路的持有者以中国共产党人、国统区"左"派和国民党内的土地改革派为代表,后一种思路的持有者以国民党内的土地改良派、独立评论派等学院派和乡村建设派等为代表。相对来说,前者重于制度分析,后者重于技术分析;前者的目的性强、论述深入系统,后者的议题包罗广泛、论述松散;前者倾向于革命,后者倾向于改良;前者在民国时期占据了思想的主导地位,后者则处于从属地位。

民国时期农村土地经济思想的另一种主要分歧发生在前一种思路内部。分歧的双方虽然都注重土地产权分配在保障公平中的作用,但对土地产权的理解不同,主张采取的手段也不同。分歧的一方认为,土地分配主要是指土地所有权的分配,即土地所有制的问题,彻底废除不合理的土地制度是实现社会公平、保障经济发展的根本前提,要实现这样的目的非实行暴力的土地革命不可。中国共产党人和中国农村经济研究会等"左"派学者持此类观点。他们的进步之处在于认识到了土地所有权的基础性地位和决定作用。分歧的另一方认为,土地分配主要是指土地收益的分配,"平均地权"是可以用征税的办法来平均土地的"收益权","耕者有其田"也可以使耕者拥有土地"使用权"和与此相联系的"收益权";在实现手段上,可以采取征收土地税、减租和发行土地债券进行赎买等改良的方式来达到目的。国民党的土地改革派大多持这种观点。他们的进步之处在于认识到了产权的分解以及土地收益权的重要性。这样看来,国共两党的主要分歧就集中在地权问题上,体现在实现目标手段的不同。

当然,以上所述的两种思路和分歧都是相对的,甚至不能完全明确区分这些分歧发生在哪些人和哪些派别之间,因为有时同一个人或同一个派别兼有不同的思想,而很多时候人们又对以上的问题多有涉猎。以上的概括和抽象,只是总体上的大致轮廓,有助于我们全面清晰地把握民国农村土地经济思想的全貌,深化我们对土地问题与农村发展之间联系的认识。不仅如此,在这四条线索之间还有着直接和间接的联系(如图 6-1 中交叉斜线所表示的那样),每种联系的背后还有着复杂的传导机制,需要我们仔细地分析和解释。民国时期的学者对此也有一定的认识。比如,其中比较重要的一点是,产权制度不仅保证了公平,还通过促进土地利用和生产者积极性等,有利于效率的实现。中华人民共和国成立以前,中国共产党将土地所有权分给无地和少地的农民,争取农民的支持;同时,农民为了保证分得的土地不会失去,出于自身利益考虑也会积极参军、参战并积极发展生产,交纳公粮。1947 年,刘少奇说,"农民翻了身,生产提高,从前出三斗公粮还嫌重,现在出六斗也愿意。"他还说,"解决力量对比关系,就要实行土地改革。"[①]中华人民共和国成立以后,中国共产党将目标转向经济建设(尤其是工业化建设),急需从农村和农业获得支持。而小农却降低了交纳公粮的积极性,增大了政府主导的经济发展的成本。在这样的情形下,政府只能采取合作化和集体化的措施,保证实现社会发展所需要的效率。

2. 从历史阶段性上看待土地与发展的联系

民国时期的农村土地思想受革命形势等环境条件变化的影响,在不同的历史阶段表现出不同的特点,这一点在土地政策思想上尤为明显。大革命时期(1924—1927),国共两党为了争取革命力量,支持北伐,共同推动了"平均地权"和"耕者有其田"的农民运动,发动农民开展减租斗争;然而,在是否采取"没收地主土地"的土地革命问题上,共产党内部与国民党内部分别都发生了分歧和激烈的争论。土地革命时期(1927—1937),国共两党经过党内的斗争,国民党总体趋于保守,艰难

---

① 《在全国土地会议上的结论》,《刘少奇选集》(上卷),北京:人民出版社,1981 年版。

而不彻底地推行减租;而共产党则发动了大规模的土地革命,没收地主土地,随着"左"倾错误的纠正,共产党的土地革命政策逐渐成熟。这是中国农村土地经济思想最为活跃和丰富的时期,不同派别的学者和政治家对农地所有制变革、租佃制度以及农地合理经营利用都进行了深入的思考与讨论。抗日战争时期(1937—1945),面对民族危机,国内阶级斗争暂时缓和,因此土地所有制斗争也较为缓和,国共两党着重从"减租"和"创设自耕农"等改良的角度来解决农地矛盾,同时促进土地的生产利用。解放战争时期(1945—1949),土地革命的呼声重新高涨,共产党发动了新民主主义土地革命;国民党为了应对革命形势,也积极试行改良措施,国民党内主张土地改革的声音也在加强。

纵观历史,思想与实践交互影响,战争与建设的主题彼此呼应。1924—1949年,农村土地经济思想的兴盛源于实践的需要:严重的农村经济危机、不断加剧的农民贫困,使本来就不堪重负的农村土地占有状况雪上加霜;农产品贸易的国际化、洋米洋面的大量倾销,使得小农自然经济面临灭顶之灾;随着反封建、反殖民的革命运动风起云涌般的发展,占中国人口绝大多数的小农必将成为革命的主力军,而土地是小农最主要的革命诉求;苏联的土地革命和欧洲的农地社会化改革营造了国际氛围,提供了借鉴经验。在当时的社会实践当中,革命与生产(或者说武装斗争与经济建设)是两种主要的实践方式。相对来说,前者占据了主要的位置。反过来,1924—1949年的农村土地思想又深深地影响着以上的实践活动。推行土地革命、实现"耕者有其田"的思想和政策,使中国共产党得到了大多数农民的拥护,这有力地支持了党在各个时期的武装斗争。实践证明,哪个时期的土地问题解决得好,党的力量就会不断壮大,革命就节节胜利;而哪个时期的土地政策发生了或"左"或右的倾斜,革命就会遭遇挫折。因此,土地革命思想是中国共产党取得革命斗争胜利的"法宝"。推行减租减息、实行生产合作化以及减轻赋税负担等思想,则主要在调动农民生产积极性、发挥土地的生产效率等方面起到了积极的作用。生产的发展,也是革命的一个重要支持因素。实际上,思想的力量还远不止影响当时的革命和生产。透过当时的革命与生产实践,人们已经在展望和思考农村经济的长远发展。不同的土地思想或政策,也都有着它们自身的远景规划和发展阶段设计。对于中国共产党来说,实现土地公有和社会化大生产是其一直抱有的长期理想,而"耕者有其田"不过是新民主主义的阶段性目标,小农的生产合作也被作为过渡到社会化大生产的一个阶段。只不过,这个过渡阶段有长有短、有急有缓。经济建设和农村长期发展问题,毕竟不同于暴风骤雨式的革命。

因此,我们主张超越传统的"革命史"研究范式,并不意味着要忽视民国时期社会革命的历史背景和事实。民国时期农村土地思想的一个突出特征恰恰在于:在人们进行理论研究的同时,社会革命的实践正蓬勃发展,思想与实践交相影响。从民国时期的历史事实来看,不顾土地制度而试图改良农业技术、调节人口和金融以及减轻土地税赋等思想并不可能真正发挥促进经济发展的作用。它们往往是"头痛医头,脚痛医脚",在效果上或者是杯水车薪,或者是根本无法实现。面对工业化和城市化的挑战,自由市场制度下的农村土地问题更是雪上加霜,不仅自身的问题愈演愈烈,而且严重妨碍社会整体发展的步伐。在这种情况下,变革土地制度就成为经济发展的前提,国共两党都在土地产权制度方面做出了努力。然而,由于两党阶级属性和利益关系的差别,共产党通过革命手段实现了土地产权的平均分配,而国民党的改良政策则步履维艰、收效了了。地权的平均极大地调动了劳动者生产和革命的积极性,因此共产党和解放区一手抓革命、一手抓生产,最终赢得了解放战争在全国的胜利。美国学者道格拉斯·诺思和罗伯特·托马斯在《西方世界的兴起》(1937)一书,以及《西方世界成长的经济理论》(1970)和《庄园制度的兴衰:一个理论模式》(1972)等文章中,也提出了与此类似的一个重要观点,即经济增长的关键在于制度因素。一种提供适当的个人刺激的有效制度是促使经济增长的决定性因素,而在制度因素之中,财产关系的作用最为突出。然而,需要注意的是,这种制度前提是经济性的、长期有效的,而不是政治性的、通过一个革命就可以解决的。可以说,中国共产党在1949年之前土地政策的成功之处,主要在于它发挥了土地产权对经济发展中公平和效率的双重促进作用。

超越和扬弃"革命史"的研究范式,我们就是要全面地认识问题的两面,从而更好地认识历史、指导实践。从整体上来看,民国时期的学者们已经注意到,要促进农村经济发展,需要兼顾前提和途径、效率与公平两个方面,并且在这两个方面都进行了比较充分的分析。借鉴历史,着眼现实,在农村经济发展过程中,我们要从土地财产权利长效机制、土地要素市场配置机制、政府分配调节机制等多个方面着眼,一次分配效率优先,二次分配兼顾公平,充分发挥市场的基础性、决定性作用,充分调动农民的生产积极性,同时更好地发挥政府的调节和保障作用,统筹经济和社会的全局,促进农业与工业、农村与城市的协调可持续发展。

主要参考文献

（按音序排列）

一、著作部分

1. 〔日〕安部矶雄著,张知本译:《土地公有论》,上海:华通书局,1932年版。

2. 〔美〕卜凯主编,金陵大学农学院农业经济系:《中国土地利用》,成都:成城出版社,1941年版。

3. 〔美〕卜凯著,张履鸾译:《中国农家经济:中国七省十七县二八六六田场之研究》,上海:商务印书馆,1936年版。

4. 〔日〕长野郎著,强我译:《中国土地制度的研究》,上海:神州国光社,1932年版。

5. 陈登元:《中国土地制度》,上海:商务印书馆,1934年版。

6. 陈翰笙:《陈翰笙集》,北京:中国社会科学出版社,2002年版。

7. 陈翰笙:《封建社会的农村生产关系》,上海:国立中央研究院社会科学研究所,1930年版。

8. 陈翰笙:《广东农村生产关系与生产力》,上海:中山文化教育馆,1934年版。

9. 陈翰笙:《解放前的中国农村》,北京:中国展望出版社,1989年版。

10. 陈翰笙著,史建云、徐秀丽译:《陈翰笙文集》,北京:商务印书馆,1999年版。

11. 陈天秩:《土地政策及其实验》,南京:新中国出版社,1947年版。

12. 陈序经:《乡村建设运动》,上海:大东书局,1946 年版。

13. 陈振鹭、陈邦政:《中国农村经济问题》,上海:大学书店,1935 年版。

14. 陈正谟:《中国各省的地租》,上海:商务印书馆,1936 年版。

15. 成圣昌:《赤区土地问题》,(不详),中国出版合作社,1934 年版。

16. 崔永楫:《土地制度与土地使用之社会管制》,南京:正中书局,1947 年版。

17. 〔德〕达马熙克著,张丕介译:《土地改革论》,汉口:中华大学经济学会,1947 年版。

18. 〔美〕戴乐仁等著,李锡周译:《中国农村经济实况》,北平:北平农民运动研究会,1928 年版。

19. 狄超白:《中国土地问题讲话》,上海:生活书店,1948 年版。

20. 东北日报社:《平分土地文献》,哈尔滨:东北书店,1948 年版。

21. 董时进:《食料与人口》,上海:商务印书馆,1929 年版。

22. 范苑声:《中国农村社会经济研究》,上海:神州国光社,1936 年版。

23. 方显廷:《中国经济研究》,上海:商务印书馆,1938 年版。

24. 费孝通:《禄村农田》,北京:商务印书馆,1943 年版。

25. 费孝通:《内地农村》,重庆:生活书店,1947 年版。

26. 费孝通著,戴可景译:《江村经济 中国农民的生活》,南京:江苏人民出版社,1986 年版。

27. 冯和法:《农村社会学大纲 中国农村社会研究》,上海:黎明书局,1934 年版。

28. 冯和法:《中国农村经济论》,上海:黎明书局,1934 年版。

29. 葛罗物:《中国土地调整论》,上海:大东书局,1947 年版。

30. 古楳:《中国农村经济问题》,上海:中华书局,1931 年版。

31. 郭真:《中国农民问题论》,上海:平凡书局,1929 年版。

32. 国民政府主计处统计局:《中国土地问题之统计分析》,上海:正中书局,1946 年版。

33. 国民政府主计处统计局:《中国租佃制度之统计分析》,南京:正中书局,1942 年版。

34. 〔日〕河田嗣郎著,李达、陈家瓒译:《土地经济论》,上海:商务印书馆,1930 年版。

35. 洪瑞坚:《浙江之二五减租》,南京:正中书局,1935 年版。

36. 黄克剑、王欣:《梁漱溟集》,北京:群言出版社,1993 年版。

37. 黄通:《土地金融问题》,重庆:商务印书馆,1942 年版。

38. 黄通:《土地问题》,上海:中华书局,1930 年版。

39. 解放社:《论新区土地政策》,(不详):长江出版社,1949 年版。

40. 〔德〕考茨基著,梁琳译:《土地问题》,北京:三联书店,1955 年版。

41. 孔雪雄:《中国今日之农村运动》,南京:中山文化教育馆出版物发行处,1935年版。

42. 李达:《李达文集》,北京:人民出版社,1980年版。

43. 李健人:《平均地权的理论与实践》,上海:泰东图书局,1929年版。

44. 李景汉:《北平郊外之乡村家庭》,上海:中华教育文化基金董事会调查部,1933年版。

45. 李景汉:《定县社会概况调查》,定县:中华平民教育促进会,1933年版。

46. 李中严:《土地改革与新中国之道路》,南京:中国文化服务社,1948年版。

47. 立法院秘书处:《土地法》,上海:民智书局,1930年版。

48. 梁漱溟:《乡村建设理论》,见《梁漱溟全集》(第二卷),济南:山东人民出版社,1989年版。

49. 刘大钧:《我国佃农经济状况》,上海:太平洋书店,1929年版。

50. 刘少奇:《刘少奇选集》,北京:人民出版社,1981年版。

51. 刘世仁:《中国田赋问题》,上海:商务印书馆,1935年版。

52. 马寅初:《马寅初经济论文选集》,北京:北京大学出版社,1990年版。

53. 马寅初:《中国经济改造》,上海:商务印书馆,1935年版。

54. 〔匈〕马扎亚尔著,陈代青、彭桂秋译:《中国农村经济研究》,上海:神州国光社,1930年版。

55. 毛泽东:《湖南农民运动考察报告》,北京:人民出版社,1966年版。

56. 毛泽东:《毛泽东文集》,北京:人民出版社,1993年版。

57. 毛泽东:《农村调查》,解放社,1949年版。

58. 梅日新、邓演超:《邓演达文集新编》,广州:广东人民出版社,2000年版。

59. 聂国青:《中国土地问题之史的发展》,上海:华通书局,1930年版。

60. 潘楚基:《中国土地政策》,上海:黎明书局,1930年版。

61. 千家驹、李紫翔:《中国乡村建设批判》,上海:新知书店,1937年版。

62. 千家驹:《农村与都市》,上海:中华书局,1935年版。

63. 千家驹:《中国农村经济论文集》,上海:中华书局,1936年版。

64. 钱亦石:《中国农村问题》,上海:中华书局,1935年版。

65. 任弼时:《土地改革中的几个问题》,华北新华书店,1949年版。

66. 茹春浦:《中国乡村问题之分析与解决方案》(上),北平:震东印书馆,1934年版。

67. 沈志远:《中国土地问题与土地改革》,香港:新中出版社,1948年版。

68. 宋斐如:《土地政策研究》,北平:西北书局,1932年版。

69. 孙本文:《现代中国社会问题农村问题》(第三册),上海:商务印书馆,1946年版。

70. 孙文:《土地改革问题(论丛)》,上海:国讯书店,1948年版。

71. 唐启宇:《民生主义与土地问题》,南京:江苏省政府农工厅合作社指导员养成所,1928年版。

72. 〔日〕田中忠夫著,姜般若译:《华北经济概论》,北平:北京出版社,1936年版。

73. 〔日〕田中忠夫著,李育文译:《国民革命与农村问题》,北平:北平村治月刊社,1931年版。

74. 〔日〕田中忠夫著,汪馥泉译:《中国农业经济研究》,上海:大东书局,1934年版。

75. 土地委员会:《全国土地调查报告纲要》,南京:土地委员会,1937年版。

76. 土地问题研究会:《马恩列斯毛论农民土地问题》,无锡:苏南新华书店,1949年版。

77. 万国鼎:《中国田制史》,南京:正中书局,1937年版。

78. 万国鼎、庄强华、吴永铭:《江苏武进南通田赋调查报告》,南京:参谋本部国防设计委员会,1934年版。

79. 汪熙、杨小佛主编:《陈翰笙文集》,上海:复旦大学出版社,1985年版。

80. 王效文、陈传钢:《中国土地问题》,上海:商务印书馆,1937年版。

81. 王亚南:《中国经济原论》,上海:生活书店,1948年版。

82. 吴景超:《第四种国家的出路》,上海:商务印书馆,1937年版。

83. 吴尚鹰:《土地问题与土地法》,上海:商务印书馆,1935年版。

84. 向乃祺:《土地问题》,北平:宣内槐报椿树庵,1931年版。

85. 萧明新:《土地政策述要》,长沙:商务印书馆,1938年版。

86. 萧铮:《民国二十年代中国大陆土地问题资料》,台北:成文出版社有限公司,1977年版。

87. 谢无量:《中国古田制考》,上海:商务印书馆,1932年版。

88. 行政院农村复兴委员会秘书处:《一年来复兴农村政策之实施状况》,南京:行政院农村复兴委员会秘书处,1934年版。

89. 行政院新闻局:《行政院新闻局丛刊26 绥靖区土地问题之处理》,南京:行政院新闻局,1947年版。

90. 薛暮桥、冯和法:《〈中国农村〉论文选》,北京:人民出版社,1983年版。

91. 薛暮桥:《旧中国的农村经济》,北京:农业出版社,1980年版。

92. 晏阳初:《晏阳初文集》,成都:四川教育出版社,1990年版。

93. 杨开道:《农村问题》,上海:世界书局,1930年版。

94. 杨幼炯:《中国农村问题》,上海:中国社会科学会出版部,1934 年版。

95. 〔美〕伊黎:《土地经济学》,重庆:商务印书馆,1944 年版。

96. 易声伯:《中国土地改革方法》,(不详):新中国出版社,1948 年版。

97. 殷震夏:《中国土地新方案》,南京:正中书局,1934 年版。

98. 翟克:《中国农村问题之研究》,广州:广州国立中山大学出版部,1933 年版。

99. 张继、萧铮:《平均地权与土地改革》,重庆:商务印书馆,1943 年版。

100. 张丕介:《土地经济学导论》,重庆:中华书局,1944 年版。

101. 张闻天:《张闻天选集》,北京:人民出版社,1985 年版。

102. 章相雨、汪荫元:《中国农佃问题》,重庆:商务印书馆,1948 年版。

103. 章渊若:《中国土地问题》,上海:泰东图书局,1930 年版。

104. 章元善、许仕廉:《乡村建设实验》,上海:中华书局,1934 年版。

105. 章植:《土地经济学》,上海:黎明书局,1934 年版。

106. 中国农村经济研究会:《中国农村社会性质论战》,上海:新知书店,1936 年版。

107. 中国农村经济研究会:《中国土地问题和商业高利贷》,上海:黎明书局,1937 年版。

108. 中国人民政治协商会议全国委员会秘书处:《土地改革参考资料选辑》,北京:五十年代出版社,1951 年版。

109. 朱剑农:《民生主义土地政策》,重庆:商务印书馆,1942 年版。

110. 朱执信等:《井田制度有无之研究》,上海:华通书局,1930 年版。

111. 祝平:《土地政策要论》,重庆:文信书局,1944 年版。

112. 邹枋:《中国土地经济论》,上海:大东书局,1933 年版。

二、主要期刊

主要论文题目在正文脚注中都已直接说明,这里不一一列出。

113. 《村治》(村治月刊社,梁漱溟主编)

114. 《大众生活》(上海书店编辑,邹韬奋主编)

115. 《地政论文撮要》(中央政治学校地政学院研究室编辑)

116. 《地政月刊》(中国地政学会编辑)

117. 《东方杂志》(台湾商务印书馆主办)

118. 《独立评论》(北平独立评论社,胡适主编)

119. 《国民经济建设》(民国经济建设运动委员会江苏省分会出版,祝平总编)

120. 《国闻周报》(国闻周报社)

121. 《经济评论》(中国经济评论社编辑)

122. 《经济学季刊》(上海经济学社,李权时、唐庆增编辑)

123. 《农村经济》(农村经济月刊社,蓝石话主编)

124. 《土地改革》(土地改革编辑委员会)

125. 《土地特刊》(北平特别市土地局秘书室,北平特别市土地局主办)

126. 《乡村建设》(山东乡村建设研究院编辑)

127. 《新生命》(新生命月刊社,周佛海主编)

128. 《中国经济》(中国经济研究会)

129. 《中国农村》(中国农村经济研究会)

130. 《中山文化教育馆季刊》(中山文化教育馆出版物发行处发行,左恭主编)

三、当代研究文献

(一) 著作

131. Mark Elvin, *The pattern of the Chinese past : A social and economic interpretation*, Stanford : Stanford University Press, 1973。

132. 〔美〕D. 诺思、R. 托马斯(厉以平等译):《西方世界的兴起》,北京:华夏出版社,1999年版。

133. 〔美〕R. 科斯、A. 阿尔钦、D. 诺思等(刘守英等译):《财产权利与制度变迁——产权学派与新制度学派译文集》,上海:上海三联书店、上海人民出版社,1994年版。

134. 〔美〕费正清、费维恺编(刘敬坤等译):《剑桥中华民国史》,北京:中国社会科学出版社,1994年版。

135. 〔美〕珀金斯(宋海文译):《中国农业的发展(1368—1968)》,上海:上海译文出版社,1984年版。

136. 曹幸穗:《旧中国苏南农家经济研究》,北京:中央编译出版社,1996年版。

137. 陈吉元、邓英淘:《中国农村的改革与发展:回顾与展望》,广州:广东高等教育出版社,1992年版。

138. 陈锡文:《中国农村改革:回顾与展望》,天津:天津人民出版社,1993年版。

139. 成汉昌:《二十世纪前半期中国土地制度与土地改革》,北京:中国档案出版社,1994年版。

140. 迟福林:《把土地使用权真正交给农民》,北京:中国经济出版,2002年版。

141. 杜润生:《中国的土地改革》,北京:当代中国出版社,1996年版。

142. 杜润生:《中国农村制度变迁》,成都:四川人民出版社,2003年版。

143. 杜鹰:《中国农村人口变动对土地制度改革的影响》,北京:中国财政经济出版社,2002年版。

144. 郭德宏:《中国近现代农民土地问题研究》,青岛:青岛出版社,1993年版。

145. 胡寄窗:《中国近代经济思想史大纲》,北京:中国社会科学出版社,1984年版。

146. 黄宗智:《长江三角洲的小农家庭与农村发展》,中华书局,1992年版。

147. 黄宗智:《华北的小农经济与社会变迁》,北京:中华书局,1986年版。

148. 江西省档案馆:《中央革命根据地史料选编》,南昌:江西人民出版社,1982年版。

149. 金德群:《民国时期农村土地问题》,北京:红旗出版社,1994年版。

150. 金德群:《中国国民党土地政策研究(1905—1949)》,北京:海洋出版社,1991年版。

151. 孔永松:《中国共产党土地政策演变史》,南昌:江西人民出版社,1987年版。

152. 李金铮:《民国乡村借贷关系研究》,北京:人民出版社,2003年版。

153. 厉以宁:《转型发展理论》,北京:同心出版社,1996年版。

154. 林毅夫:《再论制度、技术与中国农业发展》,北京:北京大学出版社,2000年版。

155. 林毅夫:《制度、技术与中国农业发展》,上海:三联书店,1992年版。

156. 刘方健、史继刚:《中国经济发展史简明教程》,成都:西南财经大学出版社,2001年版。

157. 陆学艺:《"三农论":当代中国农业、农村、农民研究》,北京:社会科学文献出版社,2002年版。

158. 马伯煌:《中国近代经济思想史》(下册),上海:上海社会科学院出版社,1992年版。

159. 秦晖:《传统十论——本土社会的制度、文化及其变革》,上海:复旦大学出版社,2003年版。

160. 王思明、姚兆余:《20世纪中国农业与农村变迁研究》,北京:中国农业出版社,2003年版。

161. 温铁军:《中国农村基本经济制度研究——"三农"问题的世纪反思》,北京:中国经济出版社,2000年版。

162. 武力、郑有贵：《解决"三农"问题之路：中国共产党"三农"思想政策史》，北京：中国经济出版社，2004年版。

163. 夏明文：《土地与经济发展：理论分析与中国实证》，上海：复旦大学出版社，2000年版。

164. 萧铮：《土地改革五十年》，台北：台湾中国地政研究院，1980年版。

165. 张佩国：《近代江南乡村地权的历史人类学研究》，上海：上海人民出版社，2002年版。

166. 张五常著，易宪容译：《佃农理论——应用于亚洲的农业与台湾的土地改革》，北京：商务印书馆，2000年版。

167. 赵冈：《农业经济史论集 产权、人口与农业生产》，北京：中国农业出版社，2001年版。

168. 赵靖：《赵靖文集》，北京：北京大学出版社，2002年版。

169. 赵靖、石世奇：《中国经济思想通史》（修订本），北京：北京大学出版社，2002年版。

170. 赵靖：《中华文化通志·学术典·经济学志》，上海：上海人民出版社，1998年版。

171. 中国社会科学院经济研究所中国现代经济史组：《第一、二次国内革命战争时期土地斗争史料选编》，北京：人民出版社，1981年版。

172. 钟祥财：《中国土地思想史稿》，上海：上海社会科学院出版社，1995年版。

173. 周其仁：《农村变革与中国发展（1978—1989）》，香港：牛津大学出版社，1994年版。

（二）论文

174. 方行：《中国封建经济发展阶段略论》，《中国经济史研究》，2000年第4期。

175. 方行：《中国封建社会的土地市场》，《中国经济史研究》，2001年第2期。

176. 郭德宏：《毛泽东的土地革命政策思想》，《毛泽东思想研究》，1990年第2期。

177. 金德群：《民国时期农村土地的经营问题》，《首都师范大学学报》（社会科学版），1994年第3期。

178. 孔永松：《略论毛泽东关于新民主主义的经济思想》，《厦门大学学报》，1991年第2期。

179. 雷颐：《"中国农村派"与新民主主义理论的形成》，《二十一世纪》，1996年12月。

180. 李金铮：《绩效与不足：民国时期现代农业金融与农村社会之关系》，《中国农史》，2003年第1期。

181. 李金铮：《民国时期现代农村金融的运作方式——兼与传统高利贷比较》，《江海学刊》，2002年第3期。

182. 李三谋、方配贤：《民国农村高利贷与土地兼并》，《农业考古》，1998年第3期。

183. 刘方健：《民国时期的经济研究》，《经济学家》，1994年第4期。

184. 刘克祥：《1927—1937年的地价变动与土地买卖》，《中国经济史研究》，2000年第1期。

185. 刘克祥:《20 世纪 30 年代地权集中趋势及其特点》,《中国经济史研究》,2001 年第 3 期。

186. 王元周:《1895—1949 年外人侵占中国农村土地的研究》,北京大学硕士学位论文(1993)。

187. 王忠欣:《论十年内战时期中国各党派关于土地问题的主张》,北京大学硕士学位论文(1986)。

188. 徐畅:《试析 1927—1937 年国民党的土地政策》,《淮北煤炭师范学院学报:社会科学版》,1995 年第 2 期。

189. 徐勇、徐增阳:《中国农村和农民问题研究的百年回顾》,《华中师范大学学报:人文社科版》,1999 年第 6 期。

190. 杨小凯:《民国经济史》,《开放时代》,2001 年第 9 期。

191. 叶世昌、戴金珊:《要重视建国前 30 年经济思想的研究》,《经济纵横》,1990 年第 8 期。

192. 赵冈:《简论中国历史上地主经营方式的演变》,《中国社会经济史研究》,2000 年第 3 期。

193. 郑学益:《中国发展经济学的滥觞——从林则徐、魏源到孙中山》,《北京大学学报(哲学社会科学版)》,2003 年第 2 期。

194. 朱春林:《对十年内战时期土地改良主义思潮的历史考察》,北京大学硕士学位论文(1992)。

195. 左志远:《论民国时期中国农村土地所有权之变迁》,《邢台师范高专学报》,2000 年第 2 期。

后　　记

本书的主要内容出自我 2005 年从北京大学毕业时的博士学位论文。旧作"十年封存",既由于自己毕业后再没有从事与"三农"或理论经济学研究相关的工作,也由于导师郑学益教授 2009 年意外病逝导致计划中的民国系列经济思想史研究计划的夭折。因此,2015 年年初王曙光教授提出北京大学经济学院要出版我这本旧作的时候,我既感到意外,又感到欣慰。意外的是,拙作谈不上优秀,更缺乏近十年的持续研究与思考,恐不合时宜;欣慰的是,论文若能在毕业十周年之际出版,当可聊以告慰指导我论文并于近年先后辞世的赵靖先生、石世奇先生和郑学益先生等诸位先生在天之灵。

经济思想史的著作,历经十年沉淀,恰恰可以看出思想的历久弥新以及"理论之树常青"的色彩。作为已经久违了理论经济学和"三农"问题的普通读者,拭去论文封面的浮尘,我依然可以从文中读到新鲜的观点,感受到前人思想的火花。今天真若要动笔大加修改,我不仅没有精力再重读最近十年间的相关文献,也无法接续十年前的思路,恐怕会弄巧成拙。因此,我只能做简单的字句调整,使之从一篇论文看起来更像一本著作而已。同时,我倒真的觉得,若要联系现实,这项工作不妨由读者来做。文中许多先贤的论述,都会激发我基于今日观察的很多思考,而自己当年在文中的分析和评论很是有限,我认为这种梳理与简评是适度的,把更多的解读、思考与借鉴留给读者也是合适的。因为前人的论述过于丰富,过度解读反倒可能会掩其光泽且误导读者。

　　从论文到著作,要感谢的人很多。感谢我从小学到大学二十年来求学过程中各位老师的悉心指导!感谢工作十年来各位领导和同事的指导与帮助!感谢父亲母亲、岳父岳母、妻子女儿无微不至的关心与支持!感谢王曙光老师的推荐和赏识!感谢韩俊先生在百忙中为本书作序!感谢北京大学经济学院和北京大学出版社为本书出版付出心血的老师!正是有了无数亲朋好友的关心、帮助和爱护,我才能如此顺利、幸福地走到今天,并能以此拙作略表谢意!

张秋雷

2015 年 5 月 4 日

五四青年节和北大校庆日于北京家中